古代歷史文化研究輯刊

十編

王明蓀 主編

第 8 冊

漢代長安與洛陽都城宮室規制
——以兩都二京賦爲主軸（下）

葉大松 著

國家圖書館出版品預行編目資料

漢代長安與洛陽都城宮室規制——以兩都二京賦為主軸（下）
／葉大松 著 — 初版 — 新北市：花木蘭文化出版社，2013〔
民 102〕
目 6+212 面：19×26 公分
（古代歷史文化研究輯刊 十編；第 8 冊）
ISBN：978-986-322-336-8（精裝）
1. 宮殿建築　2. 漢代
618　　　　　　　　　　　　　　　　　102014366

ISBN-978-986-322-336-8

古代歷史文化研究輯刊
十　編　第八　冊　　　　　　ISBN：978-986-322-336-8

漢代長安與洛陽都城宮室規制
——以兩都二京賦爲主軸（下）

作　　者　葉大松
主　　編　王明蓀
總 編 輯　杜潔祥
出　　版　花木蘭文化出版社
發 行 所　花木蘭文化出版社
發 行 人　高小娟
聯絡地址　235 新北市中和區中安街七二號十三樓
　　　　　電話：02-2923-1455／傳真：02-2923-1452
網　　址　http://www.huamulan.tw 信箱 sut81518@gmail.com
印　　刷　普羅文化出版廣告事業
初　　版　2013 年 9 月
定　　價　十編 35 冊（精裝）新台幣 62,000 元

漢代長安與洛陽都城宮室規制
——以兩都二京賦爲主軸(下)

葉大松　著

目

次

圖表目次

第六章　由兩都二京賦探討西漢陵邑與陵墓規制

　　六朝劉宋袁淑〈効曹子建樂府白馬篇〉:「劍騎何翩翩,長安五陵間。」〔註1〕唐白居易〈琵琶行〉詩有「五陵年少爭纏頭,一曲紅綃不知數。」〔註2〕之聯,元馬致遠〈湘妃怨〉曲「春風驕馬五陵兒,暖日西湖三月時。」〔註3〕之句,清吳偉業〈送紀伯紫往太原〉詩有「歸將出塞曲,唱與五陵兒。」〔註4〕之聯,現代農村的春聯有「萬里和光生柳葉,五陵春色泛桃花。」〔註5〕西漢五陵二千年來一直是國人心目中經濟繁華之區、豪俠冶遊之地,詩句中的五陵並非專指五位西漢帝王陵墓,而是包含陵墓附近的陵邑。陵邑遊俠的放肆驕悍之情如〈西京賦〉所述如下〔註6〕:

> 都邑遊俠,張趙之倫,齊志無忌,擬跡田文,輕死重氣,結黨連群,
> 寔蕃有徒,其從如雲,茂陵之原,陽陵之朱,趫悍虓豁,如虎如貙,
> 睚眦蠆芥,屍僵路隅。

西漢的陵邑更是中外古今城市建置史上的創舉,西漢皇帝在生前或逝世後,其本人或繼承人在陵寢周圍建立城邑,除遷徙一般人民移居建立聚落,並遷徙地方侯國數千或數萬戶富室顯貴入居以充實城市經濟,其作用一方面可提

〔註1〕《增補六臣注文選卷三十一・雜擬下・効曹子建樂府白馬篇》頁581。
〔註2〕《白香山詩集卷十二・感傷歌行曲・琵琶行》頁10～11。
〔註3〕《元曲鑒賞辭曲・湘妃怨》上海辭書出版社,上海,1990年7月,頁249。
〔註4〕《四庫全書集部七・別集類六・梅村集》頁1312-94。
〔註5〕《萬有對聯集錦第一篇・時令類・新春聯》瑞成書局,臺中,1960年,頁3。
〔註6〕《增補六臣注文選卷二・西京賦》頁50。

供守陵及陵寢祭祀的需要，另一方面可使三輔經濟更富庶、更可使地方侯國經濟削弱的強幹弱枝作用，這就是漢代的陵邑制度。漢代人口達萬戶為設縣令的標準〔註7〕，其陵邑又稱陵縣〔註8〕。其建置盛況如〈西都賦〉所述如下〔註9〕：

> 若乃觀其四郊，浮遊近縣，則南望杜霸、北眺五陵，名都對郭，邑居相承，英俊之域，紱冕所興，冠蓋如雲，七相五公，與乎州郡之豪傑，五都之貨殖，三選七遷，充奉陵邑，蓋以彊幹弱枝，隆上都而觀萬國。

陵邑內商業殷盛之情況如〈西京賦〉所述如下〔註10〕：

> 郊甸之內，鄉邑殷賑，五都貨殖，既遷既引，商旅聯槅，隱隱展展，冠帶交錯，方轅接軫。

西漢陵邑布局南望北眺，呈南北夾峙京師長安之形勢，且皆位居河濱，便於交通與水源的取得，賀業鉅稱；

> 陵邑的布局，是結合關中諸川分佈形勢而安排的，有的直接臨渭如長陵。有的處於二川之交滙處，如涇渭之交的陽陵。有的位于一川注渭地段內，如灞水之霸陵、滻水之杜陵。諸陵邑隨諸川佈列在長安周圍，以渭北尤為密集，五陵沿渭並陳，幾與櫟陽、秦咸陽故城及雍連成一片。渭南二陵邑隔水相望，呈遙相呼應之勢。〔註11〕

其中長陵因處於渭水濱，位居各陵邑水運交通的樞紐，茂陵因係幾次豪富遷徙的集中邑，且經歷三次大規模有計劃的移民，故此兩陵邑經濟發展最迅速，人口增加最多。

建立陵邑首先就是向陵邑移民，其情況如《文選・西都賦》云：七相五公與乎州郡之豪傑，五都之貨殖，三選七遷，充奉陵邑。」〔註12〕三選七遷依李善注：「三選，謂選三等之人；七遷，謂遷於七陵，《漢書》曰：『徙吏二千石高訾富人及豪傑兼并之家於諸陵，蓋亦以強幹弱枝，非獨為奉山園也。』」

〔註7〕 《漢書補注卷七・百宮公卿表上》云：「縣令、長皆秦官，掌治其縣，萬戶以上為令，秩千石至六百石；減萬戶為長，秩五百石至三百石。」頁312。
〔註8〕 《關中記輯注・漢陵》所載，頁119。
〔註9〕 《增補六臣注文選卷一・西都賦》頁25。
〔註10〕 《增補六臣注文選卷二・西京賦》頁50。
〔註11〕 《中國古代城市規劃史・秦漢城市規劃的新發展》，賀業鉅著，中國建築工業出版社，北京，2003年7月，頁318。
〔註12〕 《增補六臣注文選卷一・西都賦》頁24。

〔註13〕三選七遷及七相五公及五都，呂向有更進一步的釋意如下：

七相，謂車千秋、王霸、王商、王嘉、韋賢、平當、魏相。五公，張湯、蕭望之、馮奉世、史丹、張安世、公侯御史大夫通稱公焉，與豪傑之士、貨殖之人於陵。五都，臨淄、邯鄲、南陽宛、洛、蜀也。貨殖為貲富之家；三選，一曰七相，二曰豪傑，三曰貨殖；七遷，為偏徙居七陵，充供奉也。七陵，則上所謂杜、霸二陵及五陵。

〔註14〕

所謂五陵載於《漢書·游俠傳·原涉傳》：「郡國諸豪及長安五陵諸為氣節者皆歸慕之。」〔註15〕顏師古注曰：「五陵謂長陵、安陵、陽陵、茂陵、平陵也。」〔註16〕陵邑之形成依《漢書·成帝紀》云：「鴻嘉二年，徙郡國豪傑貲五百萬以上五千戶于昌陵。」〔註17〕五千戶估計為兩萬人，且為豪傑富戶，經濟充裕，建設繁榮，陵邑自然成為名鎮大邑。七陵為西漢最繁榮昌盛之陵邑。「名都對郭」正是指明陵邑與京城長安相對的衛星城市，並將七相五公之政治權貴，與各州郡之豪傑人士及洛陽、邯鄲、臨淄、宛、成都共五都之貨殖商人等三種社會菁英徙居於七陵；使陵邑形成邑居相承、甍宇齊平，到處紱冕所興，冠蓋如雲，頓成英俊之域。

西漢為了供奉山陵、執行削弱藩國勢力以繁榮京師經濟強幹弱枝政策、拱衛京師安全，遂遷徙州郡豪傑之士、五都貲富之家、七相五公權貴之族到達七陵周圍建立城邑，此即陵邑制度，亦如今日大都會郊區的衛星城市。

第一節　西漢陵邑之特色

西漢陵邑具有下列六大特色：

一、鄰近帝陵

陵邑的原始功能定是為了奉祀帝陵而設置，故鄰近西漢帝陵是理所當然之事，如長陵邑在長陵之北，皆在今咸陽市渭城區〔註18〕，安陵邑故城在安

〔註13〕同註12。
〔註14〕同註12。
〔註15〕《漢書補注卷六十二·游俠·原涉傳》頁1585。
〔註16〕《漢書補注卷六十二·游俠·原涉傳》頁1585。
〔註17〕《漢書補注卷十·成帝紀》頁133。
〔註18〕《三輔黃圖校注卷之六·陵墓·高祖長陵》注一及注六，頁426，427。

陵之北九百公尺〔註 19〕，平陵邑在平陵之東〔註 20〕，杜陵邑故城北去宣帝杜陵五里〔註 21〕，西漢七陵，惟杜，霸二陵在長安之南，其餘五陵皆在渭北。

二、距都不遠

　　陵邑既然爲了執行強幹弱枝、以繁榮都城長安的經濟的政策，使名都對郭，距離長安不遠，以便就近供應長安的人力、物力、與稅收，才能成爲長安的衛星市。例如長陵邑距長安北三十五里〔註 22〕，安陵邑在長安城東北三十五里，陽陵邑在長安城東北四十五里，最遠的茂陵邑在距長安西北八十里〔註 23〕，即最遠的陵邑不到四十公里，騎馬不到一小時，百姓如以徒步，朝發夕可至長安，熙來攘往人群使經濟活動更爲熱絡。

三、邑民遍及平民、豪傑、富室及權貴

　　首次遷到陵邑的平民由政府發給田產和生活費，以便安頓下來從事工農生產和建設陵園及陵邑基礎建設，其次將各郡國、州郡的富室及豪傑人士大量移至陵邑，資金的投入使陵邑可從事商業及服務業的經營，帶動陵邑工商業的躍進，使陵邑的人收入增加，甚至造成鉅富，如今本《三輔黃圖》所稱茂陵鉅富袁廣漢竟建造二十方里的池沼假山園林可見一般。其次又有官吏如七相五公等上等權貴被遷進陵邑，帶動陵邑人文領域進步，達到冠蓋交錯之景。

四、陵邑人口快速增加

　　由於工商業興盛，吸引了外地戶口的遷入，陵邑人口快速增加，例如左馮翊有二十四縣，人口九十一萬七千人〔註 24〕，其中長陵邑平地而起，後來居上，人口達十八萬人〔註 25〕，幾占五分之一，右扶風有二十一縣，人口八

〔註 19〕《中國古代陵寢之研究附表一·西漢帝陵后陵規模表·惠帝安陵》楊寬著，谷風出版社，臺北，1987 年 5 月，頁 221。
〔註 20〕《中國古代陵寢之研究附表一·西漢帝陵后陵規模表·昭帝平陵》頁 230。
〔註 21〕《中國古代陵寢之研究附表一·西漢帝陵后陵規模表·宣帝杜陵》轉引《括地志》文，頁 231。
〔註 22〕《三輔黃圖校注卷之六·陵墓》頁 425，427。何清谷注六稱：「長陵故城即長陵邑，城址位在今咸陽市渭城區韓家灣怡魏村。」。
〔註 23〕《三輔黃圖校注卷之六·武帝茂陵》頁 432。
〔註 24〕《漢書補卷二十八·地理志上》，左馮翊人口 917,822 人，頁 672。
〔註 25〕《漢書補注卷二十八·地理志上》，長陵縣人口 179,469 人，頁 675。

十三萬六千人〔註26〕，其中茂陵邑由小型茂鄉平地而起，也是後來居上，人口達二十七萬七千人〔註27〕，幾占三分之一，超過長安城內人口〔註28〕，成為三輔第一大縣。

五、陵邑為專制典型經濟城市

盧毓駿將城市的形成分為「自由典型、專制典型與殖民式城市」三種〔註29〕，自由典型城市亦即自然形成的城市，也就是《史記》所云：「一年而所居成聚、二年成邑、三年成都。」〔註30〕的城市，如大陸的廈門、泉州、臺灣的桃園、中壢等，佔我國兩千多城市的九成以上；殖民典型城市即歐洲殖民國家到美、非、大洋等洲所建立之殖民地城市，如紐約、洛杉磯、雪梨等；而專制典型城市即為統治需要用政治力量所建造的城市，亦可分為兩種，其一為政治型，例如漢代長安、洛陽、明清的北京，其次為經濟型，統治者為經濟需要所建造的城市，例如西漢陵邑為增加首都長安的稅收、繁榮首都經濟以及供奉帝、后陵祭祀費用所建立的城市，屬於專制典型之經濟城市。

六、陵邑為邑民複雜、異風靡俗之城市

陵邑之移民及風俗依《今本三輔黃圖》云：

> 後世世徙吏二千石，高貲富人及豪傑兼併之家於諸陵，強本弱末，以制天下。是故五方錯雜，風俗不一，貴者崇侈靡，賤者薄仁義，富強則商賈為利，貧竅則盜賊不禁：閭里嫁娶，尤尚財貨，送死過度，故漢之京輔，最為難理，古今所同也。〔註31〕

邑民來源三教九流且龍蛇雜處，崇奢賤義、唯利是圖的拜金主義，導致男盜女倡，層出不窮，造成社會治安的一大隱憂。

〔註26〕《漢書補注卷二十八·地理志上》，右扶風人口 836,070 人，頁 675。
〔註27〕《漢書補注卷二十八·地理志上》，茂陵縣人口 277,277 人，頁 679。
〔註28〕《漢書補注卷二十八·地理志上》，長安縣人口 246,200 人，頁 670。
〔註29〕《都市計劃學上·都市型式》盧毓駿撰，臺北科技大學講義，臺北，1962 年 9 月，頁 139～143。
〔註30〕《史記卷一·五帝本紀》頁 36。
〔註31〕《三輔黃圖校注卷之一·秦漢風俗》頁 83。

第二節　西漢陵邑之建置

　　漢代最早設置的陵邑爲太上皇之萬年陵邑，據《漢書・高帝紀》云：「（十年，前197）秋七月癸卯，太上皇崩，葬萬年。」〔註32〕又《今本三輔黃圖》云：「高帝葬太上皇於櫟陽北原，因置萬年縣於櫟陽大城內，以爲奉陵邑。」〔註33〕將櫟陽大城改爲萬年縣，改城爲陵邑，而非遷民建新邑。

　　遷民置縣之陵邑，據《關中記・漢陵》云：「徙民置縣者凡七，長陵、茂陵各萬戶，餘五陵各五千戶……渭陵、延陵、義陵皆不立縣。」〔註34〕，故西漢最早徙民置縣之陵邑應爲長陵。至於移民戶數，司馬貞《史記索隱》引《漢舊儀》云「武、昭、宣三陵皆三萬戶。」〔註35〕兩文獻所載茂陵、平陵戶數不同的原因，推測《關中記》所云武帝茂陵萬戶、昭帝平陵五千戶爲初徙戶數，《史記索隱》所載的三萬戶爲西漢中期戶數，西漢末期武帝茂陵達到六萬戶以上〔註36〕。

　　后妃非合葬者亦有另建陵邑，如《三秦記・雲陵》所載雲陵邑：「昭帝即位，追尊（母鉤弋夫人）爲皇太后，發卒二萬人起雲陽，（陵）邑三千戶。」〔註37〕被徙之移民也分到遷徙費及田地、住宅〔註38〕。

一、長陵邑

　　長陵位置據今本《三輔黃圖》稱：「在渭水北，去長安城三十五里。」〔註39〕在今咸陽市渭城區窰店鄉三義村〔註40〕，《漢書・地理志》云：「長陵，高帝置，戶五萬五十七，口十七萬九千四百六十九。」〔註41〕長陵墳塋及城規制據今本《三輔黃圖》稱：「長陵山，東西廣一百二十步，高十三丈，長陵城周

〔註32〕《漢書卷一・高帝紀》頁67。
〔註33〕《三輔黃圖校注卷之六・陵墓》頁424。
〔註34〕《關中記輯注・漢陵》所載，頁119。
〔註35〕《史記二卷八十五・呂不韋列傳》〈索隱〉所載，頁1014。
〔註36〕《漢書補注卷二十八・地理志上》頁678。
〔註37〕《三秦記・帝王陵墓・零陵》頁66。
〔註38〕《漢書補注卷七・昭帝紀》云：「（三年）秋，募民徙雲陽，賜錢、田、宅。」，頁105。
〔註39〕《三輔黃圖校注卷之六・陵墓》頁425，427。何清谷注六稱：「長陵故城即長陵邑，城址在今咸陽市渭城區韓家灣怡魏村。」
〔註40〕《三輔黃圖校注卷之六・陵墓》注一，頁426。
〔註41〕《漢書卷二十八・地理志・左馮翊》頁1544。

七里百八十步，因爲殿垣，門四出，及便殿、掖庭、諸官寺，皆在中。」〔註42〕
長陵城在長陵之南，築於呂后六年（前182）六月〔註43〕，依照實測資料，長
陵城方形，邊長七百八十公尺〔註44〕，在面積僅六十一公頃〔註45〕之長陵城內，
五萬戶人口應住不下，推測應是守陵及奉陵、豪富住在城內，一般百姓住在城
外。陵邑戶口來源據《關中記・漢高祖陵》稱：「徙關東大族萬家以爲陵邑。」
〔註46〕另《今本三輔黃圖》稱：「漢高祖都長安，徙齊諸田，楚昭、屈、景及諸
功臣於長陵。」〔註47〕長陵剛立縣邑時，應是萬戶之縣，以每戶四人計算〔註48〕，
人口大約四萬人，二百年後，到漢平帝元始二年（2）〔註49〕人口增加四倍，成
爲將近二十萬人的中型城市，長陵縣原隸左馮翊，在東漢時改隸京兆尹〔註50〕。

二、安陵邑

安陵位置「在長安城東北三十五里，距長陵僅十里」〔註51〕，在今咸陽
市渭城區窯店鄉白廟村〔註52〕。《漢書》云：「惠帝七年（前188）秋八月戊寅，
帝崩於未央宮，九月辛丑葬安陵。」〔註53〕據《關中記》云：「徙民關東倡優
樂五千戶以爲陵邑，善爲喝戲，故俗謂女喝陵。」〔註54〕陵邑推測在安陵完
成後不久建立，安陵邑約有二萬人唱俳優、伎樂的唱戲班人口，推測係供應

〔註42〕《三輔黃圖校注卷之六・陵墓》頁425，426。
〔註43〕《漢書補注卷三・高后紀》頁65。
〔註44〕《三輔黃圖校注卷之六・陵墓》注三，注四，頁426。
〔註45〕長陵城方形，邊長780公尺，面積0.608平方公里，約61公頃，面積約中正
　　　　紀念堂的2.4倍。
〔註46〕《關中記輯注・漢高祖陵》頁106。
〔註47〕《三輔黃圖校注卷之一・秦漢風俗》頁83。
〔註48〕《漢書補注卷二十八・地理志・京兆尹》：云「元始二年（2）戶十九萬五千
　　　　七百二，口六十八萬二千四百六十八。」則平均每戶約3.5人，準此，左馮翊
　　　　約3.9人／戶，右扶風約3.9人／戶，長陵約3.6人／戶，茂陵約約4.5人／
　　　　戶，平均約4人／戶，頁670。
〔註49〕《漢書補注卷二十八・地理志・京兆尹》：云「元始二年戶十九萬五千七百二，
　　　　口六十八萬二千四百六十八。」頁670，地理志內其他各郡縣戶口數字應同是
　　　　元始二年數據。
〔註50〕《後漢書集解卷十九・郡國志・長陵》頁1229。
〔註51〕《三輔黃圖校注卷之六・陵墓》頁428。
〔註52〕《三輔黃圖校注卷之六・陵墓》注一，頁428。
〔註53〕《漢書補注卷二・惠帝紀》頁62。
〔註54〕《關中記輯注・漢惠帝陵及其陪葬臺》頁110。

京城三輔二百四十萬人〔註55〕的娛樂之需要而設。

三、霸陵邑

霸陵邑，《水經注》云：「霸水又左合滻水，歷白鹿原東，即霸川之西，故芷陽矣，……謂之霸上，漢文帝葬其上，謂之霸陵。」〔註56〕即今西安市灞橋區窯院北鳳凰山〔註57〕，《關中記》稱有五千戶，即約二萬人左右，王先謙《漢書補注·霸陵》引《將相表》云；「孝文九年（前171）以芷陽邑爲霸陵縣。」〔註58〕可知霸陵縣原爲一個鄉邑，移民五千戶後改爲陵縣。霸陵縣歷經董卓之亂，已呈荒涼之象，如王粲〈七哀詩〉有「南登霸陵岸，迴首望長安。」〔註59〕之聯，霸陵無論墓或邑皆有城無岸，以城爲岸，直把霸陵當湖矣。到北魏時霸陵縣已全然荒廢，故酈道元直稱故城，如《水經注》云：「霸水又東逕新豐縣，右會故渠，渠上承霸水，東北逕霸城縣故城南，漢文帝之霸陵縣也。」〔註60〕霸陵縣直到唐代再度復興，據《舊唐書·地理志一》稱武德二年（619）分萬年縣置芷陽縣〔註61〕，但仍有霸陵舊名，如傳爲李白所作〈憶秦娥〉詞有「年年柳色，灞陵傷別。」〔註62〕之句。

四、陽陵邑

今本《三輔黃圖》稱景帝陽陵：「在長安城東北四十五里，按景帝五年（前152）作陽陵，起邑。」〔註63〕在今咸陽市渭城區正陽鄉張家灣村之北〔註64〕，陽陵邑之建立在景帝四年（前153）即開始，如《史記》載「（四年）後九月，

〔註55〕 《漢書補注一·地理志上》云元始二年，三輔的京兆尹有 682,468 人、左馮翊有 917.822 人、右扶風有 836,710 人，合計 2,437,000 人。頁 670～675。
〔註56〕 《水經注·渭水》頁 243。
〔註57〕 《三輔黃圖校注卷之六·陵墓》注一，頁 431。
〔註58〕 《漢書補卷二十八·地理志·霸陵》頁 672。
〔註59〕 《增補六臣注文選卷二十三·七哀詩二首之一》頁 426。
〔註60〕 《水經注·渭水》頁 244。
〔註61〕 《舊唐書一·地理志一》後晉·劉昫撰，藝文印書館，臺北，武英殿版，頁 709。
〔註62〕 《唐宋詞鑑賞辭典·憶秦娥》，丁稚鴻等 120 人撰稿，上海辭書出版社，上海，1991 年 1 月，頁 6。
〔註63〕 《三輔黃圖校注卷之六·陵墓》頁 425，427。何清谷注六稱：「長陵故城即長陵邑，城址位在今咸陽市渭城區韓家灣怡魏村。」
〔註64〕 《三輔黃圖校注卷之六·景帝陽陵》注一，頁 432。

以弋陽為陽陵。」〔註65〕景帝五年（前152）三月建陽陵渭橋〔註66〕，解決陵邑及建陵的交通問題，並於七年（前150）及中四年（前146）兩次赦免徒隸之罪〔註67〕以解決建陵的勞工問題。

　　依《關中記》陽陵邑亦是徙民五千戶，徙民時係用招募方式並發遷徙費，如《漢書》云：「五年春正月作陽陵邑，夏募民徙陽陵，賜錢二十萬。」〔註68〕賜錢二十萬以徙茂陵徙民賜錢而言，應是每戶為準，二十萬錢可買六千六百石粟〔註69〕，在不產生社會特別狀況，如動亂及飢荒等事，以〈食貨志〉：「食，人月一石半，五人終歲九十石，石三十，……春秋之祠用錢三百，……衣，人率用錢三百。」〔註70〕所列物價及基本開銷而言，則五口之家每年用錢四千五百，二十萬錢可供四十年的生活費。

五、茂陵邑

　　茂陵邑設置依今本《三輔黃圖》云：「武帝茂陵，在長安城西北八十里，建元二年（前139），初置茂陵邑，本槐里縣之茂鄉，故曰茂陵、周回三里，《三輔舊事》云：『武帝槐里茂鄉，徙戶一萬六千戶。』」〔註71〕

　　另《漢書》載武帝共三次徙民至茂陵，第一次在建元三年春（前138），其措施即「賜徙茂陵者，戶錢二十萬，田二頃。」〔註72〕本次徙民大致一般平民或農民，因此給錢又授田，最主要充當陵邑建設的勞力及生產糧食，二頃約今四公頃。第二次在元朔二年（前127）春，其措施即「徙郡國豪傑及訾三百萬以上於茂陵。」〔註73〕本次徙置的都是郡國豪傑及富戶，主要用意在於增加京師衛星城市的財政收入並且提高邑縣居民的文化水準，並就近監

〔註65〕《史記一・孝景本紀》頁204。

〔註66〕同註65。

〔註67〕《史記卷十一・孝景本紀》云：「（七年）春免徒隸作陽陵者：（中）四年秋赦作陽陵者。」頁204。

〔註68〕《漢書補注一・景帝紀》頁81。

〔註69〕《漢書補注卷二十四・食貨志上》云：「（粟）餘有四十五石，石三十，錢千三百五十。人，月一石半。」則一石粟三十錢，二十萬錢可糴粟6,666石，每人每年十八石，以每戶五口計，可供全家73年之吃飯需要。再依《中國度量衡史》新莽嘉量一升約二百公撮（公撮即立方公分亦即C.C），一石為百升即二萬公撮。頁514。

〔註70〕《漢書補卷二十四・食貨志上》頁514。

〔註71〕《三輔黃圖校注卷之六・武帝茂陵》頁432。

〔註72〕《漢書補注卷六・武帝紀》頁85。

〔註73〕《漢書補注卷六・武帝紀》頁88。

視，具有強幹弱枝的作用。第三次在太始元年（前96），其措施即「徙郡國吏民、豪傑于茂陵、雲陵。」〔註74〕主要作用促進陵邑經濟更繁榮。另《關中記》云：「徙民置縣者凡七，長陵、茂陵各萬戶。」〔註75〕《三輔舊事》所云一萬六千戶約六萬餘人應是建元二年（前139）最初徙民建邑戶口，《關中記》所云萬戶約四萬人，推測是元朔二年（前127）第二次徙民之之戶口，然《史記索隱》引《漢舊儀》則稱移民三萬戶〔註76〕，則大約十二萬人，推測應是太始元年（前96），徙民後之人口數，但是在一百年後的元始二年（2），戶口增至六萬一千零八十七戶、人口二十七萬七千二百七十七人〔註77〕，人口較建邑時增加三倍以上，超過京兆尹轄下長安縣人口〔註78〕，在西漢時期屬於大型城市。

茂陵邑位置楊寬引《水經注》所云：「（成國渠（又東逕茂陵南……故渠又東逕茂陵縣故城南，武帝建元二年置。」而推定在茂陵東南〔註79〕，即在今陝西興平縣南位鄉策村之南〔註80〕

六、平陵邑

昭帝平陵位在長安城西北七十里，距茂陵十里〔註81〕，即今咸陽市秦都區大王鄉南大王村西北〔註82〕，平陵依《關中記》所載曾遷進五千戶移民，則平陵邑人口也是二萬人左右，推測是初期移民戶數，而《史記·索隱》引《漢舊儀》所稱移民三萬戶〔註83〕，其人口在十二萬左右，應爲移民後期人口。但在《漢書》載宣帝於「本始元年（前73）春正月，募郡國吏民訾百萬以上徙平陵。」〔註84〕以元帝詔書說出安土重遷爲黎民之本性〔註85〕，招募

〔註74〕《漢書補注卷六·武帝紀》頁85。
〔註75〕《關中記輯注·漢陵》頁119。
〔註76〕《史記卷八十五·呂不韋列傳》〈索隱〉所載，頁1014。
〔註77〕《漢書補注卷二十八·地理志上》頁678。
〔註78〕《漢書補注卷二十八·地理志上》載長安縣戶口爲80,800戶、246,200人，頁670。
〔註79〕《中國古代陵寢制度史研究·西漢帝陵帝后陵規模表·武帝茂陵》，楊寬著，谷風出版社，臺北，1987年5月，頁226。
〔註80〕《三輔黃圖校注卷之六·武帝茂陵》注一，頁433。
〔註81〕《三輔黃圖校注卷之六·昭帝平陵》頁435。
〔註82〕《三輔黃圖校注卷之六·昭帝平陵》注一，頁435。
〔註83〕《史記二·呂不韋列傳》〈索隱〉所載頁1014。
〔註84〕《漢書補注卷八·宣帝紀》頁110。
〔註85〕《漢書補注卷九·元帝紀》頁126。

有百萬錢資財（可購粟參萬三千石）富室從郡國各地移民至三輔窮鄉僻壤定居守陵實不可思議，推測應是用強迫手段以達成之。

七、杜陵邑

《今本三輔黃圖》云：「宣帝杜陵，在長安城南五十里，宣帝在民間時，好遊鄠、杜間，故葬此。」〔註86〕宣帝於初元元年（前48）春正月葬杜陵〔註87〕，位在今西安市雁塔區曲江鄉三兆村南。《漢書》載宣帝於元康元年（前 65）春營建杜東原上的初陵，並將杜縣更名為杜陵（邑），並遷徙丞相、將軍、列侯、吏二千石、訾百萬錢者到杜陵邑，以充實陵邑經濟〔註88〕，係更縣為陵邑。

杜陵邑依《三輔黃圖校注卷之六・宣帝杜陵》引劉慶柱《西漢十一陵》稱：「杜陵邑在杜陵西北二點五公里，位在今三兆村西北、繆家寨村以南，城址為方形，東西長二千一百米，南北寬約五百米。」〔註 89〕則杜陵邑應為長方形，面積一點零五平方公里，陵邑初期依《關中記》所載曾遷進五千戶移民，後期戶口如《史記索隱》引《漢舊儀》則稱移民有三萬戶〔註 90〕，則應有十二萬人口。

八、陵邑之結局

西漢七陵邑經赤眉亂後，隨著西京殘破，亦遭波及，誠如〈東都賦〉所稱：「往者王莽作逆，漢祚中缺，天人致誅，六合相滅，于時之亂，生民幾亡，鬼神泯絕，壑無完柩，郛罔遺室。」〔註 91〕陵邑之百姓、房屋亡滅殆盡有如廢墟。

直到東漢建立（建武元年，25）後 115 年人口尚未恢復，由順帝永和五年（140）的人口調查，包括杜、霸、長、陽四陵邑在內的京兆尹十縣僅有戶五萬三千二百九十九戶，二十八萬五千五百七十四人〔註 92〕，其戶數與

〔註86〕《三輔黃圖校注卷之六・宣帝杜陵》頁 436。
〔註87〕《漢書補注卷九・元帝紀》頁 122。
〔註88〕《漢書補注卷八・宣帝紀》頁 114。
〔註89〕《三輔黃圖校注卷之六・宣帝杜陵》注一，頁 436，437。
〔註90〕《史記二・呂不韋列傳》〈索隱〉所載，頁 1014。
〔註91〕《增補六臣注文選卷一・東都賦》頁 33。
〔註92〕《後漢書集解卷十九・郡國志上》頁 1228。

西漢長陵邑相埒；其次包括安、平、茂三陵邑在內的右扶風十五縣僅有戶一萬七千三百五十二戶，九萬三千零九十一人〔註93〕，其戶口僅約爲西漢茂陵邑一縣的三分之一。

第三節　西漢陵邑之管理

西漢帝陵及邑的管理單位，依《關中記》云：

> 陵縣屬太常（下），（不）隸郡也。守陵、溉樹、埽除凡五千人，陵令、（食）官令各一人，寢、廟令（各）一人，園（長）（令）一人，門吏三十（二）人，侯四人。〔註94〕

其中，太常原稱奉常，景帝中六年改名太常，掌宗廟禮儀及諸廟、寢、園令、長、丞〔註95〕，而陵令爲陵邑的總管，下有丞及尉，分掌陵邑文書及治安，食官令掌伙食，陵寢令及陵廟令分掌寢、廟，陵園令掌陵園，各令下有門吏六、七人，侯官一人，縣令年俸祿萬戶以上爲六百至一千石，萬戶以下爲三百至五百石〔註96〕，但長陵令爲二千石〔註97〕，另《關中記·漢高祖陵》云：「長陵令秩祿千鍾，諸陵皆六百石。」〔註98〕鍾爲六斛四升〔註99〕，則長陵令秩爲六千四百石，大於其它園令九倍以上較不可能，《漢書》記載較合理，長陵令秩祿偏高，可能係提升開國皇帝高祖地位所致。以五千戶之陵邑而言，陵園工人五千人，陵園官吏四十一人，全陵邑人口以二萬人計算，大致三人供養一人，其他一萬五千人則從事農、工、商業。

第四節　西漢陵邑之終止

據《關中記》云：「元帝時，三輔七十萬戶，始不復徙人陪陵。」〔註100〕另據《漢書·元帝紀》云：「（永光四年，前40）冬十月乙丑，罷祖宗廟在郡

〔註93〕《後漢書集解卷十九·郡國志上》頁1230。

〔註94〕《關中記輯注·漢陵》所載，頁119。

〔註95〕《漢書補注卷十九·百官公卿表上》頁300，301。

〔註96〕《漢書補注卷十也·百官公卿表上》頁312。

〔註97〕《漢書補卷二·高后紀》頁65。

〔註98〕《關中記輯注·漢陵》所載，頁119。

〔註99〕《十三經注疏·左傳·昭公三年》云「釜十則鍾」杜預注：「六斛四斗」，頁722。

〔註100〕《關中記輯注·漢陵》所載，頁119。

國者，諸陵分屬三輔。」〔註101〕並下詔停止徙人陪陵之舉，其理由如詔書所云：

> 安土重遷，黎民之性，骨肉相附，人情所願也；頃者有司緣臣子之義，奏徙郡國民以奉園陵，令百姓遠棄先祖墳墓、破業失產、親戚別離，人懷思慕之心，家有不安之意；是以東垂被虛耗之害，關中有無聊之民，非長久之策也，《詩》不云虖：「民亦勞止，迄可小康，惠此中國，以綏四方。〔註102〕」今所爲初陵者勿置縣邑，使天下咸安土樂業，亡有動搖之心，布告天下，令明知之。〔註103〕

初陵爲元帝最初的壽陵，係在永光四年（前40）冬十月在渭城壽陵亭北原上所營建〔註104〕，後改爲渭陵。元帝詔告廢除長達一百五十年來徙民置邑的政策。但成帝違背父詔，於鴻嘉元年（前20）以新豐戲鄉爲昌陵縣，並於鴻嘉二年「徙郡國豪傑貲五百萬以上五千戶于昌陵。」〔註105〕導致「天下虛耗、百姓疲勞」〔註106〕以及昌陵覆土工程上「客土疏惡」〔註107〕的因素，以致「作治五年，中陵、司馬殿門內尚未加功。」成帝終於自責：「朕爲其難、悒然傷心」而體會出「過而不改是謂過矣！」的歉意，終於下詔：「其罷昌陵及故陵，勿徙吏民，令天下毋有動搖之心。」〔註108〕，再營陵邑之事終歸失敗，同時將昌陵之陵墓廢棄，改營扶風渭城之延陵；終漢之世，未再營陵邑。

第五節　西漢陵邑之經濟

西漢七陵陵邑人口少者兩萬人，多者二、三十萬人，以十一之稅〔註109〕

〔註101〕《漢書補注卷九・元帝紀》，頁126。
〔註102〕《詩・大雅・民勞》之篇文中「迄」作「汔」，《詩經注疏卷十七》頁630。
〔註103〕《漢書補注卷十・元帝紀》頁126。
〔註104〕《漢書補注卷十・元帝紀》頁126。
〔註105〕《漢書補注卷十・成帝紀》頁133。
〔註106〕《漢書補注卷十・成帝紀》頁134。
〔註107〕《漢書補注卷十・成帝紀》云：「以新豐戲鄉爲昌陵縣」王先謙補注云：「《御覽》三十七引《三輔舊事》：『昌陵取土十餘里，土與粟同價。』永始五年詔曰：『作治五年，客土疏惡』正謂此也。」然筆者以爲昌陵之覆土工事可能係遭到流沙等現象，故營陵工程積歲不成，致營陵主事將作大將解萬年被流徙敦煌。頁132，134。
〔註108〕《漢書補注卷區・元帝紀》頁134。
〔註109〕《漢書補注卷二十四・食貨志上》云：「有賦有稅，稅謂公田什一及工商衡虞之入也。」頁512。

而言，要維持五千零四十一人專事奉陵人口，則陵邑要有五萬人以上生產力始可維持，剛設陵邑時，只有長陵與茂陵合乎這個標準。若以徙居陵邑每戶領到二十萬錢遷徙費而言，以《漢書・食貨志》所言的當時生活水準，每人每月食粟一石半，每年十八石，粟每石三十錢，每戶五人共需二千七百錢；除、社閭、嘗新、春秋之祠用錢每年每戶三百錢；衣服每人每年用三百錢，每戶計一千五百錢，則正常花費每戶爲四千五百錢〔註110〕，若再加上《食貨志》所未計入之「不幸、疾病、死葬之費及上賦斂。」〔註111〕費用約估爲生活費三分之一即一千五百錢，則每戶每手生活費用計六千錢，二十萬錢可用三十三年，但不包括居室廬舍之費用，大致平常的生計無虞，若增賜田（如茂陵邑移民）或田及宅（如雲陵邑移民），則生活更有保障，例如茂陵移民增賜田地每戶二頃，以《食貨志》的每畝產量一石半的標準〔註112〕，則移民每戶每年可增三百石粟的收入，難怪文獻未載有百姓抗拒移民之情事。但如遷徙權貴、富室、豪傑、商賈攜帶財富到陵邑，則陵邑商業興盛、經濟富庶自屬可期。但如安陵遷徙五千戶皆關東娛樂界藝人，則只可藉表演收入以繁榮陵邑經濟。

第六節　西漢徙民建陵邑之影響

漢初行郡國制，分封諸侯王，到文景時代已成尾大不掉之勢，故賈誼〈治安策〉有謂：「欲天下之治安，莫若眾建諸侯而少其力。」〔註113〕之緩削之策及鼂錯〈說景帝削吳議〉所謂：「削之其反亟而禍小，不削其反遲而禍大。」〔註114〕之急削之策。漢代陵邑建立符合強幹弱枝之需，更有爲供奉陵園創造經濟來源，於是大規模的遷移郡國豪富定居，如宣帝就曾遷徙家財百萬錢的郡國富室家到杜陵邑及平陵邑定居，而長陵邑更有關東大族萬家的遷入，其中到杜陵邑者更包括了丞相、將軍、列侯、秩祿二千石的官吏〔註115〕，這些

〔註110〕《漢書補注一・食貨志上》云：「食，人月一石半……餘有四十五石，石三十，爲錢千三百五十，除、社閭、嘗新、春秋之祠用錢每年每戶三百錢，衣，人率用三百。」頁514。

〔註111〕《漢書補注卷二十四・食貨志上》頁514。

〔註112〕《漢書補注卷二十四・食貨志上》云：「一夫治田百田每，歲收晦一石半，爲粟一百五十石。」頁514。

〔註113〕《全漢文卷十五・治安策》清・嚴可均校輯，宏業書局，1979年，頁210。

〔註114〕《兩漢三國文彙・奏議》高明、林尹編纂、中華叢書編審委員會。頁1020。

〔註115〕《漢書補注卷十九・百官公卿表上》秩二千石之官吏有司直、光祿大夫、五

頂尖的行政及技術官僚的加入進住，一定讓陵邑在商業、工藝、文化等各方面快速發展，形成以長安爲中心翼狀衛星城市群，據《漢書・地理志》的資料，茂陵邑超過長安僅次於成都、洛陽成爲全國第三大城市〔註 116〕。

三輔衛星城市的繁集與財富集中，相對郡國城市財富戶口的減少，加上「文帝采賈生之議：分齊、趙，景帝用鼂錯之計：削吳、楚，武帝施主父之策，下推分之令，使諸侯王得分邑以封子弟。」〔註 117〕諸侯王下場爲「不爲士民所尊，勢與富室亡異。〔註 118〕」已達到強幹弱枝的作用。

此外，爲了適應首都治安及居住的要求，分散長安過剩人口到三輔地區是西漢政府的政策，故京兆尹所轄十縣中新豐、南陵、霸陵、杜陵，左馮翊所轄二十四縣中池陽，祋祤、雲陵、萬年、長陵、陽陵，右扶風所轄二十一縣中池陽，安陵、茂陵、平陵等十四縣皆爲漢代新建註〔註 119〕的衛星城市，拱衛京師，比西方近代都市計劃疏散大都市人口的衛星城市的思潮早了兩千年〔註 120〕。

第七節　西漢七陵建築之探討

《西都賦》所云：「南望杜霸，北眺五陵。」〔註 121〕應指陵墓與陵邑，亦即文帝霸陵、宣帝杜陵等二陵再加上高祖長陵、惠帝安陵、景帝陽陵、武帝茂陵、昭帝平陵等五陵，合稱七陵。

陵墓之建制依據《關中記》：「漢諸陵高十二丈，方一百二十步；惟茂陵高十四丈，方百四十步。」〔註 122〕又漢帝、后陵同塋不同墳，但仍稱合葬，

官中郎將、太常、博士、郎中令、衛尉、廷尉……等。頁 299～312。

〔註 116〕《漢書補注卷二十八・地理志上》記載戶口之縣，茂陵邑 277,277 人；洛陽縣，52,839 戶，人口不載，由河南郡的每戶平均人口 6.3 人計，估計洛陽縣的人口約爲 33 萬人；成都縣 76,258 戶，人口不載，由蜀郡的每戶平均人口約 4.6 人計，估計成都縣的人口約爲 35 萬人，若此，則成都爲當時全國第一大城市。頁 312。

〔註 117〕《漢書補注卷十四・諸侯王表二》，頁 160。

〔註 118〕《漢書補注卷十四・諸侯王二》頁 160。

〔註 119〕《漢書補注卷二十八・地理志上》記載新豐縣，高祖七年（前 200）置；南陵，文帝七年（前 173）置；池陽，惠帝四年（前 191）置；祋祤，景帝二年（前 155）置；池陽，惠帝四年置。頁 312。

〔註 120〕業師盧毓駿《都市計劃學講義上冊》，臺北科技大學，1952 年 9 月，頁 170。

〔註 121〕《增補六臣注文選卷一・西都賦》頁 24。

〔註 122〕《關中記輯注・漢陵》頁 119。

如《關中記》：「高祖陵在西，呂后陵在東，漢帝、后陵同塋，則爲合葬，不合陵也，諸陵皆如此。」〔註123〕例如《史記》：「竇太后後孝景帝六歲建元六年（前135）崩，合葬霸陵⋯⋯王太后後孝景帝十六歲，以元朔四年（前125）崩，合葬陽陵。」〔註124〕等等，漢陵皆作覆斗狀（截頭四角錐形），上窄下寬，分述如下：

一、長　陵

據《漢書》載：「（十二年，前195）夏四月甲辰，帝崩于長樂宮⋯⋯五月丙寅葬高帝長陵。」〔註125〕而《三輔黃圖》載「高祖長陵在渭水北，去長安三十五里〔註126〕。長陵山，東西廣一百二十步，高十三丈。」〔註127〕

何清谷注云：「據實測，高祖陵封土底部和頂部平面均爲長方形，底部東西一百五十三米，南北一百三十五米，頂部東西五十五米，南北三十五米，封土高三十二點八米。」〔註128〕以東漢尺等於二十三點七五公分計〔註129〕，東面長一百零七步，高十三點八丈。

長陵山東西寬爲一百七十一公尺，高約爲三十一公尺，文獻寬度大於實測甚大，二千多年來已遭風化及水土流失。長陵山之側面坡度，橫比直爲一點五比一，約爲三十四度。其填土方總計約三十五萬立方公尺〔註130〕，高祖自崩逝後二十二日埋葬完成，假定地下墓壙開挖與墳丘封土各耗十一日時間，民工每人每日填土方約一立方公尺，高祖長陵將動員民工約二萬九千人，與文帝霸陵相近。

《今本三輔黃圖》又載：長陵城周七里百八十步，因爲殿垣，門四出，

〔註123〕《關中記輯注・漢高祖陵》頁106。

〔註124〕《史記會注考證卷四十九・外戚世家》頁776，777。

〔註125〕《漢書補注一・高帝紀》頁58。

〔註126〕《三輔黃圖校注卷之六・陵墓・高祖長陵》注一云：「長陵位在今咸陽市渭城區窯店鄉三義村附近。」頁425。

〔註127〕《三輔黃圖校注卷之六・漢陵》頁425。

〔註128〕《三輔黃圖校注卷之六・漢陵》注三引劉慶柱等《西漢十一陵》資料，頁426。

〔註129〕《中國度量衡史》第十五表，頁65。

〔註130〕由截頭角錐體積公式＝h／3×（A＋a＋√Aa）公式計算所得，h爲封土高，A爲底面積，a爲頂面積。H＝35.9公尺，A＝153公尺×135公尺＝20,655平方尺，a＝55公尺×35公尺＝1,925平方尺，則長陵山土方體積＝35.9／3×（20,655＋1,925＋√20,655×1,925）＝345,665立方公尺，

及便殿掖庭諸官寺，皆在中。」〔註131〕此城爲陵園城而非陵邑城，據實測報告：「呂后陵和長陵合塋一個方形周牆，南北長一千米，東西寬九百米，正門向東，南、西北有牆殘存。」〔註132〕計周長三千六百公尺，與《三輔黃圖》所載長陵城周七里百八十步大致相符〔註133〕。

二、安　陵

　　據《漢書》載：「（七年，前188）秋八月戊寅，帝崩于未央宮，九月辛丑葬安陵。」〔註134〕而《三輔黃圖》載「惠帝安陵去長陵十里……在長安城北三十五里註〔註135〕。安陵有果園、鹿苑云。」〔註136〕何清谷注云：「（惠帝安陵）現存大冢底部和頂部爲長方形，底部東西長一百七十米，南北長一百四十米，頂部東西長六十五米，南北長四十米，封土高二十五米。」〔註137〕墳丘封土方達二十四萬立方公尺，屬西漢諸陵中較小的，呂后本有意將安陵蓋高大墳丘，以便由未央宮望安陵，但因東陽侯張相如諫止〔註138〕而罷。

三、霸　陵

　　文帝霸陵之興築據《漢書》載：

　　　　（後）七年（前157）夏六月己亥，帝崩于未央宮……遺詔霸陵山川

　　　　因其故，無有所改……郎中令張武爲復土將軍，發近縣卒萬六千人、

〔註131〕《三輔黃圖校注卷之六・漢陵》頁425,426。
〔註132〕《中國古代陵寢制度史研究・西漢帝陵帝后陵規模表・高祖長陵》，楊寬著，谷風出版社，臺北，1987年5月，頁219。
〔註133〕此值化成今尺即三千七百八十二公尺。
〔註134〕《漢書補注卷二・惠帝紀》頁62。
〔註135〕《三輔黃圖校注卷之六・陵墓・惠帝安陵》注一云：「惠帝安陵在今咸陽市渭城區窯店鄉白廟村南。」頁428。
〔註136〕《三輔黃圖校注卷之六・漢陵》，何清谷輯注，三秦出版社，西安，2006年1月，頁428。
〔註137〕《三輔黃圖校注卷之六・漢陵》注三引劉慶柱等《西漢十一陵》資料，何清谷輯注，三秦出版社，西安，2006年1月，頁428，推據《中國古代陵寢制度史研究》西漢帝陵帝后陵規模表之惠帝安陵云：「安陵呈覆斗形，底部東西188.1米，南北171米，高25.22米，陵頂東西27米，南北52.2米。」，楊寬著，谷風出版，臺北，1987年5月，頁221。。
〔註138〕《漢書補注一・惠帝紀》補注：「沈欽韓引《御覽》四百五十七轉引《楚漢春秋》所載。頁62。

發內史卒萬五千人，藏郭穿復土屬將軍（張武）……乙巳葬霸陵。……

霸陵皆瓦器，不得以金銀銅錫為飾，因其山而不起墳。〔註139〕

但王先謙補注引《晉書‧索綝傳》云：「三秦人盜發漢杜霸二陵，多獲珍寶。」〔註140〕則知臣子違其遺詔。文帝自崩後凡七日埋葬，其因如《三輔黃圖》載「文帝霸陵，在長安東七十里，因山為藏，不復起墳，就其水名，因以為陵。」〔註141〕。何清谷稱霸陵在今之「西安東郊白鹿原東北隅灞河西岸，今灞橋區毛西稀鄉毛窯院北鳳凰山。」〔註142〕

霸陵只需開鑿隧道以藏棺槨，但仍動員軍卒工達三萬一千人，故葬禮可較迅速。至《關中記》：云「霸陵，文帝陵也，上有池，有四出道，以瀉水。」〔註143〕，顯然霸陵山上建造滯洪池，讓雨水先蓄儲在池內，等達到洩洪水位線時，由四道排水溝由山上排到山下，以防暴雨沖刷或滲入霸陵隧道內，這真是高明的坡地排洪設施。《水經注》曾載：

漢文帝嘗欲從霸陵上西馳下峻坡，袁盎攬轡放此處，盎曰：「臣聞千金之子坐不垂堂，百金之子，立不倚衡，聖人不乘危。今馳不測，如馬驚車敗，如高廟何？」上乃止。〔註144〕

由此可知霸陵所在之山嶺其坡度之陡〔註145〕。霸陵應如茂陵一樣陵前有雙闕，但由李白《憶秦娥詞》云；「簫聲咽，秦娥夢斷秦樓月，秦樓月，年年柳色，灞陵傷別。樂遊原上清秋節，咸陽古道音塵絕，音塵絕，西風殘照，漢家陵闕。」〔註146〕判斷，至遲在唐代尚有殘闕遺跡，據楊寬云：「至今未發現陵園遺跡。」〔註147〕故已無從體會李白的詞境。

四、陽　陵

陽陵之興築據《漢書》載：

〔註139〕《漢書補注卷四‧文帝紀》頁77，78。
〔註140〕《漢書補注卷四‧文帝紀》頁78。
〔註141〕《三輔黃圖校注卷之六‧陵墓‧文帝霸陵》頁430。
〔註142〕《三輔黃圖校注卷之六‧陵墓‧文帝霸陵》注一，頁431。
〔註143〕《關中記輯注‧文帝陵》頁114。
〔註144〕《三輔黃圖校注卷之六‧漢陵》頁430。
〔註145〕《三輔黃圖校注卷之六‧漢陵‧文帝霸陵》注一：「霸陵位於……毛窯院北鳳凰山，群眾稱為鳳凰嘴。」頁430，431。
〔註146〕《中國文學史初稿‧唐五代詞‧憶秦娥》王忠林等人合著，萬卷樓，臺北，2002年10月，頁610。
〔註147〕《中國古代陵寢制度史研究‧西漢帝陵帝后陵規模表‧文帝霸陵》頁222。

「（後三年，前 141）春正月甲子，帝崩于未央宮，二月癸酉葬陽陵。」
〔註148〕而今本《三輔黃圖》載「景帝陽陵在長安城東北三十五里〔註149〕。……
陽陵山方百二十步、高十丈。」〔註150〕何清谷注引云：「經實測，景帝封土呈
覆斗形，底部和頂部平面呈正方形，底部邊長一白七十米，封土高三十一米。」
〔註151〕

《史記・孝景本紀》裴駰集解引皇甫謐曰：「陽陵山，方一百二十步，
高十四丈，去長安四十五里。」〔註152〕而據《中國古代陵寢制度史研究》
云：「（陽陵）東西一百六十六點五米，南北一百五十五點四米，高三十一點
六四米，陵頂東西五十一點三米，南北五十七點六米。」〔註153〕以《三輔
黃圖》所載方百二十步計一百七十一公尺見方，高十丈約二十四公尺資料恐
有誤，應以皇甫謐的高十四丈約三十三公尺爲是，高度矮了二公尺可能是二
千年來封土流失。墳丘封土方總計四十萬立方公尺。

陽陵之園牆，依考古資科：「邊長四百一十米，東西南三門闕保存較好，
門寬分別爲十八點五米、十二點六米、十四米。四門外原都鋪有方磚，圍牆
四周又有一條河卵石路面。」〔註154〕

五、茂　陵

茂陵之修建依《漢書》載：「後元二年（前 87）（二月）丁卯，帝崩于五
柞宮，入殯未央宮前殿，三月甲申葬茂陵。」〔註155〕《今本三輔黃圖》載「武
帝茂陵在長安西北八十里註〔註156〕。高十四丈一百步。」〔註157〕

〔註148〕《漢書補注一・景帝紀》頁 83。
〔註149〕《三輔黃圖校注卷之六・陵墓・景帝陽陵》注一云：「在今咸陽市渭城區正陽
　　　　鄉張家灣村之北。」頁 432。
〔註150〕《三輔黃圖校注卷之六・漢陵》，頁 428。
〔註151〕《三輔黃圖校注卷之六・漢陵》注三引劉慶柱等《西漢十一陵》資料，何清
　　　　谷輯注，三秦出版社，西安，2006 年 1 月，頁 432，推據《中國古代陵寢制
　　　　度史研究・惠帝安陵》云：「安陵呈覆斗形，底部東西 188.1 米，南北 171 米，
　　　　高 25.22 米，陵頂東西 27 米，南北 52.2 米。」楊寬著，谷風出版，臺北，1987
　　　　年 5 月，頁 221。
〔註152〕《史記卷十一・惠帝本紀》頁 205。
〔註153〕《中國古代陵寢制度史研究・西漢帝陵帝后陵規模表・景祖陽陵》頁 224。
〔註154〕《中國古代陵寢制度史研究・西漢帝陵帝后陵規模表・景祖陽陵》頁 224。
〔註155〕《漢書補注一・武帝紀》頁 103。
〔註156〕《三輔黃圖校注卷之六・陵墓・武帝茂陵》注一：「茂陵在今興平縣南位鄉策

　　何清谷注云：「今茂陵墳丘呈覆斗狀，底部東西長二百二十九米，南北長二百三十一米，高四十六點五米。」〔註 158〕。

　　茂陵之頂部「東西三十九點五米，南北三十五點五米。」〔註 159〕依《關中記》所載方一百四十步即二百三十二公尺，依實測值相近，茂陵墳丘高十四丈即三十八點七公尺，實測值應爲十七丈，墳丘側坡約二十七度，較長陵墳丘和緩，但封土方經計算達九十八萬立方公尺，達長陵之三倍，爲漢陵中最大者。至於武帝殯葬之金鏤玉衣，《西京雜記》稱爲珠襦玉匣，並云：「匣形如鎧甲，連以金縷。武帝匣上，皆鏤爲蛟、龍、鸞、鳳、龜、鱗之象，世謂蛟龍玉匣。」〔註 160〕茂陵陵園外有双闕，何清谷注云：

> 茂陵陵園平面爲方形，邊長四百三十米。此陵園中央各闢一門，各門距陵墓封土均爲百米左右。門外置雙闕，每對闕間距十二至十六米，每個闕址面寬三十八米，殘高三米。〔註 161〕

陵園四百三十公尺約一漢里，故其周廻四里，闕寬三十八公尺即十六丈，殘高三公尺應只是陵闕臺基，其上應有木構造的闕身，陵闕高度文載，以建章宮太液池中漸臺高二十餘丈〔註 162〕，基址寬六十公尺，高八公尺〔註 163〕，來推斷茂陵陵闕高約八丈。張衡在《西京賦》嘲諷武帝：

> 采少君之端信，庶樂大之貞固，立脩莖之仙掌，承雲表之清露，屑瓊蕊以朝飧，必性命之可度，美往昔之松喬，要羨門乎天路，想升龍於鼎湖，豈時俗之足慕，若歷世而長存，何遽營乎陵墓。〔註 164〕

最後在更始三年（25）夏赤眉賊攻入長安，將長安「宗廟、園、陵皆發掘，唯霸陵、杜陵完。」〔註 165〕茂陵顯遭蹂躪《西京雜記》載武帝金縷衣可以旁證。

　　唐代時茂陵之陵樹猶有蒼松翠柏，如李商隱（813？～858？）〈茂陵詩〉：

　　　　村之南。」頁 433。
〔註 157〕《三輔黃圖校注卷六・陵墓・武帝茂陵》頁 432，433。
〔註 158〕《三輔黃圖校注卷六・漢陵》注五引劉慶柱等《西漢十一陵》資料，頁 434。
〔註 159〕《中國古代陵寢制度史研究・西漢帝陵帝后陵規模表・武帝茂陵》頁 225。
〔註 160〕《西京雜記・送葬用珠襦玉匣》頁 31。
〔註 161〕《三輔黃圖校注卷之六・漢陵》注五引劉慶柱等《西漢十一陵》資料，頁 434。
〔註 162〕《漢書補注卷二十五・郊祀志下》頁 558。
〔註 163〕《關中記輯注・建章宮》注九，頁 59。
〔註 164〕《增補六臣注文選卷二・西京賦》頁 49。
〔註 165〕《漢書補注二卷九十九・王莽傳下》頁 103。

「茂陵松柏雨蕭蕭」〔註166〕，至明代時陵樹已枯，如明吳騏（1620～1695）〈茂陵詩〉：「茂陵枯柏自巃岏」〔註167〕且生蔓草，如明唐寅（1620～1695）〈五陵詩〉：「五陵昔日繁華地……蔓草不除陵寢廢」〔註168〕，清代依然荒廢，如費尚彬〈吊茂陵詩〉：「斷碣泣殘碣，荒臺思歸空……俯首嘆蒿蓬。」〔註169〕，今茂陵已設博物館，並予整修保護。

六、平　陵

昭帝平陵之修建據《漢書》載：「（元平元年，前74）夏四月癸未，帝崩于未央宮，六月壬申葬平陵。」〔註170〕

《今本三輔黃圖》載其規制：

> 昭帝平陵在長安西北七十里，去茂陵十里註〔註171〕。帝初作壽陵，令流水而已，石槨廣一丈二尺，長二丈五尺，無得起墳，陵東北作廡，長三丈五步，外爲小廚，裁足祠祝，萬年之後，掃地而祭。〔註172〕

據《中國古代陵寢制度史研究》云：

> （平陵）陵呈覆斗形，底部東西一百五十八點四米，南北一百五十六點六米，高二十米，陵頂東西四十七點七米，南北四十六點八米，現在陵的中部有臺階，臺寬東西四米，臺至陵頂二點二五米。圍牆近正方形，東西三百七十八米，南北三百六十二米。現存東、南二門闕，東門寬十六米，南門寬十五米，東門發現有土質路面，寬八米，厚零點二八米〔註173〕。

平陵墳丘封土方經計算僅二十三萬立方公尺，不及茂陵封土方四分之一，這可能與其簡約有關。平陵東北面並無昭帝所稱的廡（寢殿），倒是在平陵圍牆以外西北角有建築遺址。〔註174〕判斷應是昭帝所稱的廡。

〔註166〕《唐詩一萬首・李商隱之茂陵》頁569。
〔註167〕《茂陵詩詞選・茂陵》茂陵博物館，興平，1987年9月，頁45。
〔註168〕《茂陵詩詞選・五陵》頁47。
〔註169〕《茂陵詩詞選・吊茂陵》頁57。
〔註170〕《漢書補注卷六・昭帝紀》頁108。
〔註171〕《三輔黃圖校注卷之六・陵墓・平陵》注一：「平陵在茂陵之東，與茂陵毗鄰，在今咸陽市秦都區大王鄉南大王村西北。」頁435。
〔註172〕《三輔黃圖校注卷之六・陵墓・平陵》頁435。
〔註173〕《中國古代陵寢制度史研究・西漢帝陵帝后陵規模表・昭帝平陵》頁229。
〔註174〕《中國古代陵寢制度史研究・西漢帝陵帝后陵規模表・昭帝平陵》，楊寬著，

七、杜　陵

　　杜陵之修建據《漢書》載：「（黃龍元年，前 49）冬十二月甲戌，帝崩于未央宮……初元元年（前 48）春正月辛酉，孝宣皇帝葬杜陵。」〔註175〕。

　　而今本《三輔黃圖》載「宣帝杜陵在長安城南五十里註〔註176〕。帝在民間時，好遊鄠杜間，故葬此。」〔註177〕何清谷注引云：「杜陵墳止呈覆斗形，底部和頂部平面均爲方形，邊長一百七十五米與五十米，高二十九米。陵園正方形，墓居陵園中央。」〔註178〕據《中國古代陵寢制度史研究》云：

> （杜陵）陵北有大片建築遺存，曾出土樹木紋鋪地磚及礎石，陵北
> 一百五十米處有一南北向古代石子路遺跡，附近亦有礎石和磚瓦殘
> 塊出土，可知陵寢等建築當在陵北。〔註179〕

杜陵墳丘側坡依照何清谷的尺度，經計算約爲二十四度，封土方約爲四十萬立方公尺。

　　宣帝許后葬杜陵南，是爲杜陵南園〔註180〕，顏師古注云：「即今所謂小陵者，去杜陵十八里」〔註181〕，許后小陵即少陵，如雍錄：「它書皆作少陵，杜陵甫家焉，故稱杜陵老，亦曰少陵也。」〔註182〕杜甫自稱杜陵布衣或少陵野老皆有關，此地地勢稍高，適宜遠眺，杜甫〈九日五首〉之四：「故里樊川菊，登高素楷源。」〔註183〕宋張禮云：「少陵東接豐梁原，……楷水出焉，杜甫詩：『登高素楷源』是也。」〔註184〕唐代爲登高遊樂之地。

　　　　　谷風出版社，臺北，1987 年 5 月，頁 229。
〔註175〕　《漢書補注卷八，九·宣帝紀·元帝紀》《漢書補注一·元帝紀》頁 120，122。
〔註176〕　《三輔黃圖校注卷之六·陵墓·宣帝杜陵》注一：「宣帝杜陵在今西安市雁塔區曲江鄉三兆村南。」，何清谷輯注，三秦出版社，西安，2006 年 1 月，頁436。
〔註177〕　《三輔黃圖校注卷之六·陵墓·宣帝杜陵》頁 436。
〔註178〕　《三輔黃圖校注卷六·漢陵》注一引劉慶柱等《西漢十一陵》資料，頁 436。
〔註179〕　《中國古代陵寢制度史研究·西漢帝陵帝后陵規模表·宣帝杜陵》頁 221。
〔註180〕　《漢書補注二卷六十七·外戚傳·孝宣帝許皇后》頁 1689。
〔註181〕　同註 179。
〔註182〕　《雍錄卷七·少陵原》，頁 148。
〔註183〕　《唐詩一萬首·九日五首之四》，頁 302。
〔註184〕　《游城南記校注·迺登少陵原》，頁 151。

第七章 由兩都二京賦探討漢代第宅、武庫、朝堂等建築

第一節 漢代第宅之概說

漢代長安權貴第宅狀況在張衡〈西京賦〉云:「廛里端直,甍宇齊平:北闕甲第,當道直啓,程巧致功,期不陁陊,木衣綈錦,土被朱紫。」〔註1〕

第宅之名依據《初學記》云〔註2〕:

> 《釋名》曰:『宅,擇也,言擇吉處而營之也。』宅亦曰第,言有甲
> 乙次第也。一曰:『出不由里門而(由)大道者名曰第,爵雖列侯,
> 食邑不滿萬戶,不得作第,其舍在里中,皆不稱第。』」

則因帝王賜給臣下房屋有甲乙次第,故稱「第」,其次,第須面臨大道,否則僅稱宅。

都邑民居之特徵為廛里端直,甍宇齊平,應只是店鋪住宅成排整齊、屋頂高度相同的低層住家。所謂北闕甲第第一者,李善認為係《漢書·霍光傳》所載昭帝賜給霍光甲第一區〔註3〕,而顏師古認為係《漢書·夏侯嬰傳》惠帝與呂后賜給夏侯嬰北第第一〔註4〕,然權貴第宅皆是「當道正開門,皆擇巧匠以致其功,使無崩落之期。土木之上加以綈錦、朱紫之色。」〔註5〕豪華裝潢,

---

〔註1〕 《增補六臣注文選卷二·西京賦》頁49。
〔註2〕 《初學記卷二十四·居處部·宅》頁578。
〔註3〕 《漢書補注一卷三十八·霍光傳》頁1328。
〔註4〕 《漢書補注一卷四十一·夏侯嬰傳》頁1015。
〔註5〕 《增補六臣注文選卷二·西京賦》張銑注,頁49。

千年來仍爲文人詠嘆的對象，如漢成帝舅王商等五侯家宅豪奢且受皇家庇蔭，唐韓翃〈寒食詩〉云：「日暮漢宮傳蠟燭，輕煙散入五侯家。」〔註6〕

而洛陽亦復如此，如〈古詩十九首〉其三：「長衢羅夾巷，王侯多第宅。」〔註7〕即指異姓王竇融的洛陽第宅，即如《初學記》所云：「《東觀漢記》曰：『竇氏一公、兩侯、三公主、四二千石，相與並代，自祖及孫，官府邸宅相望。』」〔註8〕同姓王的第宅如《後漢書・濟南安王傳》所載：「建初八年（83），肅宗復還所削地，康遂多殖財貨，大修宮室，奴婢至千四百人，大廄馬千二百匹。」〔註9〕單以奴婢一千四百人住宿房間每間容十人計，也需一百多間房間。東漢大將軍梁冀在洛陽閶闔門南穀水西第宅之苑囿廣袤竟達千里〔註10〕，則可知洛陽城內王侯第宅之多，且第宅附設庭園之廣大。

第二節　漢代貴族之第宅

漢代漢代貴族第宅有皇帝賜予者，有自行興建者，前者如《漢書・高帝紀》曾載高祖十二年（前195）三月下詔：

> （吾）與天下之豪士賢大夫共定天下，同安輯之，其有功者皆致之王、次爲列侯、下乃食邑，而重臣之親或爲列侯，皆令自置吏、得賦斂、女子公主，爲列侯食邑者皆佩之印、賜大第室；吏二千石徙之長安受小第室。〔註11〕

則知王、侯、重臣之親、食邑之官五種貴族皆得皇帝賜予大第宅，在長安當俸祿二千石以上官吏得被賜小第宅，又《漢書・成帝紀》云：「賜丞相、御史、將軍、列侯、公主、中二千石冢地、第宅。」〔註12〕則是爲了營昌陵的需要賜給貴族第宅。另如《漢書・霍去病傳》載漢武帝曾爲霍去病營建第宅，令霍去病察視，霍去病對曰：「匈奴未滅，無以家爲也。」〔註13〕但其弟

〔註6〕《韻對千家詩》，宋・劉克莊，謝枋得選輯，清・王相補輯，文化圖書公司，臺北，1958年11月，頁49。

〔註7〕《古唐詩合解卷三・漢詩》頁1。

〔註8〕《初學記卷二十四・宅第八》頁579。

〔註9〕《後漢書集解一卷三十二・光武十王列傳》頁513。

〔註10〕《後漢書集解一卷三十四・梁冀傳》頁424，425。

〔註11〕《漢書補注一卷一下・高帝紀》頁57。

〔註12〕《漢書補注一卷十・成帝紀》頁133。

〔註13〕《漢書補注二卷五十五・霍去病傳》頁1160。

媳、霍光妻及子、姪孫卻更改霍去病儉樸辭宅作風，大規模營建第宅，如《漢書·霍光傳》載漢霍光妻、子、姪孫營建第宅云：

> （霍光子）禹既嗣爲博陸侯，（太夫人顯）廣治第室，作乘輿輦，加畫繡絪馮、黃金塗，韋絮薦嗐，侍婢以五米絲輓顯，游戲第中……禹、（霍光兄之孫）山亦並繕治第宅。〔註14〕

其奢侈下場如《漢書·五行志》所載：

> 宣帝時，大司馬霍禹所居第門自壞，禹內不順、外不敬、見戒不改，卒受滅亡之誅；哀帝時大司馬董賢第門自壞，時賢以私愛居大位，賞賜無度、嬌嫚不敬、大失臣道、見戒不改，後賢夫妻自殺，家徙合浦。〔註15〕

第門自壞應爲維修不善或遭風刮壞的結果。

又《漢書·元后傳》載漢哀帝曾爲董賢營建大第宅云：「以賢妻父爲將作大匠……詔將作大匠爲賢起大第北闕下，重殿洞門，木土之功窮極技巧，柱、檻衣以綈錦。」〔註16〕顏師古注曰：「重殿謂前後殿，重門謂門相當也，皆僭天子之制度者也。」〔註17〕董賢營建大第宅詳情如《西京雜記》所云：

> 哀帝爲董賢起大第宅於北闕下，重五殿、洞六門，柱、壁皆畫雲氣華蘤，山靈水怪或衣以綈錦、或飾以金玉，南門三重，署曰：『南中門、南上門、南便門』東西各三門，隨方面題署，亦如之；樓閣臺榭，轉相連注，山池玩好，窮盡雕麗。〔註18〕

第宅三門五廟之制僅次於天子，比擬於諸侯也〔註19〕。

自營第宅者之地方藩王的第宅，如《水經注》載中山靖王劉勝之第宅：

> （黑水）池東北際水，有漢中山王故宮處，臺、殿、觀、榭皆上國之制，簡王尊貴，壯麗有務，始築二宮，開四門，穿北門，壘石爲

〔註14〕《漢書補注二卷六十八·霍光傳》頁1328，1329。

〔註15〕《漢書補注二卷二十七·五行傳中之上》頁618。

〔註16〕《漢書補注二卷九十八·元后傳》頁1706。

〔註17〕《漢書補注二卷九十三·佞幸傳》，頁1591，1592。

〔註18〕《西京雜記·董賢寵遇過盛》頁162。

〔註19〕《禮記·曲禮上》：「凡與客入者，每門讓與客。」孔穎達疏：「每門者，天子五門，諸侯三門，大夫二門。」《禮記·王制》：「天子七廟……諸侯五廟……大夫三廟……士一廟……。」五殿比五廟，應是諸侯之制。引自《禮記注疏》頁32，241。

　　　　實，通池流於城中，造魚池、釣臺、戲馬之觀。〔註20〕
漢中山國都在今河北省保定市。中山王在其國都北門附近城牆開鑿隧道，壘
石爲隧道襯壁，以通水流，顯係由城外引水入宅苑，其第宅兼有庭苑及遊樂
設施。

　　自營第宅者之權貴如《漢書・成帝紀》所載漢成帝河平二年（前 27）六
月同日封外戚王譚爲平阿侯、王商爲成都侯、王立爲紅陽侯、王根爲曲陽侯、
王逢時爲高平侯等五侯〔註21〕，五侯皆大治第宅，五侯家令人羨慕，如唐王
維詩云：「陌頭馳騁盡繁華，王孫公子五侯家。」〔註22〕

　　又《漢書・田蚡傳》載漢丞相田蚡營建第宅之驕奢：「治宅甲諸第，田園
極膏腴，市買郡縣器物相屬於道，前堂羅鐘鼓、立曲旃，後房婦女以百數，
珍物、狗、馬、玩好不可勝數。」〔註23〕則知田蚡第宅前堂後房，房間足以
容上百婦女以及珍物古玩則應有百間以上，且第宅有大型狗圈、馬廄，足以
蓄養數量不少的犬馬，又有肥腴的田園以供第宅內眾多人口的需要。

第三節　漢代貴族第宅規制舉例

　　在〈兩都二京賦〉中漢代第宅布局及結構並未詳描達述，其也古文獻對
第宅記載也甚少，且長安與洛陽考古調查也尚未有發現漢代第宅遺址，本節
遂舉出同時代的西漢魯恭王靈光殿、五侯第宅及東漢梁冀第宅爲例敘述如下：

一、魯靈光殿規制

　　《漢書・魯恭王傳》載：「恭王初，好治宮室，壞孔子舊宅，以廣其宮，
聞鐘、磬、琴、瑟之聲，遂不復壞，於其壁中得古文經傳。」〔註24〕，王延
壽之〈魯靈光殿賦〉〔註25〕載有西漢魯恭王劉餘（？～前 128）之營其第宅大
廳堂即靈光殿，魯靈光殿在今山東曲阜，魯恭王壞孔子宅所建，茲以該賦文
來研判其建築細節如次：

〔註20〕《水經注卷十一・滱水》，世界書局，臺北，1969 年 5 月，頁 157。
〔註21〕《漢書補注一卷一下・成帝紀》頁 131。
〔註22〕《唐詩典故辭典・婁護傳食》引王維〈同比部楊員外十五夜遊有懷靜者季〉
　　　　詩，頁 396。
〔註23〕《漢書補注二卷五十二・田蚡傳》，頁 1122。
〔註24〕《漢書補注一卷五十三・景十三王傳》頁 1132。
〔註25〕《增補六臣注文選卷十一・魯靈光殿賦》頁 213。

（一）施工位置及坐向

魯靈光殿營建之緣起依〈魯靈光殿賦序〉云：「魯靈光殿者，蓋景帝程姬之子恭王餘之所立也，初恭王始都下國，好治宮室，遂因魯僖基兆而營焉。」〔註26〕其位置依《水經注・泗水》所載：「孔廟東南五百步，有雙石闕，即靈光之南闕，北百餘步即靈光殿基。」〔註27〕則靈光殿的位置在曲阜孔廟東南約八百公尺，闕在門外之南面，則知其座向為坐北朝南，利用春秋時魯僖公宮殿基址興建。

（二）天象格局

魯國做為漢帝國東方之衛星王國，建靈光殿以輔衛象徵紫微垣之長安未央宮，靈光殿又居武帝泰山奉高明堂之東南，即少陽之位，魯分野依《漢書・地理志》云：「魯地，奎、婁之分野也」〔註28〕為二十八宿中奎、婁二宿之間，故稱：「乃立靈光之秘殿，配紫微而為輔，承明堂於少陽，昭列顯於奎之分野。」〔註29〕

（三）殿門，圍牆及門闕

依〈魯靈光殿賦〉云：「崇墉岡連以嶺屬，朱闕巖巖而雙立，高門擬于閶闔，方二軌而並入。」〔註30〕

圍牆沿著岡嶺迤邐而建，殿外有髹漆朱色之雙門闕，殿門比擬未央宮北闕之高聳，門寬容二軌即十六尺（約三點八公尺）。靈光殿雙闕為石造，在北魏時猶在，酈道元云：「（魯城）孔廟東南五百步，有雙石闕，即靈光之南闕。」〔註31〕可知其南闕在北魏時猶在。

（五）臺基、壁飾、殿柱、簷椽飾、及殿門

〈魯靈光殿賦〉云：「於是乎乃歷夫大階以造其堂……彤彩之飾，徒何為乎澔澔汗汗……，皓壁皛曜以月照，丹柱歙赩而電蜒。」〔註32〕

可知靈光殿立於高臺基上，故用長臺階上下，皓壁（當作皓壁）為靈光殿之漆白牆壁，丹柱為靈光殿之漆紅殿柱。由「駢密石與琅玕，齊玉璫與璧

〔註26〕《增補六臣注文選卷十一・魯靈光殿賦》頁213。
〔註27〕《水經注卷二十五・泗水》頁321。
〔註28〕《漢書補注一卷二十八・地理志下二》頁859。
〔註29〕《增補六臣注文選卷十一・魯靈光殿賦》頁214。
〔註30〕《增補六臣注文選卷十一・魯靈光殿賦》，頁215。
〔註31〕《水經注卷二十五・泗水》，世界書局頁320。
〔註32〕同註30。

英，遂排金扉而北入。」〔註33〕知屋簷鑲砌密石與琅玕，簷橡榜之槤頭飾以玉璧，而殿門則用鎏金的門扇。

（六）平面布局

依〈魯靈光殿賦〉所云：「西廂踟蹰以閑夏，東序重深而奧秘。」〔註34〕張載注：「東序，東廂也。」〔註35〕有正堂及東、西廂，則可判定靈光殿為三合院式平面布局，而「旋室婘娟以窈窕，洞房叫窱而幽遠。」〔註36〕則知其房間平面非常幽深。其殘基平面布局據《水經注》云：

> 靈光之南闕北百餘步，即靈光殿基，東西二十四丈，南北十二丈，高丈餘，東西廊廡別舍，中間方七百餘步，闕之東北有浴池，方四十許步，中有釣臺，方十步，臺之基岸，悉石也，遺基尚整，故王延壽曰：「周行數里，仰不見天日者也。」〔註37〕

由《水經注》記載的尺寸，知靈光殿主體建築東西二百四十尺（合今六十六點七公尺〔註38〕），南北一百二十尺（三十三點四公尺），面積約二千二百二十七平方公尺，台基高約三公尺，中庭方七百餘步，約四千二百餘尺，假定為方形，即中庭邊長一千零五十尺，周環馳道，假定寬二十尺，再加上雙闕至殿基約七百尺，則靈光殿輻員南北長一千九百一十尺，東西寬一千零九十尺，周圍總長達六千尺即三點三里，四周圍牆設有周廊，廊有頂蓋，此即為王延壽所謂沿廊周行數里，仰不見天日也。

（七）屋頂型式

屋頂依〈魯靈光殿賦〉所云：「於定詳察其棟宇，觀其結構，規矩應天，上憲觜陬，倔佹雲起，嶔崟離樓，三間四表，八維九隅。」〔註39〕觜宿依陳遵嬀云：「觜三星，在參宿右肩，如鼎足形。」〔註40〕主體建築有正堂、西廂、東序三間，其屋頂四角攢尖型式（亦稱寶蓋頂），三間之屋頂各有一四脊轉合之寶頂，三寶頂成鼎足狀，猶如觜宿之三星，其作用即：「其規矩制度，上應

〔註33〕《增補六臣注文選卷十一・魯靈光殿賦》頁215，216。
〔註34〕同註33，頁216。
〔註35〕同註34。
〔註36〕同註33。
〔註37〕《水經注卷二十五・泗水》頁321。
〔註38〕《中國度量衡史》第四十三表北魏前尺等於二十七點八一公分計算，頁192。
〔註39〕《增補六臣注文選卷十一，魯靈光殿賦》頁216。
〔註40〕《中國天文學史第二冊，星象編》頁122。

星宿，亦所以永安也。」〔註41〕而三間房屋構成三合院，正堂南向背北，西廂東向，東序西向，合計四表。三合院其屋簷線有八條即八維，三合院正堂背面兩隅，西廂、東序前各有兩隅加上三個屋頂寶頂共九隅。

（八）梁架及斗栱結構

〈魯靈光殿賦〉所云：「萬楹叢倚，磊砢相扶；浮柱岹嵽以星懸，漂嶢峴而枝枒；飛梁偃蹇蓬而騰湊，揭蘧蘧而騰湊。」〔註42〕浮柱即蜀柱〔註43〕，則眾多堂柱以梁枋相連繫，其上有如星懸的抱梁蜀柱，以承棟宇之荷重而傳遞於楹柱上，屈捲之虹梁交湊於枓栱上，梁架結構緊湊重疊。

而枓栱結構則為：「層櫨磶佹以岌峨，曲枅要紹而環句，芝栭攢羅以戢香，枝樘扠枒而斜據。」〔註44〕櫨即枓亦即枓栱之坐枓或稱櫨枓〔註45〕，曲枅即枓栱之栱木〔註46〕；芝栭應是栱上之小枓或稱枓子〔註47〕，枝樘即斜柱〔註48〕，這些都是說明枓栱鋪作構件的交錯複雜組合狀況。

（九）天花藻井

魯靈光殿之梁架間支承成排之棟梁，級級而上仿若懸空，其間並按裝有刻鏤文飾的天窗，即所謂：「懸棟結阿，天窗綺疏。」〔註49〕天窗非指屋頂開天窗，而是指牆壁高處的綺窗。天花用圓形藻井，中央方井呈五銖錢幣形，藻井四周有垂花雕刻，垂花係以盛開伴有荷葉之荷花做題材，方井穴中有垂珠飾，即所謂：「圓淵方井，反植荷蕖，發秀吐榮，菡萏披敷，綠房紫的。」〔註50〕可見其天花裝飾之華麗。

〔註41〕《增補六臣注文選卷十一·魯靈光殿賦》頁214。

〔註42〕同註41，頁216。

〔註43〕《李明仲營造法式看詳·諸作異名》云：「侏儒柱：其名有六，一曰梲，二曰侏儒柱，三曰浮柱，四曰棁，五曰上楹，六曰蜀柱。」第一冊，頁11。

〔註44〕《增補六臣注文選卷十一·魯靈光殿賦》頁216。

〔註45〕《李明仲營造法式卷一·總釋上·枓》云：「櫨即枓也」，頁9。

〔註46〕《李明仲營造法式卷一·總釋上·栱》云：「王延壽魯靈光殿賦：曲枅要紹而環句。曲枅，栱也」第一冊，頁8。

〔註47〕《增補六臣注文選卷十一·魯靈光殿》張載注曰：「芝栭：山節，方小木為之。」，依據《李明仲營造法式卷一·諸作異名》云：「枓：其名有五，一曰㭼，二曰栭。」則芝栭為栱上的小斗。第一冊，頁9。

〔註48〕《李明仲營造法式卷一·總釋上·斜柱》云：「『魯靈光殿賦：枝樘扠枒而斜據。枝樘，梁上交木也；扠枒，相柱而斜據其間也。」第一冊，頁11。

〔註49〕《增補六臣注文選卷十一·魯靈光殿賦》頁216。

〔註50〕同註49。

（十）梁架裝飾

「雲栞藻梲」〔註51〕栞是枓栱、梲是蜀柱，皆用雲紋及水藻的裝飾，「龍桷雕鏤」〔註52〕乃簷椽雕刻成龍頭形，「飛禽走獸，因木生姿」〔註53〕爲梁架各構材（梁、枋、博、椽、雀替、枓栱）間豎立各種木頭雕刻之飛禽、走獸、仙人、胡人，如：

> 奔虎攫挐以梁倚、虯龍騰驤以蜿蟺、朱鳥舒翼以峙衡、騰蛇蜿蚪而遠楑、白鹿子蜺於欂櫨、蛟兔跧伏於柎側、玃猱攀椽而相追、胡人遙集於上楹、神仙岳岳於棟間、玉女闚窗而下視。〔註54〕

梁架間儼然成爲仙境雕刻集景。

（十一）壁畫題材

其壁畫之狀況如〈魯靈光殿賦〉云：

> 圖畫天地品物、群生、雜物、奇怪、山神、海靈，寫載其狀，託之丹青，千變萬化，事各繆形，隨色象類，曲得其情。〔註55〕

其題材動植物及珍怪品物，上溯三皇五帝，下至三代之神話傳說及歷史故事，以供教育作用，復云：

> 上紀開闢，邃古之初，五龍比翼，人皇九頭，伏羲鱗身，女媧蛇軀……
> 下及三后、淫妃亂主、忠臣孝子、烈士貞女、愚賢成敗靡不載敘，
> 惡以誡世，善次示後。〔註56〕

這些壁畫題材在長沙馬王堆漢墓棺槨及非衣之繪畫圖象皆可看到其手法。

（十二）景觀配置

靈光殿除主體建築外，尚有樓閣、臺榭，池沼，以馳道周環聯繫，順地形縈紆升降、即〈魯靈光殿賦〉所云之「連閣承宮、馳道周環、陽榭外望、高樓飛觀、長途升降、軒檻曼延、漸臺臨池，層曲九成，屹然特立。」〔註57〕

漸臺在池沼旁，其面寬十步見方，約十六公尺，其式樣逐層累縮，高達九層，而馳道行走「逶迤詰屈，周行數里，仰不見日。」〔註58〕馳道當係有

〔註51〕《增補六臣注文選卷十一‧魯靈光殿賦》頁217。

〔註52〕同註50。

〔註53〕同註50。

〔註54〕《增補六臣注文選卷十一‧魯靈光殿賦》頁217。

〔註55〕《增補六臣注文選卷十一‧魯靈光殿賦頁218。

〔註56〕《增補六臣注文選卷十一‧魯靈光殿賦》頁218。

〔註57〕同註56。

〔註58〕《增補六臣注文選卷十一‧魯靈光殿賦》頁218。

廊之閣道，有欄杆及頂蓋，故不見天日。靈光殿實係仿未央宮前殿而建，其建築之宏麗、費功之鉅，即賦文所云：「何宏麗之靡靡，咨用力之妙勤，非夫通神之俊、誰能剋成。」〔註59〕

二、五侯第宅之規制

依《漢書・元后傳》載：

> 五侯群弟爭爲奢侈，賂遺珍寶四面而至，後庭姬妾各數十人，僮奴以千百數，羅鐘磬舞，鄭女作倡優，狗馬馳逐，大治第室，起土山漸臺，洞門高廊，閣道連屬彌望，百姓歌之曰：「五侯初超，曲陽最怒：壞決高都，連竟外杜，土山漸臺西白虎。」〔註60〕

成都侯王商治第竟拆毀高都水（即灃水）堤防，築渠引水至下杜城及長安第宅內，曲陽侯王根其第宅內築土山、構漸臺，立兩市、殿上赤墀、戶青瑣〔註61〕，極爲奢侈，倣未央宮白虎殿，故潘安〈西征賦〉云：「曲陽僭於白虎，化奢侈而無度。」〔註62〕而成都侯王商因病欲避暑，竟：「從上借明光宮」〔註63〕，且「後又穿長安城，引內灃水注第中大陂以行船，立羽蓋、張周帷，輯濯越歌……上幸商第見穿城引水，意恨，內銜之。」〔註64〕建數十公里的運河行船穿過長安城至其第宅連通下杜城，開煬帝運河之先，其第宅之奢華，竟讓成帝眼紅而懷恨。

三、東漢梁冀第宅規制

東漢大將軍梁冀爲順帝梁皇后兄，連立沖帝、質帝、桓帝，受封食邑三萬戶，權傾中外，官秩倍於三公，其妻孫壽受封爲襄城君，兼食陽翟租，歲入五千萬石，其夫妻二人爭相營建第宅，依《後漢書・梁冀傳》載：

> 冀迺大起第舍，而壽亦對街爲宅，殫極土木，互相競誇，堂、寢皆有陰陽奧室，連旁洞户，柱壁雕鏤加以銅漆，窗牖皆有綺疏青瑣，圖以雲氣仙靈；臺閣周通，更相臨望，飛梁石磴，陵跨水道，金玉

〔註59〕《增補六臣注文選卷十一・魯靈光殿賦》頁218，219。
〔註60〕《漢書補注二卷九十八・元后傳》頁1706。
〔註61〕同註60。
〔註62〕《增補六臣注文選卷十一・西征賦》頁197。
〔註63〕同註60。
〔註64〕同註60。

－239－

珠璣、異方珍怪，充積藏室，遠至汗血名馬，又廣開園囿，採土築
山，十里九坂，以象二淆，深林絕澗，有若自然，奇禽馴獸，冀、
壽共乘輦車，張羽蓋，飾以金銀，遊觀第內，多從倡妓，鳴鐘吹管，
酣謳竟日，成連繼日夜以聘娛，……又多拓林，禁苑同王家，西至
弘農，東界滎陽，南極魯陽，北達河淇，包含山藪、遠帶丘荒，周
旋封域，殆將千里，又起菟苑於河南城西，經互數十里，發屬縣卒
徒繕修樓觀，數年迺成。〔註65〕

另《集解》轉引張璠《漢記》曰：「冀起臺殿，梁、柱、椽、桷爲青龍白
虎，畫以丹青雲氣。」〔註66〕其第宅不僅裝修宏麗，大堂、寢殿平面皆有明
間（起居室）、暗間（臥室）與祕間（儲蓄室），宅內附有園林苑囿，宅外另
有千里游狩的禁苑，廣袤超越上林苑（周四百餘里）及建數十里之私家庭園
——菟苑。冀敗，收其財貨值三十億，足減天下稅租之半，並散其苑囿以供
窮民之耕種。惟其假山到北魏時仍存，如《水經注》載：

穀水自閶闔門〔註67〕而南逕土山東，水西三里有坂，坂上有土山，
漢大將軍梁冀所成，築土爲山，築木成苑，張璠《漢記》曰：「山多
峭坂，以象二崤，積金玉，採捕禽獸以充其中。」〔註68〕

可見苑內有假山，假山內祕藏金玉，並有豢養禽獸之囿園。

第四節　漢代富室第宅之概況

漢代第宅至今雖無遺存，但可由墓室壁畫或出土的陶屋明器可以當做當
時實例的模型來研究：

一、沂南漢墓壁畫第宅

山東沂南漢墓出土畫象石，爲二進式四合院邸宅，宅前有雙闕及華表，
宅前棟大堂，面寬四開間與宅同寬，屋頂雙坡，堂內爲前庭，踏上臺階即大
廳及兩挾室，其內即後庭，後棟爲內室，室前亦有臺階，兩序爲廊廡，聯絡

〔註65〕《後漢書集解一卷三十四‧梁冀傳》頁424，425。
〔註66〕《後漢書集解一卷三十四‧梁冀傳》頁424，集解引汪文臺曰：「御覽百八十
　　　　八引張璠《漢記》云。」
〔註67〕按北魏洛陽之閶闔門亦即東漢洛陽之上西門。
〔註68〕《水經注卷十六‧穀水》，世界書局，臺北，1969年5月，頁216。

堂、廳、室之間，宅後有臺，可供瞭望，左序屋頂上有雙罘罳，亦可瞭望，宅堂外懸鼓，可知此宅為顯赫之豪邸。〔註69〕

二、甘肅武威漸臺第宅

在甘肅武威雷臺出土陶屋明器，顯示在一個方形平面的宅院中，宅院圍牆有雙坡屋頂，其下即為四周廊廡，入口大門屋頂盝頂，四坡翻水，四角承以出踩之科栱，門旁各有交疏綺窗，圍牆四角各立二層望樓，望樓各開二戶二窗，四周有閣道連屬望樓，閣道屋頂為廡殿式；本宅最特別的建築物係第宅中央附建一座高五層、平面累縮的臺樹，亦即文獻所稱之漸臺，文獻載臺在未央宮、建章宮、五侯之曲陽侯第宅皆立有漸臺，其意為平面往上累縮漸小之高大臺樹，其功用為眺望賞景或瞭望窺敵之用；五層漸臺第一層有戶正對圍牆大門，其上各層有窗無戶，各層交接處附有連簷而無平座，漸臺屋頂為廡殿式，四坡洩水，漸臺窗戶綺窗有交疏式及橫櫺式〔註70〕，本宅地處河西涼州邊塞，基於防禦需要，高牆聳臺之毫宅推測是雷臺漢墓墓主之第宅之模型。

圖 7-1　東漢沂水畫象石二進第宅　　　圖 7-2　甘肅武威漸臺第宅

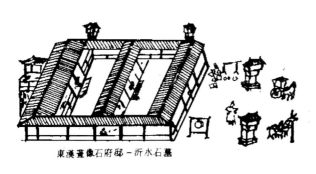

東漢畫像石府邸－沂水石墓

〔註69〕拙著《中國建築史上冊・漢代建築》，信明出版社，臺北，1973 年 6 月，頁469，473。

〔註70〕圖樣取自《歷史中國》，李永熾著，錦繡出版社，臺北，1982 年 3 月，頁 77。

第五節　西漢武庫建築之探討

據《漢書‧高帝紀》載：「（高祖七年，前200）二月至長安，蕭何治未央宮，立東闕、北闕、前殿、武庫、大倉。」〔註71〕《西京賦》所云：「武庫禁兵，設在蘭錡。」〔註72〕《三輔黃圖‧庫》載「武庫在未央宮，蕭何造，以藏兵器。」〔註73〕如依王先謙《漢書補注》引《元和志》：「未央宮東距長樂宮一里，中隔武庫。」〔註74〕可知武庫夾在兩宮之間，並非在未央宮，已由考古探查證實。其位置據考古資料云：

> 武庫遺址在漢長安城中南部，南距漢城南牆一千八百一十米，未央宮的東面，長樂宮的西面，安門大街以西八十二米處，即今西安市北部大劉寨村東面的高地上。〔註75〕

距大街八十二米有足夠空曠空間，足以隔開行人，以保障武器的安全。

其建築狀況據考古資料云：

> 武庫四周都築有圍牆，整個平面呈長方形，東牆和北牆各長約八百米，在內部有一道圍牆，將整個武庫劃分爲兩個院落，東院有四個倉庫，西院有三個倉庫，共計七個倉庫。對其中的第一號和第七號倉庫進行了發掘，發現在庫房中，緊密地排列著放置各種兵器的木架，木架本身雖已朽壞無存，而木架下面的溝槽及承托木架的礎石猶歷歷在目，充分顯示了《西京賦》所說的：「武庫禁兵，設在蘭錡。」的情形。〔註76〕

張銑注云：「武庫，藏兵器之處也。蘭錡，兵架也。」〔註77〕完全正確。武庫焚毀之事文獻不載，在更始帝於更始二年（24）二月到長安並「都長安，居長樂宮，府藏完具，獨未央宮燒。」〔註78〕及《初學記》引《東觀漢記》云：「又更始至長安，御府、弩、藏、武庫，皆安堵如故」〔註79〕判斷更始二年武庫仍然存在，然在更始三年（25）夏赤眉樊崇等數十萬人入關，更始出

〔註71〕《漢書補注一‧高帝紀》頁52。
〔註72〕《增補六臣注文選卷二‧西京賦頁49。
〔註73〕《三輔黃圖校注卷之六‧庫》頁404。
〔註74〕《漢書補注一‧高帝紀》頁52。
〔註75〕《三輔黃圖校注卷之六‧庫》注一。
〔註76〕《二輔黃圖校注卷之六‧庫》注一引王仲殊《漢代考古學概說》頁404，405。
〔註77〕《增補六臣注文選卷二‧西京賦》頁49。
〔註78〕《漢書補注二‧王莽傳下》頁1758，1759。
〔註79〕《初學記卷二十四‧庫藏第九》頁581。

降後發生了「赤眉逐燒長安宮室、市里，害更始，民饑餓相食，死者數十萬，長安爲虛，城中無人行。」〔註80〕的浩刼，推測武庫在此次浩刼中化爲灰燼。故「遺址中最晚的遺物是王莽時代的貨幣，說明武庫毀於新莽末年的戰火。」〔註81〕，亂兵爲搶奪武器，武庫的遭焚亦不能避免。

　　武庫之平面尺度，依據《中國古代建築史第一卷‧兩漢之建築》云：

　　　　武庫之總平面爲橫長方形，東西七百一十米，南北三百二十二米……
　　　　遺址中部有一南北向厚四米之隔牆，將總平面劃分爲東廣三百八十
　　　　米、西廣三百三十米兩區。東牆中央及南牆距東牆九十八米處，各
　　　　有一寬八米缺口，南牆西南約三百八十二米處，有一寬二十米缺口，
　　　　內隔牆南端有一寬十四米缺口，可能都是門道所在。而東牆中央門
　　　　道通向安門大街者，應是武庫主要出入口。〔註82〕

則知武庫面積達二十三公頃，大小約同臺北中正記念堂，武庫向東、南二方向開門主要是爲了進出長樂、未央兩宮方便所開。

第六節　西漢朝堂建築之探討

　　《西都賦》所云：「左右庭中，朝堂百寮之位，蕭、曹、魏、邴謀謨乎其上。」〔註83〕《西京賦》所云：「朝堂承東，溫調延北，西有玉臺，聯以昆德。」〔註84〕朝堂《考工記‧匠人》「（應門）外有九室，九卿朝焉。」〔註85〕依鄭玄注云：「九室如今朝堂，諸曹治事處。」〔註86〕，鄭玄以朝堂爲應門外之大臣辦公處。但朝堂治事乃東漢之制度，如《玉海》云：「元初六年（119）鄧太后召班勇詣朝堂會議……竇武、陳蕃共會朝堂……宦者欲別葬竇太后，詔公卿大會朝堂。」〔註87〕，西漢朝堂無室而有百寮之位。蕭何、曹參、魏相、邴吉均稱當丞相，故朝堂當設丞相之位，《西京賦》所云：「朝堂承東」只是指出朝堂與溫調、玉臺、昆德諸殿的相互位置，在未央宮外朝之東面。

〔註80〕《漢書補注二‧王莽傳下》頁1759。
〔註81〕《三輔黃圖校注卷之六‧庫》注一引王仲殊《漢代考古學概說》頁405。
〔註82〕《中國古代建築史第一卷‧兩漢之建築‧武庫》頁522。
〔註83〕《增補六臣注文選卷二‧西京賦》頁27。
〔註84〕《增補六臣注文選卷二‧西京賦》頁49。
〔註85〕《周禮注疏‧考工記‧匠人》頁645。
〔註86〕同註85。
〔註87〕《玉海卷一百六十一‧宮室‧漢朝堂》頁3055。

　　以面朝後市之制，未央宮前殿應朝南，殿前大庭院落之左右建有朝堂，供文武百寮待漏早朝竚立時蔽風雨之用，其建築細節文獻不載，惟據考古發掘唐代大明宮正殿含元殿外朝之東西朝堂均爲寬十五間深二間的長廊〔註88〕，也就是三面有牆一面無牆的建築物，未央宮左右朝堂之建築式樣推測應是此種建築物，此式建築曾傳到日本，在平安時代平安京紫宸殿前建東西朝堂院建築。

第七節　西漢旗亭建築之探討

　　旗亭載於《文選・西京賦》：「爾乃廓開九市，通闤帶闠，旗亭五重，俯察百隧，周制大胥，今也惟尉。〔註89〕另《三輔黃圖・長安九市》載「又有柳市、西市、東市，當市樓有令者，以察商賈、貨財、買賣、貿易之事，三輔都尉掌之。」〔註90〕

　　旗亭的行政管理方面，在旗亭樓上設有令署爲辦公室，《三輔黃圖》稱長安九市爲三輔都尉所管轄，該官銜在元鼎四年（前113）置，其俸秩爲二千石〔註91〕。

　　旗亭建築因需俯察百隧之作用，隧依薛綜注爲列肆道〔註92〕，亦即市場攤鋪的通道。旗亭視線需足以眺望全市場的商業交易動態及宵小活動狀況，裝置位置通常居市場中心或在闤闠路口，而其高度要足以俯瞰全市，因一般市廛商店建築大致在二樓左右，故長安的旗亭高達五樓，足瞭望全市，至於旗亭因需瞭望的關係，則各層應有開敞的平座，平座應設有欄杆，以策安全，四壁應有窗牖，有如臺榭的式樣，在晴天可走出平座，風雨天則在室內窗邊瞭望，如無平座的旗亭則形如樓閣，旗亭高出店鋪甚多，當可用作火災時的瞭望樓。

　　旗亭的面積文獻未載，依考古資料，東西市之間及雍門之南約一百六十公尺，發視疑似漢長安市樓的建築遺址，其東西長一百四十七公尺，南北寬五十六公尺〔註93〕，如果正是市樓，因文獻記載其高五層，則面積逾四萬平方公尺，俯察百隧的功用不需如此巨大的辦公場所，推測旗亭的一樓的廣大空間當作察商賈、貨財、買賣、貿易之事，自二樓到五樓才作爲俯察百隧的

〔註88〕《中國古代建築史第二卷・隋唐五代建築・唐長安大明宮》2003年7月，頁376。
〔註89〕《增補六臣注文選卷二・西京賦》頁49。
〔註90〕《三輔黃圖校注卷之二・長安九市》頁113。
〔註91〕《漢書補注一卷十九・百官公卿表上》頁308。
〔註92〕《增補六臣注文選卷二・西京賦》頁50。
〔註93〕《漢長安城考古與漢文化・漢唐長安城市場探折》頁236。

功用，其平面大大縮小只如亭樓，故號稱旗亭，此旗亭為東、西市合建一處之旗亭，故規模特別宏大。

第八節　漢代宮闕建築之探討

一、漢代宮闕概說

　　闕為漢代建築的標幟，舉凡宮殿、城門、第宅、陵墓皆立有闕，其普遍性可由出土畫家塼石之題材中幾乎建築物門前皆立闕得知，且現在少數四川、河南漢代陵墓大多有石造墓闕的遺存。漢闕的種類可分為宮闕、廟闕、門闕和墓闕四種，宮闕立於宮殿的四面，如未央宮東闕、北闕，建章宮鳳闕等，門闕則立於第宅，如靈光殿朱闕、沂南畫像石第宅門闕等，廟闕置於廟前，如《水經注》所載酈食其廟之廟闕〔註94〕，墓闕包括陵闕如西漢諸陵之陵闕，四川雅安的高頤闕等，其建築式樣為何？依照現存的漢闕而言，其布局有二種，闕所在只有一闕的稱為單闕，左右有闕相對者稱為雙闕。闕形式有二種，闕身有子母二闕連在一起者稱為雙出闕，闕身只有單體的闕稱為單出闕〔註95〕，如以建築材料而分則可分為木闕與石闕兩種，木闕因係木構架，故常用於較高層的宮闕、門闕，而石闕具有耐久持性，常用於墓闕，較高的木闕常立於夯土高臺上，如未央宮東、北闕，建章宮鳳闕等。

二、未央宮東闕、北闕

　　漢代最早建的闕為未央宮闕，如《史記‧高祖本紀》載：「八年（前199），蕭丞相營作未央宮，立東闕、北闕。』」〔註96〕，司馬貞索隱云：「東闕名蒼龍，北闕名玄武。」亦即《文選‧西京賦》所云：「正紫宮於未央，表嶢闕於閶闔。」〔註97〕呂向注曰：：「閶闔，天門也；言法紫微以造未央，立高闕以

〔註94〕《水經注校證卷十六‧穀水》云「陽渠水又東流逕漢廣野君酈食其廟南……廟宇東向，門有兩石人對倚，北石人胸前銘云：門亭長，石人西有二石闕，雖經頹毀，猶高丈餘。」頁403。

〔註95〕闕分類名稱依據《中國古代建築史第一卷‧兩漢之建築》現存漢代石闕實物一覽表，劉叙杰主編，中國建築工業出版社，北京，2003年7月，頁509，510。

〔註96〕《史記卷八‧高祖本紀》，頁117。

〔註97〕《增補六臣注文選卷二‧西京賦》頁49。

象天門。」〔註98〕未央宮東有長樂宮，故開東闕，以方便兩宮交通，開北闕以象紫微垣之天門，故嶢闕係指北闕，北闕兼作未央宮北宮門，依照《魯靈光殿賦》所稱朱闕巖巖而雙立以及〈古詩十九首第三首〉所云雙闕百餘尺，則知魯靈光殿及洛陽兩宮的宮闕均爲雙闕，依此推論，蕭何所營未央宮的東闕與北闕均爲雙闕。

至於東闕與北闕的布局，可由象天門而言，雙闕僅有兩闕對立，中間並無裝設門戶。由考古調查資料稱：「未央宮東垣北門外存有南、北對稱分佈的兩個夯土基址，兩者間距一百五十米，發掘者推測爲東闕遺跡。」〔註99〕則可知其雙闕配置相距達五十丈，夯土臺基其上有木造闕樓，以建章宮鳳闕二十五丈而言，而建章宮度高未央，則東闕與北闕高度推測亦爲二十五丈亦即六十公尺高。

三、建章宮鳳闕、圓闕

西漢宮闕最瑰麗的鳳闕載於《文選・西都賦》所云：「設璧門之鳳闕，上觚稜而棲金爵。」〔註100〕鳳闕爲建章宮的東闕。

其布局依東漢繁欽〈建章鳳闕賦〉云：「築雙鳳之崇闕，表大路以遐通。」〔註101〕可知爲雙闕，其位置依何清谷稱：「在今前殿遺址東北，泹河之西的雙鳳村，有兩座高大的夯土堆，當地居民叫雙鳳臺，與漢長安直城門相通，當是鳳闕遺址。」至於鳳闕高度，《史記》稱高爲二十餘丈註〔註102〕，今本《三輔黃圖》則稱二十五丈〔註103〕，層數文獻未載，只有〈建章鳳闕賦〉所云：「築玄甫之層樓。」〔註104〕而無確切層數，如以十層計，屋頂高度三丈，層高二丈二尺約五公尺。其結構可由〈建章鳳闕賦〉所云：

〔註98〕同註97。
〔註99〕《史記都城考・漢都長安・諸宮分布》曲英杰著註，商務印書館，北京，2007年12月，頁149。
〔註100〕《增補六臣注文選卷二・西京賦》頁49。
〔註101〕《三輔黃圖校注卷二・漢宮》注二引《〈藝文類聚卷六十二・居處部二・建章鳳闕賦》頁153。
〔註102〕《史記卷十二・孝武本紀》云：「於是作建章宮……其東則鳳闕，高二十餘丈。」頁218。
〔註103〕《三輔黃圖校注卷之二・漢宮・未央宮》云：「左鳳闕，高二十五丈，」頁146。
〔註104〕《三輔黃圖校注卷二・漢宮》注二引《〈藝文類聚卷六十二・居處部二・建章鳳闕賦》頁153。

　　上規圓以穹窿，下矩折而繩直：長楹森以駢停，修桷揭以舒翼：象
玄甫之層樓，肖華蓋之麗天……抗神鳳以甄蒙……櫨六翮以撫時。」
　　　〔註105〕

　　推測其建築結構概況，應為類似井幹樓的方形平面木構架闕樓。而鳳闕之屋頂如〈西都賦〉所稱的瓻稜，八稜瓻垂脊支撐華蓋形的大圓屋頂，屋頂寶頂上則豎立金爵即銅鳳，銅鳳高度文獻未載，但由《關中記》稱圓闕上之金鳳高丈餘〔註106〕，而圓闕高度今本《三輔黃圖》引亦稱二十五丈〔註107〕，依此類推，鳳闕之銅鳳高亦為丈餘，亦即三公尺左右，銅鳳的造形〈建章鳳闕賦〉所稱的展六翼（雙跂翼及尾翼）欲飛之形，依據今本《三輔黃圖》引繁欽〈建章鳳闕賦序〉云：「秦漢規模，廓然泯毀，惟建章鳳闕，聳然獨存，雖非象魏之制，亦一代之巨觀。」〔註108〕可知鳳闕在東漢末年猶存，則鳳闕至少經了歷三百餘年，六朝劉宋顏延年〈三月三日曲水詩序〉云「方且排鳳闕以高游，開爵園而廣宴。」〔註109〕，只是懷想漢魏皇帝之游宴之辭，並非鳳闕尚供游覽。

　　若《文選·西京賦》所云：「圓闕竦以造天，若雙碣之相望，鳳騫翥於甍標，咸遡風而欲翔。」〔註110〕圓闕則指建章宮之北闕。其配置為相望之雙闕。其高度依據今本《三輔黃圖》引《三輔舊事》云：「（建章宮）宮門北起圓闕，高二十五丈，上有銅鳳凰，赤眉賊壞之。」〔註111〕則與鳳闕等高，其銅鳳高依《關中記》云：「建章宮圓闕臨北道，有金鳳在闕上，高丈餘」〔註112〕銅鳳形狀依《文選·西京賦》所述仍是展翅欲飛之狀，由此推測鳳闕與圓闕形制

〔註105〕《三輔黃圖校注卷二·漢宮》注二引《（藝文類聚卷六十二·居處部二·建章鳳闕賦》頁153。

〔註106〕《關中記校注四·建章宮》云：「建章宮圓闕臨北道，有金鳳在闕上，高丈餘。」頁50。

〔註107〕《三輔黃圖校注卷之二·漢宮·建章宮》引《三輔舊事》云：「於宮北起圓闕，高二十五丈。」頁150。

〔註108〕《三輔黃圖校注卷之二·漢宮·建章宮》，頁152。

〔註109〕《增補六臣注文選卷四十六·三月三日曲水詩序一首》梁·蕭統撰，唐·李善等六人註，漢京文化事業公司，臺北，1983年9月，頁861，865。

〔註110〕《增補六臣注文選卷二·西京賦》梁·蕭統撰，唐·李善等六人註，漢京文化事業公司，臺北，1983年9月，頁47。

〔註111〕《三輔黃圖校注卷之二·漢宮·建章宮》，何清谷輯注，三秦出版社，西安，2006年1月，頁150。

〔註112〕《關中記校注四·建章宮》，何清谷輯注，三秦出版社，西安，2006年1月，頁50。

完全相同，故常被混淆，如《水經注》云：「建章宮圓闕，臨北道，有金鳳在闕上，高丈餘，故號鳳闕也。」〔註113〕。

四、建章宮別風闕、嶕嶢闕

至於建章宮北闕又稱閶闔門，門內有別風闕、嶕嶢闕，《文選·西都賦》云：「內則別風、嶕嶢，眇麗巧而聳擢。」〔註114〕《文選·西京賦》所云：「閶闔之內，別風嶕嶢，何工巧之瑰瑋，交綺豁以疏寮，干雲霧而上達，狀亭亭以岧岧。」〔註115〕

別風闕亦稱折風闕，其位置如《關中記》所云：「閶闔門內東出有折風闕，一名別風闕。」〔註116〕其高度如今本《三輔黃圖》引〈三輔舊事〉云：「建章宮周回三十里，東起別風闕，高二十五丈。」〔註117〕仍與鳳闕相同。

別風闕是否有銅鳳葦標文獻未載，但今本《三輔黃圖》引〈廟記〉云：「建章宮……又有鳳凰闕，漢武帝造，高七丈五尺，鳳凰闕一名別鳳闕。」〔註118〕別鳳闕是否就是別風闕？如是，別有轉樞迎風飛翔的銅鳳可當風向計以辨別風向。

嶕嶢闕，嶕嶢依李善注引《廣雅》曰：「嶕嶢，高也。」究有多高，文獻未載，但由《文選·西京賦》所云之「干雲霧而上達，狀亭亭以岧岧」的描述則可知其高度亦當甚高，可能與別風闕相同。其位置依今本《三輔黃圖》引〈廟記〉云：「嶕嶢闕，在圓闕內二百步。」〔註119〕則其位置在北闕門內約三百公尺。兩闕依《文選·西都賦》所云眇麗巧而聳擢《文選·西京賦》所云何工巧之瑰瑋可判斷其施工之精細及室內裝修之豪華。由《文選·西京賦》所云交綺豁以疏寮可知外牆用交疏紋飾之綺窗，其作用可眺望闕外雲霧之蒸蔚。

〔註113〕《水經注校證卷十六·渭水》北魏·酈道元撰，陳橋驛校證，中華書局，2007年7月，頁451。
〔註114〕《增補六臣注文選卷一·西都賦》頁47。
〔註115〕《增補六臣注文選卷二·西京賦》頁47。
〔註116〕《關中記校注四·建章宮》頁51。
〔註117〕《三輔黃圖校注卷之二·漢宮·建章宮》頁150。
〔註118〕《三輔黃圖校注卷之二·漢宮·建章宮》頁151。
〔註119〕同註118。

第九節　漢代兩京太學建築之探討

《文選・東都賦》云：「是以四海之內，學校如林，庠序盈門，獻酬交錯，俎豆莘莘，下舞上歌，蹈德詠仁。」〔註120〕，學、校、庠、序之設立標準如《漢書・平帝紀》云：「立官稷及學官，郡國曰：學；縣、道、邑、侯國曰：校；校、學置經師一人，鄉曰：庠；聚曰：序。庠、序置孝經師一人。」〔註121〕鄉的建制如《漢書・食貨志上》云：

> 在野曰：盧；在邑曰里；五家爲鄰，五鄰爲里，四里爲族，五族爲黨，五黨爲州，五州爲鄉，鄉萬二千五百戶……於里有序，而鄉有庠；序以明教，庠則行禮而視化焉……八歲入小學，學六甲、五方、書計之事……十五入大學，學先聖禮樂……其秀異者移鄉學、移庠序……庠序之異者移國學、移少學……諸侯歲貢少學之異者於天子，學於太學，命曰造士。〔註122〕

邑的幅員如《漢書・刑法志第三》云：「地方一里爲井，四井爲邑。」〔註123〕，則四方里爲邑。郡國指漢之直轄郡治及侯國之國都則設「學」。縣的建置如《漢書・百官公卿表上》云：「縣大率方百里……列侯所食縣曰國……皇太后、皇后所食曰邑，有蠻夷曰道。」〔註124〕則縣的幅員約一萬方里，約今一千八百平方公里，相當於苗栗縣面積〔註125〕。然縣、國、邑、道行政單位同級，故設立「校」；鄉的建置以戶計爲一萬二千五百戶，設立「庠」；聚依張守節《史記正義》釋爲村落〔註126〕，另依《漢書・枚乘傳》云：「乘奏書諫曰：『……禹無十戶之聚，以王諸侯。』」〔註127〕則〈食貨志〉二十戶之里、〈平帝紀〉十戶之聚皆設最基層的教育單位「序」。

〔註120〕《增補六臣注文選卷一・東都賦》頁39。
〔註121〕《漢書補注一卷十二・平常紀》頁143，144。
〔註122〕《漢書補注一卷二十四・食貨志上》頁512，513。
〔註123〕《漢書補注一卷二十三・刑法志第三》頁499。
〔註124〕《漢書補注一卷十九・百官公卿表上》頁312。
〔註125〕因1漢里約 0.4275公里，10,000方里＝10,000×0.4275^2＝1,826平方公里。依〈辭全・臺灣省各縣市地里簡表〉苗栗縣面積1,820平方公里，陳國全，世新出版社，1980年5月，三重，頁87。
〔註126〕《史記卷一・五帝本紀》云：「一年所居成聚」，《正義》：「聚，村落也。」頁312。
〔註127〕《漢書補注二卷五十一・枚乘傳》頁1114。

一、長安太學

　　西漢長安之太學位置依《關中記》所云：「漢太學、明堂皆在長安城南安門之東、杜門之西。」〔註128〕但今本《三輔黃圖》云其位置在長安西北：「漢太學在長安西北七里，王莽作宰衡時，建弟子舍萬區，起巾、郭上林苑中，《三輔舊事》云：『漢太學中有市、有獄』。」〔註129〕，《兩京新記》云：「修眞坊，坊內有漢靈台，次南曰普寧坊，坊西街有漢太學遺址，次東漢辟雍。」〔註130〕，則知長安太學東鄰辟雍。古本《三輔黃圖》有較詳盡的描過其建置、位置及容納學生數：

> 《禮》小學在公宮之南，太學在城南，就陽位也，去城七里。王莽
> 爲宰衡，起靈臺，作長門宮。去堤三百步，起國學于國內之西南，
> 爲博士之宮寺，門北出，正于其中央爲射宮門，西出殿堂，南嚮爲
> 牆，選士肄射于此中，此外爲博士舍三十區，周環之，北之東爲常
> 滿倉，倉之北爲槐市，列槐市數百行，爲隊、無牆屋，諸生朔望會
> 此市……其東爲太學官寺，門南出，置令、丞吏，詰姦宄、理詞訟。
> 五博士領弟子員三百六十，六經三十博士，弟子萬八百人、主事、
> 高第、侍講及（應爲各）二十四人，學生同舍，行無遠近，皆隨簷，
> 雨不塗足，暑不暴首。〔註131〕

據此，則漢太學在長安城南偏西，今本《三輔黃圖》所稱在長安西北，若非指漢武帝時之太學〔註132〕，則其記載有訛誤。古本《三輔黃圖》所稱建弟子舍萬區亦載於《漢書・王莽傳》云：「是歲（元始四年）莽奏起明堂辟雍、靈臺、爲學者築舍萬區，作市、常滿倉，制度甚盛。』」〔註133〕古本《三輔黃圖》所云的漢太學又稱國學，其布局分成南北兩座，南座爲博士宮寺，周環寺牆，寺門北向，中央有射宮，宮西有殿堂，博士舍三十區配置在圍牆四周。博士宮寺之北偏東有常滿倉，倉北爲槐市，市東即北座爲太學官寺，寺門南向，寺內有令丞吏署、博士、弟子員、主事、高第、侍講及博士弟子一

〔註128〕《關中記校注七・太學》頁95。

〔註129〕《三輔黃圖校注卷之五・太學》頁354,355。

〔註130〕《兩京新記輯校卷三・長安縣所領》唐韋述・杜寶撰，辛德　輯校，三秦出版社，2006年1月，頁55,56。

〔註131〕古本《三輔黃圖・漢太學》頁64,65。

〔註132〕《漢書補注一卷六・孝武本紀》贊曰：「興太學、修郊祀、改正朔、定歷數。」頁1114。

〔註133〕《漢書補注二卷九十九・王莽傳上》頁1719。

萬零八百人之辦公處、教室、宿舍，全部之房舍可能太學萬區中之大部份，太學師生萬人居住於萬區宿舍中，平的每人居住一區，既稱「區」應有房間及活動場所或庭院，具有較寬敞研讀空間，附近又有米倉及市場學生活供應部門，學習環境考慮周詳。雖是王莽爲籠路知識份子而建，但也可看出王莽在文化建設氣魄之大，王莽甚至在所鑄銅鏡上大事宣揚，例如在安徽阜陽出土之新莽博局紋鏡銘文云：「新興辟雍建明堂，然于舉土列侯王，將軍令尹民戶行，諸生萬舍在北方，子孫復具在中央。」〔註134〕足可證實，所謂諸生萬舍在北方，是指宿舍在明堂辟雍之北方。規模宏大的長安太學及萬區宿舍最後結局文獻未載，但由光武帝在建武五年（29）初興洛陽太學之舉，長安太學可能與鄰近之明堂辟雍、王莽九廟一齊在地皇四年（23）遭更始亂兵所焚毀。

二、洛陽太學

依據《後漢書・光武帝紀》云：「（建武五年冬十月，29）初起太學，車駕還宮，幸太學，賜博士弟子各有差。」〔註135〕其制依《元河南志》引陸機《洛陽記》云：「（太學）在開陽門外，去宮八里，講堂長十丈，廣三丈，靈帝召諸儒正定五經、刊石於是。」〔註136〕刊石經之事亦載於《後漢書・靈帝紀》云：「（熹平）四年（175）春三月，詔諸儒正定五經文字，刻石立于太學門外。」〔註137〕據王先謙《集解》云：「惠棟曰：『《羊頭山記》曰：『堂前石經四部凡四十八枚，『西：《尚書》、《周易》、《公羊》十六碑，南：《禮記》五碑，東：《論語》三碑。』」〔註138〕石經的大小依《水經注》云：「石長八尺，廣四尺，刻石於其下，碑石四十八枚，廣三十丈。」〔註139〕據此，可知石經排置間距爲二尺二寸。

光武帝立洛陽太學在建武五年冬十月，當月，光武帝臨幸，講堂推測已完成，講堂尺度寬三丈（七點一公尺），長十丈（二十三點八公尺），面積約一百七十平方公尺（約五十一坪）的木構造講堂，如果在材料準備充足，工

〔註134〕陳靜〈漢代長安地區博局紋鏡及其相關問題研究〉載其銘文，收錄於《漢代長安城考古與漢文化》論文集中，頁484。
〔註135〕《後漢書集解卷一・光武帝紀上》頁49。
〔註136〕《元河南志二・後漢城闕宮殿古蹟》頁49。
〔註137〕《後漢書集解卷一・靈帝紀》頁136。
〔註138〕《後漢書集解卷一・靈帝紀》頁136。
〔註139〕《水經注校證卷十六・穀水》頁402。

匠不匱乏，在皇帝詔令日夜趕工的情況下，一個月內完工可能性並非遙不可及，但較精細的裝飾及雕刻可稍後完工。

建武二十七年（51）又立太學堂〔註140〕。漢順帝永建六年（131）九月辛巳，修繕並增建太學〔註141〕，當時增立諸生舍千餘間〔註142〕，其所用的人工與工期據《水經注・穀水》云：

> 石經東有一碑，是漢順帝陽嘉元年（132）立，碑文云：「建武二十七年造大學，年積毀壞。永建六年九月，詔書修太學，刻石記年，用作工徒十一萬二千人，陽嘉元年八月作畢。」〔註143〕

其營造房室依據《資治通鑑・孝順皇帝》云：「（永建六年，131）秋九月，繕起太學，凡所建構：二百四十房，千八百五十室。」〔註144〕房應指教學或研習的房屋，室應指住宿的宿舍。這是東漢最大規模的增修太學的營建措施，質帝本初元年（146）夏四月庚辰並詔令：

> 郡國舉明經詣太學，自大將軍以下皆遣子受業，歲滿課試，拜官有差，又千石、六百石、四府掾屬、三署郎、四姓小侯先能通經者，各令隨家法，其高第者上名牒，當以次資進。〔註145〕

造成太學生人數空前大增，而產生「自是游學增益至三萬餘生。」〔註146〕的現象，相較西漢長安太學一萬餘，太學生有一萬區之學舍，東漢洛陽太學三萬餘，太學生在二千餘房室中受業、住宿，每間房室平均容納十五人，學習及生活空間似嫌太擠，是否再陸續增建，文獻未載。

洛陽太學之結局，據《水經注》云：「晉永嘉（307～310）中，王彌、劉曜入洛，焚毀二學，尚髣髴前基矣。」〔註147〕二學為東漢太學與西晉重建之辟雍，於是歷時垂三百年之洛陽太學遂淪入歷史長河中。惟當時石經的狀況，酈道元已有「石經淪缺，存半毀幾，駕言永久，諒用憮焉。〔註148〕」之嘆，

〔註140〕《後漢書集解卷一・靈帝紀》云：「永建六年（131）繕起太學」集解引惠棟轉引〈太學贊碑記〉所云，頁114。

〔註141〕《後漢書集解卷一・靈帝紀》頁136。

〔註142〕《後漢書集解卷一・靈帝紀》云：「永建六年繕起太學」集解引惠棟轉引〈太學贊碑記〉頁114。

〔註143〕《水經・穀水》頁219。

〔註144〕《資治通鑑卷五十一・漢紀四十三・孝順皇帝上》頁346。

〔註145〕《資治通鑑卷五十三・漢紀四十五・孝質皇帝》頁357。

〔註146〕同註145。

〔註147〕《水經注校證卷十六・穀水》頁402。

〔註148〕同註147。

時歷二千年後，石經仍有斷片出土〔註149〕，使我們仍然緬懷當時石經立於太學門外，「于是後儒晚學，咸取正焉；及碑始立，其觀視及筆寫者，車乘千餘輛，填塞街陌矣！」〔註150〕之文人好學盛況。

第十節　西漢井幹樓建築之探討

《文選・西都賦》：「攀井幹而未半，目眩轉而意迷，捨櫺檻而卻倚，若顛墜而復稽。」〔註151〕井幹依李善（？～689）注：「《漢書》曰：『武帝作井幹樓，高五十丈、輦道相屬焉。』司馬彪（？～306）《莊子注》曰：『井幹，井欄也，然積木有若欄也。』」〔註152〕

井幹樓位置依《關中記》云：「建章宮北有井幹臺，高五十丈，積木為樓。」〔註153〕

井幹樓結構依《史記》：「乃立神明臺、井幹樓度五十餘丈，輦道相屬焉。」〔註154〕司馬貞《索隱》云：「《關中記》云：『宮北有井幹臺，高五十丈，積木為樓』，言築累萬木，轉相交架如井幹。」〔註155〕

其交通《史記》稱神明臺與井幹樓同高皆五十餘丈，並用輦道相互聯結，今本《三輔黃圖》則云：「宮之正門曰閶闔……亦曰璧門，右神明臺，門內北起別風闕……對峙井幹樓，輦道相屬焉。」〔註156〕，則璧門、神明臺、別風闕、井幹樓皆用輦道相互聯結。

井幹樓是用井幹結構法建造的高樓，其原理用四支木樑組構成井字構架相疊而成，再由《文選・西京賦》：「井幹疊而百增，峙遊極於浮柱，結重欒以相承，累層構而遂隮，望北辰而高興。」〔註157〕薛綜注：「增者重也。」〔註158〕也就是說井幹樓有百層井幹結構架。呂向對井幹樓結構有更進一步

〔註149〕《漢魏洛陽城遺址研究・新出熹平石經殘石考略》稱一九六八年出土《尚書・皋陶謨・益稷・禹貢》等三篇共七十七字經文殘石。許景元撰，杜金鵬・錢國祥主編，科學出版社，2007年7月，頁57～69。

〔註150〕《水經注校證卷十六・穀水》頁401。

〔註151〕《增補六臣注文選卷一・西都賦》頁29。

〔註152〕同註151。

〔註153〕《關中記輯注四・建章宮》頁51。

〔註154〕《史記卷十二・孝武本紀》漢・司馬遷撰，頁218。

〔註155〕同註154。

〔註156〕《三輔黃圖校注卷之二・漢宮・建章宮》頁147。

〔註157〕《增補六臣注文選卷二・西京賦》頁47。

〔註158〕同註157。

的解釋：「井幹，樓名。疊謂樓形重疊。極，梁也。言置游梁於浮柱，以欒
櫨相承，累積重構而上也。望北極星之高以起此樓也。」〔註159〕也就是井
幹樓之牆壁雖然用井幹構架相累疊而上，但井幹樓地板及屋頂仍是用欒櫨相
承法，小即斗栱支撐梁架系統的構造法建造，再將斗栱置放於井幹的邊柱
上，因爲文獻載井幹平面的長寬尺寸，要推定其樓中是否有中柱，可以假定
其平面方形，邊長爲高度的十分之一即五丈，室內三間，柱間距約一丈七尺，
樓內共有中柱四支。置遊梁於浮柱上，正是這種結構的形狀。井幹之梁尺寸
以馬王堆外槨室墊木厚爲四十二公分見方計〔註160〕，井幹樓各層開窗以眺
望，窗臺高三尺，窗高二尺，計五尺計一百三十三公分，加上梁高計每層高
一百七十五公分，井幹樓百層高度應在一百七十五公尺左右，此高度當今五
十八層樓房〔註161〕，難怪爬到一半高度，就讓人產生「目眩轉而意迷」的
現象，然《史記・孝武本紀》確實記載井幹樓高五十餘丈，高度約合今尺一
百三十八公尺〔註162〕，亦即爲臺北中正紀念堂的兩倍高度〔註163〕，則井幹
樓應只有八十層左右而非百層，然其井幹木構接合技術及基礎錨定技術則應
有高超的水準。

再探討井幹構架在漢武帝以後消失的原因，井幹構架是古代興建超高樓
的高明技術，但武帝以後罕有再建有這種超高樓，後漢時代文獻未有興建超
高樓的記載，例如三國最嗜建高樓之曹操祖孫三代所建樓臺，如曹操建造鄴
都銅雀臺，高爲十丈〔註164〕，魏文帝曹丕所建洛陽凌雲臺，高爲二十丈〔註
165〕，曹丕另建洛陽百尺樓〔註166〕及魏明帝曹睿所建三層大夏門城樓，其高
皆爲十丈〔註167〕，四座樓臺皆未超過二十丈，以文帝百尺樓而言，樓高十丈，

〔註159〕同註157。
〔註160〕《長沙馬王堆號漢墓》上集，湖南省博物館..中國科學院考古研究所編，文物
　　　　出版社，北京，1973 年 10 月，頁 8。
〔註161〕《臺灣建築技術規則》第 26 條樓高五層爲十五公尺，則每層高度爲三公尺
　　　　計，四十二公尺爲十四層。
〔註162〕吳洛《中國度量衡史》第十五表，前漢尺 1 尺爲 27.65 公分計算。
〔註163〕中正紀念堂地面至寶頂高 70 公尺。
〔註164〕《中國古代建築史卷二・三國、兩晉、南北朝、隋唐、五代建築・曹魏宮殿》
　　　　頁 23。
〔註165〕《元河南志卷二・魏城闕宮殿古蹟・凌雲臺》云：「文帝黃初二年（221）築，
　　　　楊龍驤《洛陽記》曰：『高二十丈，登之見孟津。』」頁 19，20。
〔註166〕《元河南志卷二・魏城闕宮殿古蹟・百尺樓》云：「《洛陽記》：曰『洛陽城內
　　　　西出隅有百尺樓，魏文帝造。』」頁 20。
〔註167〕《元河南志卷二》又引《魏略》云：「明帝造三層樓，高十丈。」又引《陸機

三層，扣除臺基高約二丈，木構八丈，則每層高二丈七尺，顯然非用高僅五尺之井幹構架建造。而井幹構架的建造舉動迅速消失，研究其原因並非構架本身，而是其基礎的堅固性不夠，無法抗水平風力所致，因超高樓之風力隨高度增高而增加數倍，埋在土中木柱的基礎深度不足，颶大風時猶如大樹根被強風連根拔起，或是井幹木構架式微的因素，井幹構架現只能在西南或東北少數民族住居中尚有遺存。

與弟書》云：「大夏門，魏明帝造三層樓，高百尺。」頁 20。

第八章　漢代都城宮室的文獻與遺址資料比較

第一節　漢代長安與洛陽都城宮殿之遺址現況

　　西漢長安都城迄今已歷二千二百年，位於今西安市西北角之未央區。走訪其遺址，由老城西面玉祥門出城西行四公里，至漢城北路右轉北行二公里即可達遺址南面，遺址有一些稀疏零落之低矮村寨房屋，居民稀少，道路狹小破舊，時有泥濘、凹陷，雨天車行時車輪常陷入污泥中打滑，與西安市區高樓櫛比、車水馬龍形成極強烈的對比。車行至龍西路口，除豎立在路旁之一塊漢長安城遺址平面示意圖指示牌外（圖 8-1 左），地面上並未發現有任何漢代建築物遺跡。走到龍首原高處，遙見遠處山丘處處，地勢一面緩緩起伏，另一面却成陡崖。原下偶見隆起紅土堆，荒草遍原，局部灌木成叢，沒有喬木古樹，也無人煙。除部份已坍落城牆外，遺址地面遍尋不到片瓦碎塼，也不見破基舊礎，令人無法想像古代帝王都的盛況。而長安城遺址西側的建章宮遺址已闢爲大規模造林區，林木植被蓊鬱，遺址被林蔭覆蓋也難以尋訪，長樂宮遺址上有寥落低矮的民房，各宮室之位置與範圍已無法從地面遺跡辨識，考古探查捨發掘已無他途。原來大陸近三十年來的改革開放，經濟日益富庶，市區因人口增加迅速而向外擴大，初期市區沿著明代老城牆（老城牆長四點三二公里，寬二點六五公里，面積十二平方公里。）〔註1〕向外擴大了三倍，即現在之二環路所包圍的二環城區。而繞城高速公路所環繞的城區又較二環城區擴人四倍，將漢長安城遺址全部包括在內。西安市人民政

〔註1〕　由《中國城市地圖集下冊・西安市區圖》測量數據，中國城市地圖集編輯部編製，中國地圖出版社，北京，1994 年 6 月，頁 311。

府爲保護這珍貴的遺址，以免遭到人爲破壞，將漢長安城遺址全部劃爲保護區，停止所有地面建設，除於西安市地圖明確標示外，並立告示牌，公告保護這片輝煌的帝國國都遺址。（圖 8-1 右）

圖 8-1　漢長安城遺址

示意圖指示牌（左），遺址保護告示牌（右）

　　東漢洛陽城東距今洛陽市區十六公里，西距今偃師市區十二公里，也就是在自東漢明帝以來即已存在的白馬寺東面一點五公里，隴海鐵路穿越北魏時期之外郭城遺址，洛河橫貫其內，現在稱爲漢魏故城保護區，其保護範圍不但包括東漢至北魏之洛陽故城，保護復原工作已完成了北魏閶闔門、永寧寺基址的復原，現正進行北魏宮城之保護措施，東漢洛陽遺址只剩下城牆、城門及明堂、靈臺、辟雍等遺址，南北宮的遺址二千年來氣侯與地理環境的變化，地面上已無任何痕跡，昔日繁華的帝都今日已成爲綠油油的田圃。（圖 8-2）

圖 8-2　北魏閶闔門遺址圖指示牌，東漢洛陽北宮遺址現況

第二節　西漢長安都城遺址現況及文獻記載比較

　　西漢長安城現況據《三輔黃圖校注》引王仲殊〔註2〕云：「考古工作者在長安城遺址勘察時，大部分城牆猶高出地面，雖有不少斷缺之處，但仍有牆基遺留於地下。」〔註3〕城牆依照今本《三輔黃圖・漢長安故城》記載：「父老傳云：『盡鑿龍首山土爲城，水泉深二十餘丈。』」〔註4〕龍首山依《水經注・渭水》云：「山長六十餘里，尾達樊川，頭高二十丈，尾漸下，高五、六丈，土色赤而堅。」〔註5〕另依據何清谷〔註6〕云：

> 龍首山，一名龍首原，在西安市北郊，西起渭河南岸漢長安城，迤邐東行，至滻河西岸向南延伸，逐漸與杜陵原合爲一體，其西突兀而起，勢如龍首，故名。漢築京城於龍首山北麓，城牆自然是就地取土而築的。〔註7〕

　　依據《三輔黃圖校注》引步履《漢代的長安》云：

> 城牆全部用黃土夯築，由於夯打非常結實，整個程度可以和磚牆相比，從保留最好的段落看，牆面上塗一層和有麥秸的草泥，草泥外再塗一層堅硬的硃紅色細沙泥，這種硃紅色，從一些牆皮殘片上尚可看到，此即所謂「赤如火，堅如石。」〔註8〕

現在漢長安故城之殘留城牆的剖面爲赤褐色黃土夯築而成與文獻記載相符（圖8-3，1-15）。

　　今本《三輔黃圖》稱當地父老相傳漢長安故城乃盡鑿龍首山土爲城，導致水泉挖深二十餘丈之說法。試以漢長安城的夯土方體積來驗證之，因今本《三輔黃圖》載：「漢長安故城高三丈五尺，下濶一丈五尺，上濶九尺，雉高三坂。」〔註9〕城高三丈五尺即九點六八公尺，下濶一丈五尺即四點一五公尺，上濶九尺即二點四九公尺，雉高三坂爲六尺即一點六六公尺，雉深及雉寬文

〔註2〕　王仲殊，1925年出生，浙江寧波人，畢業於北京大學歷史系，曾任中國社會科學院考古研究所所長，爲中國現代考古學家。

〔註3〕　《三輔黃圖校注卷之一・漢長安故城》注六，頁77。

〔註4〕　同註2，，頁79。

〔註5〕　《水經注・渭水》頁241。

〔註6〕　何清谷，陝西省長安縣人，1931年出生，畢業陝西師範大學及研究所，現任該校教授，爲秦漢史專家，主編《司馬遷與史記論文集》，撰有《三輔黃圖校注》、《秦幣辨疑》等學術著作。

〔註7〕　同註2，頁80。

〔註8〕　同註2，注四，頁79，80。

〔註9〕　同註2，頁75。

獻未載，雉深以二尺計爲零點五五公尺，內外雉深佔四尺，城上尚有五尺步道，雉寬以《墨子‧備城門》所云：「俾倪，廣三尺。」〔註10〕俾倪，《說文》稱爲「陴」並釋爲城上女牆〔註11〕，亦即雉堞，其寬三尺，計零點八三公尺，雉堞中心距一步，全城雉堞約計三萬九千個〔註12〕，則全都城牆土方數量約三百八十萬立方公尺〔註13〕，其取土方來源，其一爲開挖「廣三丈，深二丈。」〔註14〕城壕，其土方量約一百五十萬立方公尺〔註15〕，其餘二百三十萬立方公尺土方推測係開挖龍首山頭部的黃土取得，其取土範圍沿著長安城南北向，城牆取土範圍以十丈（約二十七公尺）寬度計算，長度以六公里約十二漢里計算，取土溝深約十四公尺〔註16〕，即挖深僅五丈左右，今本《三輔黃圖》云二十餘丈，可能包含宮殿、臺、閣等建築物的臺基夯土方。至於城內地面的整平，今本《三輔黃圖》云長安城北牆枕靠龍首山頭，其原標高依《水經注》云係二十丈，因龍首山往南向下傾斜，可計算出長安城南牆之龍首山標高爲十六點七四丈〔註17〕，如將北城牆高處山頭剷平的挖土以回填南城牆較低處地面，整平後全城城內標高爲十八點三七丈。

　　漢長安城牆高度，今本《三輔黃圖》稱其高爲三丈五尺，按前漢尺等於二十七點六五公分〔註18〕計算，亦僅九點七公尺，另稱城牆厚度底厚一丈五尺即四點一公尺，頂厚九尺即二點五公尺；但經實測：「城牆高度在十二米以上，下部寬度十二至十六米，由於牆已傾塌，上部實寬無法求得，從牆的上下傾斜推測，上寬恐不止十尺，《黃圖》所載顯然失實。」〔註19〕依據《初學記》引《五經異義》云：「天子之城高九仞，公侯七仞，伯五仞。」〔註20〕

〔註10〕《墨子閒詁卷十四‧備城門》，清‧孫詒讓撰，中華書局，北京，2006 年 1月，頁 519。

〔註11〕《段氏說文解字注第十四篇下‧阜部》頁 524。

〔註12〕雉堞數＝65×1800÷6×2＝39,000 個。

〔註13〕城牆土方數量＝〔65×1800×（4.15＋2.49）×9.68÷2〕＋〔39,000×1.66×0.83×0.55〕＝3,766,919 立方公尺。

〔註14〕《三輔黃圖校注卷之一‧漢長安故城》頁 79。

〔註15〕城壕挖土方數量＝〔(65×1800×0.2765)×（20×0.2765）×（30×0.2765)〕＝1,483,961 立方公尺

〔註16〕龍首山取土溝深度＝2,300,000 立方公尺÷6,000 公尺÷27 公尺＝14.2 公尺。

〔註17〕長安南北城牆地面原高度差＝（20 丈－6 丈）×14 里÷60 里＝3.26 丈，其標高＝20 丈－3.26 丈＝16,74 丈。

〔註18〕《中國度量衡史》第十五表所載，頁 65。

〔註19〕《三輔黃圖校注卷之一‧漢長安故城》注四，頁 77。

〔註20〕《初學記卷二十四‧城郭》頁 565。

仍長以《儀禮》鄭玄注爲七尺而言，長安城原高僅如方伯之城五仞而已！筆者認爲《今本三輔黃圖》所記載漢長安城城牆尺度應是漢惠帝最初築城的尺度，當時漢朝初立不久，百廢待舉，一切因陋就簡，經過文、景的生息，漢帝國府庫充實，難免有將首都城牆加高加厚之舉，雖文獻未曾記載，然並非不可能。西漢長安城共有十二城門，其已發掘城門爲直城門、西安門、霸城門與宣平門共四個城門，以霸城門爲例，僅有兩北兩側垂直城壁，中間缺口處即爲門道，門道內並無後世城門磚砌拱門洞的痕跡。門道中央有二道縱向夯土牆，將門道分成三道，各約八公尺，推測城樓的的木柱係緊靠城壁及夯土牆上立柱，成爲面寬三間四柱式木結構層樓，其高度應高於城壁高度，即至少十一公尺以上，則其層數應與璧門相同的三層樓。霸城門兩側城壁並非筆直平齊，王仲殊認爲：「霸城門兩側的牆各向外折出，略如後世的甕城。」〔註21〕以霸城門城外之霸上爲古戰略要地，霸城門加做甕城以利防禦應屬可能。

第三節　西漢長安宮殿遺址現況及文獻記載比較

　　西漢宮殿遺址經考古發掘掘的有未央宮、長樂宮、桂宮等處宮殿遺址，茲將宮殿遺址現況與文獻記載比較如下：

一、未央宮前殿

　　今本《三輔黃圖》載：「營未央宮因龍首山以制前殿。」〔註22〕，其注云：「疏山爲臺殿，不假板築，高出長安城，〈西京賦〉所謂『疏龍首以抗殿』此也。」〔註23〕可知未央宮臺基非人工夯築，純粹是整平龍首山高亢之地做爲前殿臺基。本人親臨未央宮前殿臺基履勘，該臺基爲天然高地挖整而成，現遍生雜草及稀疏灌木，土質爲龍首山當地的原生赤褐色黃土，其側面並未發現有板築夯土的層次。如圖8-3所示。足證文獻記載正確。

　　有關臺基面高出長安城之記載，據劉慶柱〔註24〕云：「北臺基建築面高十

〔註21〕《三輔黃圖校注卷之一·都城十二門》注三，頁88。
〔註22〕《三輔黃圖校注卷之二·漢宮·未央宮》頁135。
〔註23〕同註20。
〔註24〕劉慶柱，天津市人，北京大學畢業，秦漢史專家，曾任中國科學院考古研究所所長，現任中國科學院學部委員，主持西安秦漢古遺址考古，撰有《漢長

至十五米。」〔註25〕，高出長安城牆的十二公尺高度。《雍錄》亦云：

> 龍首山來自樊川，其初由南向北，行至渭濱，乃始折轉向東，漢之
> 未央，據其折東高處，以爲之基，地形既高，故宮基不假累築，直
> 出長安城上，張衡〈西京賦〉曰：「疏龍首以抗殿。」抗者，引而高
> 之謂之也。〔註26〕

削整龍首山頂做爲未央宮殿臺基，不但可節省築臺基工費，且山體挖方處臺基
較版築臺基結實，不會因產生土石流造成滑坡，且視線較高，可以瞭望全城。

圖 8-3　未央宮前殿遺址

指示牌（左），未央宮前殿北臺基（右）

二、未央宮石渠閣遺址

　　石渠閣，據今本《三輔黃圖》，最重要的建築特徵就是「礱石爲渠以導水，
若今御溝。」〔註27〕礱石爲渠，可見就是用人工鑿磨石材的渠道，爲易於人
工搬運及施工方便，每節石渠應不太長，類似今日用水泥預製的排水涵管，
筆者親訪時尋覓許久並未發現石渠，推測應埋於遺址周圍地下，惟考古學者
陳直云：「尚有石渠二具，一完一殘，存於天祿小學內。」〔註28〕

　　據《雍錄》云：

> 以《水經》約其地望，則滄池在未央西南，此之爲渠，必引滄池下
> 流轉北，以充成其爲渠也。水之又北，又轉乎明光、桂宮之間，謂

安城》等著作。

〔註25〕《三輔黃圖校注卷之二・漢宮・未央宮》注二，頁 136。
〔註26〕《雍錄卷二・石渠閣》頁 20。
〔註27〕《三輔黃圖校注卷之六・閣》頁 398。
〔註28〕《三輔黃圖校注卷之六・閣・石渠閣》注一，頁 399。

之明渠也。〔註29〕

則以石渠閣下之石渠爲長安城內輸水幹渠之一部份，惟據未央宮遺址考古平面圖〔註30〕，輸水渠經過天祿閣東面而不經石渠閣，推測係利用石渠道自幹渠引來，石渠閣渠道只是支渠。今勘察石渠閣遺址猶如一小土山，分土層跡可能隱藏於茂密雜樹叢草中而未露出，此遺址的尺度據《三輔黃圖校注》引劉慶柱的調查云：「此（石渠閣）遺址今存夯土臺基南北長六十五米，東西寬六十七米，臺頂高約八米。」〔註31〕惟遺址土丘呈南陡北緩之勢如（圖 8-4右），北面推測是石渠閣之前庭，石渠閣應是北向的建築物。

圖 8-4　未央宮石渠閣遺址

指示牌（左），土丘頂部現況（右）

圖 8-5　未央宮石渠閣遺址全景

〔註29〕《雍錄卷二‧石渠閣》頁 33。
〔註30〕《關中記輯注三‧漢長安城‧未央宮》圖十二，頁 25。
〔註31〕《三輔黃圖校注卷之六‧閣‧石渠閣》注一，頁 399。

三、未央宮之給水池——滄池

　　漢長安城內居民、官府、皇室二十五萬人〔註32〕的給水是首都重大問題，不能只靠水井因陋就簡的汲取飲用水來解決。漢代長安用水量以現代人用水標準每人每日以四百公升的一半即二百公升計算，每天需要五萬噸的乾淨水源，每年需一千八百萬噸左右。以昆明池爲給水蓄水庫容爲五千萬噸而言已經足夠，但是昆明池距長安城超過十公里〔註33〕，如用水要到城外昆明池汲取則非常不方便。故武帝在新建未央宮開挖水源蓄水池乃理所當然的事，這個給水蓄水池就是滄池。依《水經注》載：

> 渭水東合昆明故渠，渠上承昆明池東口，東逕阿池陂北，亦曰女觀陂。又東合沈水，亦曰漕渠，又東逕長安縣南，東逕明堂南，舊引水爲辟雍處……渠南有漢故圜丘……故渠之北有白亭博望苑……故渠又東而北逕青門外，與沈水支渠會。渠上承沈水于章門西，飛渠引水入城，東爲倉池，池在未央宮西，池中有漸臺，漢兵起，王莽死于此臺。〔註34〕

由此可知由昆明湖東口引水，北至明堂辟雍處分兩渠道，東渠東流至長安城東南角再往北在青門（即霸城門）與沈水支渠會流，西渠西流至城西南之章城門外，用飛渠跨越城牆引水入城後注入滄池中，飛渠者即架空水渠，俗稱水過橋，水利工程稱爲渡槽，因係架空水渠，遠望如飛，故名飛渠，《雍錄》亦云：

> 予意《水經》之謂飛渠，如架汴橋渠而遂名之爲飛也。飛者，底不附土而沿空以行，如禽之不以足屨而以翼飛也。蓋未央殿址據山爲高，而明渠之欲入城也，必有窪下之地，中斷不接，故架空爲渠，使得超窪下而注滄池也。飛渠之制，恐必爾也。〔註35〕

程大昌所言極是，此種水利設施我國至遲在漢代已應用純熟。

　　至於昆明渠渠水之輸送應是用擡高水位往低處輸送，在昆明池東口、章城門西可用當時已有的水車提高水位。有關滄池蓄水量，依據《史記都城考》引自《漢長安未央宮一九八零至一九八九年考古發掘報告》云：

〔註32〕《漢書補注一·地理志》載長安城內人口 246,200 人，頁 670。

〔註33〕由〈2008 西安市地圖〉量得，西安地圖出版社編製，西安，2008 年 3 月。

〔註34〕《水經注校證卷十五·渭水》北京，2007 年 7 月，頁 454。

〔註35〕《雍錄卷九·飛渠》宋·程大昌撰，黃永年點校，中華書局，北京，2005 年 4 月，頁 194。

在（未央宮）前殿遺址西南二百七十米有一片洼地，地勢低于周圍
地面一至二點五米，平面呈不規則圓形，東西長四百米，南北長五
百一十米，應為倉池故址。有明渠自章城門附近向東流入倉池西北
部，經前殿西側尚北流出未央宮，再流向東北，在未央宮內的明渠
水道寬十一至十三米，最寬處十五米，最窄處八米。〔註36〕

若此，滄池假定平均深為二公尺，則滄池之儲水量約為四十萬噸，足夠未央
宮內的給水之用。

滄池之出水渠道依《水經注》之所述，其流經路線如次〔註37〕：由滄池
引渠東逕未央宮北，再流過于北宮與長樂宮之間，再沿長樂宮北面東出城，
此段人工渠稱為明渠，明渠可供其他各宮之流動水源。出城後稱為王渠，王
渠再枝分二渠，其一支經楊焉下北注渭水，另一枝滙入昆明故渠東去。

第四節　東漢洛陽城遺址現況及文獻記載比較

一、東漢洛陽都城遺址現況

東漢洛陽城在今洛陽車站東約十五公里洛陽市東端，由白馬寺東約一點
五公里，洛陽城建都史最先是周公在西周初年的瀍水東、洛水北濱之城，以
容納殷頑民之處，號下都。並在澗水東、瀍水西建城，為周天子所居，以便
就近監視殷遺民，號王城，王城與下都二城合稱洛邑，相對於豐鎬西都之宗
周，即稱成周。依據考古資料〔註38〕，西周之下都在東漢洛陽城之中部，即
南起廣陽、旄門北至上東、上西門之間的東漢洛陽城部份，東周時代定都洛
陽，又擴建上東、上西門以北之城郭，到秦封呂不韋文信侯後，又擴大洛陽
城之廣陽、旄門以南之南郭城，使洛陽成為十萬戶的大城，成為三川郡的治
所，基本上，在秦代之洛陽城已達到東漢建都時之規模。西漢初建時，高祖
本欲都洛，經婁敬之勸諫始西都長安，計東漢都洛一百九十六年（25～220），
曹魏都洛四十六年（220～265），西晉都洛五十二年（265～416），北魏都洛

〔註36〕《史記都城考二‧漢都長安》，曲英杰著，商務印書館，北京，2007年12月，
　　　　頁450。
〔註37〕《水經注校證卷十五‧渭水》頁454～455。
〔註38〕《千年閱一城‧千年滄桑‧漢魏故城早期城址沿革示意圖》，洛陽市文物管理
　　　　局，洛陽市白馬寺漢魏故城史文物保管所，中州古籍出版社，洛陽，2005年
　　　　12月，頁7。

四十二年（493～534），大體沿用東漢洛陽舊城達三百三十年，至隋煬帝大業元年（605）再西移伊洛之間新建東都城，故洛陽城遺址除有東漢二百年文化遺存外，尙有曹魏、西晉、北魏百餘年之文化遺存，故考古上皆稱漢魏洛陽故城。

由漢魏洛陽故城之考古探測其遺址，可以測繪其遺址圖如圖 1-12，該圖並非如阮元所繪的後漢都城圖如圖 1-14 左的矩形平直之九六城形狀，而是呈不規則的長方形，腹部稍凸，東牆斜出，頂部東北隅突出，底部縮進，顯然非一次建造的計劃型城郭。探討東周與秦代擴建洛陽城爲何不採直線而採折線，推測可能係新朝新象，不沿舊朝所致。

漢魏洛陽故城遺址剛好是洛陽市與偃師市交界處，現有韓旗屯、金村、翟泉、龍虎灘等寥落的村落，村落外是原野與莊稼田圃，整個遺址基本上並無近代的高樓建築，對遺址的探查或比對較爲有利，由遺址的東北角隅城垣照片檢視，城垣非爲直角形而畧呈圓弧形，其弧形城基有一排高廈狀喬木固定邊坡，弧形城垣與北城牆相交處城牆有坍落一段。殘餘弧狀城墻依建築物高度的三倍，依其比例高約十二公尺，其向城內的城垣裸露面有縱向的浸蝕溝以及橫向層理，城頂面上有蔓草及稀疏低矮的灌木，城基下平坦的耕作面即是原來城內地面。此段城牆依據《洛陽漢魏隋唐城址勘查記》云：

> 北城垣與東城垣連接處，不是直角形，而是弧形。北城垣東端是全城保存最好的一處，高度近十米。因爲垣內崩下一部，可以清楚看到夾棍眼，眼的直徑爲十至十四釐米，眼內有草灰和石灰等遺物。
>
> 夯土層有七至九釐米不同的厚度，夯凹直徑爲四點五釐米。〔註39〕

土城牆的層理也就是人工板築夯土的層次。

再由八萬分之一的空中照片來判讀，漢魏洛陽城遺址除被隴海鐵路與三一零國道橫穿下半部外，僅有上述若干散村，其各城門缺口依稀可辨。現漢魏洛陽故城保護將白馬寺在內北魏外廓城及漢魏以來的南郊禮制建築全部包涵在內，形成跨越洛河倒凸字形遺址保護區。

二、東漢洛陽都城城門遺址現況

（一）上西門遺址推測《水經注》『徙門南側』之事

〔註39〕《漢魏洛陽城遺址研究‧洛陽漢魏隋唐城址勘查記》，閻文儒撰，科學出版社，北京，2007 年 1 月，頁 472。

上西門在北魏時代爲引陽渠水入城，曾往南移，事載於《水經注·穀水》：

> 陽渠水南暨閭闔門，漢之上西門者也。《漢宮記》曰：「上西門所以
> 不純白者，漢家厄於戌，故以丹鑷之。」太和遷都，徙門南側，其
> 水北乘高渠，枝分上下，歷故石橋東入城。〔註40〕

現狀依據《洛陽漢魏隋唐城址勘查記》云：

> IV號城門，西垣南起第四門，南起III號城門約八百二十米，當地群
> 眾叫水口。門洞在西垣折拐處，保存較好，門洞闕口寬約四十七米，
> 門外兩側有夯築土闕，門道長約五十八米，在闕口中間有一堵夯土
> 隔牆，爲一門二洞，北洞寬二十一米，路土較厚，南門洞寬僅十三
> 米，洞口地面較高，同時，在北洞下探見磚築遺存，寬約五米，殘
> 長五十多米，係東西走向，當地群眾反映説：「在此門洞下有一道傳
> 券涵洞，内徑二米多。據《水經注·穀水》：「陽渠水南暨閭闔門，
> 漢的上西門者也。……，太和遷都，徙門南側，……歷故石橋，東
> 入城。」根據文獻記載，此地可能就是北魏的閭闔門，也即東漢的
> 上西門，其北側門洞當時已經廢棄。南門道或是「徙門南側」的北
> 魏閭闔門之地。〔註41〕

若此，漢代已有建造地下涵洞的工藝。〔註42〕由文獻與考古報告比對，北洞
口下有五米磚築遺存，群眾又稱原有内徑二米多涵洞，推測涵洞厚以一米計，
則外徑四米多，此涵洞可能遭當地居民取磚當建材而破壞，只剩五米多基礎
遺存，且此地又俗稱水口，可知此涵洞即是《水經注》所稱之陽渠進城涵洞，
也就是陽渠在城門外分流，改以涵洞引水入城，涵洞長度等於城門道深度，
原置於北門洞門道之地下，北魏時可能因交通量大增，涵洞不堪負荷，故將
門洞南移十三公尺〔註43〕，《水經注》之記載完全與遺址現況吻合。

（二）上東門遺址城門洞軌寬之推測

〈古詩十九首〉云：「驅車上東門，遙望郭北墓。」上東門爲東漢洛陽最
著名的城門。中國社會科學院考古研究所洛陽漢魏故城工作隊於 1985 年十月

〔註40〕《水經注校證卷十五·渭水》，北魏·酈道元撰，陳橋驛校註，中華書局，北
　　　　京，2007 年 7 月，頁 397。
〔註41〕《千年閲一城·帝都流芳桑·重要遺存》，洛陽市文物管理局，洛陽市白馬寺
　　　　漢魏故城文物保管所，中州古籍出版社，洛陽，2005 年 12 月，頁 33。
〔註42〕地下涵洞連通地面水渠需用虹吸原理，西方遲至近代才有此工藝。
〔註43〕南移尺度等於四十七公尺減去北洞寬度二十一公尺及南洞寬度十三公尺。

進行發掘面積八百平方公尺的遺址。

遺址的城門洞尺度，依據發掘報告：

> 城門基址，整體略成長方形，南北長三十米，東西寬（進深）約十
> 二點五米，門之南北兩側，橫截城牆夯土以爲壁，其間佈置兩道東
> 西向夯土隔牆，構成一門三洞的形制。……南北二門洞，各寬約六
> 米，從門洞中穿過的車道，寬約四米，路土厚零點二至零點三公尺，
> 呈灰褐色，啓土上留有車轍殘痕。年轍清晰，轍間距一點二五至一
> 點四公尺，兩轍之間路面鋪碎磚石……中門洞保存極差，車道及排
> 叉柱遺跡，盡毀無遺……現存夯土隔牆頂面已與門洞內路土面的高
> 度接遺，二隔牆南北寬度皆爲四至五米，隔牆之間的距離爲八米。
> 〔註44〕

由發掘報告中遺址中有夯土隔牆二道將門洞分爲三道，可知上東門仍然是〈西
京賦〉所云之「參塗夷庭」即一門三道之制，至於門道之寬度是否如〈西京
賦〉所云長安之「方軌十二」之制，由遺址門道的寬度來推論，南北門洞各
寬六公尺，中門洞八米，以一軌寬八尺而言，以後漢尺度計，軌寬爲一點九
公尺，則南北門洞爲各二軌，中央洞僅三軌，合計七軌，不合漢制；若以〈東
京賦〉所云之「周公初基……經途九軌。」而言，以周尺計，軌寬八尺爲一
點五九公尺，南北兩門洞各三軌，尚有約零點三公尺的餘裕，中央道足夠容
納三軌，合計九軌，合乎經塗九軌之周制，這就是洛陽成周城始建於周代的
旁證，另《洛陽伽藍記·原序》云：「洛陽城門，依魏晉舊名……一門有三道，
所謂九軌。」〔註45〕亦可證明。

三、東漢洛陽城護城河之探討

依據清汪士鐸《水經注圖·洛陽城圖》，穀水環繞洛陽城一周，並在上西
門及廣陽門引水入渠，從上西門進入之支渠北流入北宮苑內，而徙廣陽門之
支渠，由廣陽門進入支渠，循南宮南緣會合北支渠後，循南宮南緣再北流，
由建春門出城，再與穀水滙流，由此圖可知洛陽城是引穀水環城作護城河，

〔註44〕《漢魏洛陽城遺址研究·漢魏洛陽城北魏建春門遺址的發掘》，中國社會科學
院考古研究所洛陽漢魏故城工作隊撰，科學出版社，北京，2007年1月，頁
559，560。

〔註45〕《洛陽伽藍記校箋·原序》頁2，3。

並引水入城作爲城內水源。

由《水經注‧穀水》云：

> 穀水又逕河南王城西北……穀水又東流逕乾祭門北……東至千金
> 堨……穀水又東，左會金谷水……穀水又東逕金墉城北……穀水逕
> 洛陽小城北……穀水又東逕廣莫門北，漢之穀門也……穀水又東屈
> 南，逕建春門石橋下，即上東門也……其水依柱，又自樂里屈而東，
> 出陽渠……陽渠水南暨閶闔門，漢之上西門也……其水北乘高渠，
> 枝分南北，歷故石橋東入城……渠水又東歷故金市南，直千秋門……
> 又枝流入石逗伏流，注靈芝九龍池……其一水自千秋門南流逕神虎
> 門下，東對雲龍門……又南逕通門、掖門西，又南流東轉，逕閶闔
> 門南……渠水又枝分，夾路南出，逕太尉、司徒兩坊間，謂之銅駝
> 街……渠水自銅駝街東逕司馬門南……自此南直宣陽門……渠水又
> 東逕杜元凱所謂翟泉北，今無水……渠水歷司空府前，逕太倉南，
> 出東陽門石橋下，注陽渠。穀水自閶闔門而南逕土山東……南出逕
> 西陽門，舊漢氏之西明門也，亦曰雍門矣……穀水又南逕白馬寺
> 東……穀水又南逕平樂觀東……穀水又南逕西明門，故廣陽門也，
> 門左枝渠東派入城，逕太社前，又東遙太廟南，又東于青陽門下注
> 陽渠，穀水又南，東屈逕津陽門南，故津門也……穀水又東逕宣陽
> 門南，故苑門也……穀水又東逕平昌門南，故平門也……穀水又東
> 逕開陽門南……穀水于城東南隅枝分北注，逕青陽門東，故清明門
> 也，亦曰稅門，亦曰芒門，又北逕東陽門東，故中東門也……又北
> 逕太倉南……又北入洛陽溝。〔註46〕

可知穀水係由洛陽城東邊的周王城東流十二公里後，到達金墉城後分成二支
流，東支流沿著北垣向東經大夏門、廣莫門到東北隅折南行到達上東門外石
橋，南主支沿西垣經上西門、雍門、廣陽門再折東沿南垣經津門、宣陽門、
開陽門，直到城東南隅再分二支，北分支沿東垣經旄門、中東門再北入洛陽
溝。至於陽渠是由上西門外穀水北分支引渠入城經金市南，在千秋門分支（即
北宮西門之白虎門）以涵洞伏流方式注入九龍池，另一分支南下沿北宮司馬
門前、再束流經中東門出城與穀水東渠（亦成爲陽渠之城外一段）滙合。另
南主支亦在廣陽門引渠入城，東歷太社、太廟，經旄門出城，再與穀水東渠

〔註46〕《水經注校證卷十六‧穀水》頁 393～403。

滙流，而南主支亦稱穀水西渠。故除穀水東渠外，陽渠實是洛陽城的水源渠道，並非洛陽護城河。依據《洛陽伽藍記》云：

> 明懸尼寺，彭城武宣王勰所立也，在建春門外石橋南。其注文云：「穀水周圍繞城，至建春門外，東入陽渠石橋，橋有四柱，在道南銘云：『漢陽嘉四年（135）將作大匠馬憲造。』」……龍華寺，宿衛羽林、虎賁等所立也，在建春門外陽渠南。〔註47〕

其文稱穀水周圍繞城，應是護城河，石橋建於陽渠之上，證明陽渠包涵穀水東渠。

至於穀水由金墉城後分成二支流，其南北支流之大小，依鑽探資料：

> 位于南面的這條水道，寬度為二十至三十米，距今地表深二至二點五米始見淤土，淤土厚達三至四米仍不見底……這條水道的中段，在今東趙村部位，淤土寬達八十餘米，形成一個長圓形大水池，現今此處仍較低窪，這條水道全長約三千五百餘米。位于北面的這條水道，寬度為十至十五米，距今地表深四至五點五米始見淤土，淤土厚二至二點五米……全長三千八百餘米。〔註48〕

由此資料，可知北水道為穀水支流，南水道為主流，主流水道寬為支流兩倍，深度亦深二倍以上，其流量至少四倍，因南水道須供應陽渠及繞城三面十餘公里之水量。南支流中段長圓大水池，蓋經上西門進城之陽渠引水之水源池。由水道距地表深度，可見北支流的堤坊出水高度高於南支流堤坊約二公尺左右。而由堆積土的厚度可知每年堆積土層約一公釐左右。〔註49〕

《洛陽伽藍記》所云將作大匠馬憲造陽渠石橋，《水經注・穀水》亦云：

> （建春門石橋）橋首建兩石柱，橋之右柱銘云：「陽嘉四年乙酉壬申，詔書以城下漕渠，東通河濟，南引江淮，方貢委輸，所由而至……流通萬里云云。」〔註50〕

而此段記載，亦經考古資料證實：

> 建春門（即漢之上東門）外的陽渠水道，自門址外面護城河分作兩股水道，一條南流環城而行，另一條向東流去，這條東流的水道位

〔註47〕《洛陽伽藍記校箋卷二》頁70，72。
〔註48〕《漢魏洛陽城遺址研究・北魏洛陽城外郭城和水道的勘查》，中國社會科學院考古研究所洛陽漢魏故城工作隊撰，科學出版社，北京，2007年1月，頁27。
〔註49〕黃土平原堆積層之平均年堆積厚度以二千年堆積二公尺計算。
〔註50〕《水經注校證卷十六・穀水》頁396。

於建春門內大道的北側，二者並行，相距約十五米，水道較寬，最寬處達一百米，一般有九十米，在今地表下四至四點五米看見淤土，淤土厚二米仍未見底。據稱建春門外約八百米的位置處，水道向南折拐，其東西寬度約二十米，建春門外大路在此架橋而通行，此外鑽探有堆積豐富的磚瓦、紅燒土等遺存物。……由此得知建春門外這段水道，既寬且深，應當和當時漕運駛船有關係。〔註51〕

《洛陽伽藍記》所稱上東門外石橋考古只有磚瓦、紅燒土遺存而未發現石橋基，但既稱石橋，且橋長達三十公尺，可能並非如秦始皇所建橫跨渭水之「橋廣六尺，南北三百八十步，六十八間，七百五十柱，百二十二梁」之石柱梁橋，而是隋代趙州橋形式單孔的敞肩石拱橋，以便橋下有淨空讓船航行。《洛陽伽藍記》所稱橋有四柱，應指橋兩端所立的刻銘四柱。

穀水引明渠繞城成為護城河，寬度由十公尺至三十公尺，深度由二公尺到五公尺，其流向在西北隅分成二向，南主支流沿西垣折向南垣再折向北垣，到達上東門石橋處，與沿北垣折向東垣之東支相滙流，滙流後之穀水到洛河段又稱洛陽溝。繞城穀水在上東門外約八百公尺，隙地廣大，既可「驅車上東門」，倘佯「松柏夾廣路」〔註52〕之間，又有空曠地方，可「步出上東門，北望首陽岑。」〔註53〕懷念古賢人。洛陽的護城河實際上是引穀水之下流環繞洛陽城作護城河兼水源渠道，其起點在西北隅的金墉城外，終點在上東門外石橋，這段口字形渠道，無疑是人工開鑿的運河，文獻亦有蛛絲馬跡可尋。

《水經注·穀水》經文云：

> 穀水出弘農澠池縣南墦塚林穀陽……東北過穀城縣北……又東過河南縣北，東南入於洛……」注文云：「穀水又逕河南王城西北……余按史傳：周靈王之時，穀洛二水鬥，毀王宮。韋昭曰：「洛水在王城南，穀水在王城北，東入于瀍，至靈王時，穀水盛出于王城西，而南流合于洛，兩水相格，有似于鬥，而毀王城西南也。」〔註54〕

由此文可知穀水原流入瀍水，到周靈王時，穀水暴漲，於王城西南入洛，穀水並未如《水經注·穀水》所稱東流至成周城，繞城後東流至偃師入洛。至

〔註51〕　《漢魏洛陽城遺址研究·北魏洛陽城外郭城和水道的勘查》頁 28。
〔註52〕　《古詩十九首第十三首·驅車上東門》。
〔註53〕　《增補六臣注昭明文選·阮籍詠懷詩第八首·步出上東門》頁 419。
〔註54〕　《水經注校證卷十六·穀水》頁 388～391。

於由澗水到偃師入洛（包括洛陽環城之護城河）的穀水何時所開？何人所開？
《太平寰宇記》引《輿地記》云：「洛陽城外有陽渠水，即周公所置，池上源
自涵谷，東流注城西北角，仍分流繞城至建春門外合流，折東流注于池是也。」
〔註55〕

　　指明洛陽城之環城護城河開鑿於西周初期之周公營洛邑時代。再依《後
漢書・張純傳》云：「（建武）二十三年（47）代杜林爲大司空……明年，上
穿陽渠，引洛爲漕。」〔註56〕又《水經注・穀水》云：

> （穀水）又東逕馬市石橋，橋南有二石柱，竝無文刻也。漢司空漁
> 陽王梁之爲河南也，將引穀水以溉京師，渠成而水不流，故以坐免。
> 後張純堰洛以通漕，洛中公私穰贍，是渠今引穀水，蓋純之創也，
> 按陸機《洛陽記》、劉澄之《永初記》言：「城西之陽渠，周公制之
> 也。」昔周遷殷民于洛，城隍偪狹，卑陋之所耳。晉故城成周以居
> 敬王，秦又廣之，以封不韋，以是推之，非專周公可知矣。〔註57〕

酈道元認爲周公時代的成周城經東周及秦代兩次擴建，故陽渠周繞擴建後之
洛陽城，非周公一人所開鑿，其觀點實屬正確。故《讀史方輿紀要・河南府》
云：

> 陽渠，在府東。《舊志》在故洛陽城南，漢建武二十三年，張純奏穿
> 渠引洛水爲漕處也。《洛陽記》以爲周公所作。《述征記》：「東城有
> 二石橋，舊於王城東北開渠引洛水，名曰陽渠，東流經洛陽，於城
> 東南回通出石橋下，運至建春門以輸常滿倉。」〔註58〕

則可以推定周公時代已由王城開渠至成周城以供城內用水，至後漢光武帝時，
張純建環城水渠，並在上東門外開鑿漕糧運河東通至偃師入洛，即《水經注・
穀水》所云；「穀水又東逕偃所南……穀水又東流注于洛水矣。」〔註59〕而郭
緣生謂陽渠係在王城東北開渠引洛水東輸洛陽，實際上是引穀水，但因穀水
已在王城之南被洛水襲奪，故郭緣生所言亦不差。引水之法當然是築堰分流，
此堰到曹魏時代重作即所謂千金堨，如《水經注・穀水》所云；「《洛陽記》
曰：『河南縣城東十五里有千金堨，千金堨舊堰穀水，魏時更修此堰，謂之千

〔註55〕《漢魏洛陽城遺址研究・漢魏洛陽城初步勘查》頁11。
〔註56〕《後漢書集解一卷六十五・張純傳》頁429。
〔註57〕《水經注校證卷十六・穀水》頁396。
〔註58〕《讀史方輿紀要卷四十八・河南府・陽渠》頁2232。
〔註59〕《水經注校證卷十六・穀水》頁404。

金塄。』」〔註60〕又稱千金堨，如沈約〈三月三月率爾成篇詩〉云：「東出千
金堨，西臨鴈鶩陂。」〔註61〕李善注曰：「楊佺期《洛陽記》：『千金堨在洛陽
城西，去城三十五里，堨上有穀水塢。』」〔註62〕千金塄距洛陽城西垣三十五
里，其位置在今王城公園之西北，這是漢代的重要水利城壕工程。

　　另王梁引渠無功之事據《後漢書・王梁傳》云：

> 司空，水土之官也，於是擢拜梁爲大司空……（建武）五年（29）……
> 代歐陽歙爲河南尹……穿渠，引穀水注洛陽城下，東寫鞏川，而水
> 不流，七年，有司奏之，梁慙懼，乞骸骨。〔註63〕

引穀水注入洛陽城內之引渠不流水，依水利工程觀點其因有二，其一渠底坡
度錯誤，其二流量不足，前者可能坡度未經精確測量，導致下游渠底高於上
游渠底，以水往低處流之水性，城內位于水渠下游而無水；後者可能因王梁
未建堰灞以儲蓄上游之水量，逕自引渠分水，流量不足，以致城內水渠無水，
何況引渠東寫鞏縣伊洛水，水渠太遠，無水位擡高或儲蓄水量之配套措施，
其工程失敗亦非無因。

四、東漢洛陽城城牆年代及文獻尺度之探討

　　《文選・東都賦》云：「增周舊，修洛邑。」〔註64〕，此城肇建於西周初
期，亦即《書經・洛誥》所云：「又卜瀍水東，亦惟洛食。」〔註65〕之成周城，
又稱下都，原爲容納殷頑民所在。西距王城四十里，其城的大小，據《讀史
方輿紀要》引《通鑑外紀》云：「城方十七里。」〔註66〕王城與下都在束周時
期交相爲王所居，王恢云：

> 平王東遷，居王城，下都則安養大臣居以治事，故二城皆爲周都，
> 敬王因子朝之亂，徒於下都，王城遂廢……平王至悼十三王居王城，
> 敬以下十二王居下都，赧王又西居王城。〔註67〕

〔註60〕《水經注校證卷十六・穀水》頁393。
〔註61〕《增補六臣注昭明文選・三月三日率爾成篇》頁572。
〔註62〕《增補六臣注昭明文選・三月三日率爾成篇》頁572。
〔註63〕《後漢書集解一卷五十二・王梁傳》頁291。
〔註64〕《增補六臣注昭明文選卷一・東都賦》頁35。
〔註65〕《尚書注疏卷十五・周書・洛誥》頁225。
〔註66〕《讀史方輿紀要卷四十八・河南府・洛陽故城》頁2222。
〔註67〕《中國歷史地理上冊・五大古都》，頁34。

以周初洛邑下都之規模方十七里而言，因《通鑑外紀》爲宋劉恕所撰，其宋代長度每里爲五百五十三公尺計〔註68〕，十七里計九點四公里，以洛陽城腹部廣陽門、上西門、上東門、旄門四門之間的構成都城其四周由實測圖測量結果爲九點三八公里〔註69〕，故方十七里應是宋代實地測量洛陽故城尺寸，宋代文獻與現代實測基本相符，但其方圓超出《周禮・考工記・匠人》營國方九里之規制，推測係要容納較多殷頑民需要而定制。

周敬王時代，成周城第一次擴建，據《元河南志》：

> 及敬王徙都，晉侯合諸侯于狄泉，始大其城。《帝王世紀》曰：「敬王避子朝之亂，東居成周，故《春秋》稱率諸侯之徒修繕其城，以成周小，不受王都，故壞狄泉而廣焉。」又曰：「城東西六里十一步，南北九里一百步。」〔註70〕

另依《讀史方輿紀要・河南府》亦云：

> 晉定公使魏舒率諸侯之大夫會于狄泉，城之而居敬王，即下都也。《帝王世紀》曰：「城東西六里十一步，南北九里一百步。」……秦封呂不韋爲洛陽十萬戶，大其城，漢魏益增修之。〔註71〕

兩文獻所引《帝王世紀》所記載東周之成周城尺度相同，到戰國後期，呂不韋再將成周城第二次擴大，惟此次增修之幅員，文獻不載，應即漢代的規模。

再依城牆的發掘報告：

> 在西牆雍門之南的T5探溝北壁，其中央夯1，其夯土層深灰色，較鬆軟，雜少量白灰土，夯層厚五到十二釐米，現存十四層夯窩爲圓錐形，口徑三至四釐米，夯土中有分段板築痕跡。遺物中未見陶片，陶片以泥質和灰沙繩紋灰陶片爲主，有少量素面灰陶片，器形有鬲、甕、罐、盆等，研判爲西周時代所築。在東牆中段T2夯土時代相同。西周夯層之外有春秋中晚期。西漢中晚期、東漢、魏晉最晚到北魏時期的夯土牆垣層。〔註72〕

〔註68〕吳洛中國度量衡史表十五載，宋尺等於30.72公分，每里一千八百尺計五百五十三公尺。

〔註69〕《漢魏洛陽城遺址研究・漢魏洛陽城初步勘查》圖1按比例尺測量（7公分＋6.3公分＋5.5公分＋5.6公分）÷2.6公分＝9.38公里，中國社會科學院考古研究所洛陽漢魏故城工作隊撰，科學出版社，北京，2007年1月，頁18。

〔註70〕《元河南志二・成周城闕宮殿古蹟》頁2，3。

〔註71〕《讀史方輿紀要卷四十八・河南府・洛陽故城》頁2222。

〔註72〕《漢魏洛陽城遺址研究・漢魏洛陽故城垣試掘》，中國社會科學院考古研究所

可知定都洛陽各朝代皆對洛陽夯土城牆增厚加固。

另外北城牆的探查資料顯示〔註 73〕，在北牆穀門之西突出部份之轉彎處T1 探溝，其東側即城內側為原始夯土，從其夯土層土質及遺存器物陶片推測，其夯土築造時代，仕春秋中期及春秋晚期之間。由內而外，夯土層依次為戰國與秦代之際、西漢中晚期至東漢初期至魏晉時期。故洛陽城之頭部即上東、上西兩門之北部實於東周時期擴建部份，由城牆包叠版築夯築的探掘現況得知，漢魏洛陽城不但由周代一直持續用到北魏，而且歷代重修及加厚一直持續不斷。

如果《帝王世紀》所載東周洛陽城的尺度為當時資料，今以廣陽門、旄門以北的東周城為準進行測量比對，因北城牆凹凸不齊，其最方便測量方式，為立於南城牆外測量洛陽城的東西距離與立於東城牆外測量洛陽城的南北距離。前者在洛陽平面實測圖上依比例尺測量長度為二千四百二十三公尺，而後者為三千三百八十五公尺〔註 74〕。而文獻以周代尺換算，東西六里十一步即二千一百六十一公尺，南北九里一百步即三千三百二十五公尺〔註 75〕，東西向的尺度尚有較大差距，《帝王世紀》的尺度恐非東周的尺度。又依《後漢書·郡國志·司隸·雒陽》劉昭注補引《晉元康地道記》云：「城內南北九里七十步，東西六里十步。」〔註 76〕，兩文獻尺寸相差有限，且《帝王世紀》作者皇甫謐亦為晉人，因此可以推斷此兩尺度為晉代所丈量的尺寸。《元河南志》及《讀史方輿紀要》誤認《帝王世紀》所載洛陽城的尺度是東周洛陽城尺度。

另南牆部份因湮沒於北移的洛水，在東牆旄門以南的 T3 探溝探查，其原始夯土牆在西側即城內側，由夯土土質及遺存物狀況推測，其夯土築造年代晚於東周，早于漢代。依次為不晚于西漢、東漢時期、魏晉時期及北魏時期，故這段城牆研判為秦滅東周後時期築造，秦代擴建南城南牆已湮沒於洛河無法比對文獻尺度。

　　　　洛陽漢魏故城工作隊撰，科學出版社，北京，2007 年 1 月，頁 38～40。
〔註 73〕《漢魏洛陽城遺址研究·漢魏洛陽故城垣試掘》頁 31～33。
〔註 74〕《漢魏洛陽城遺址研究·漢魏洛陽城初步勘查》圖 1 按比例尺測量東西長 6.3
　　　　公分÷2.6 公分＝2.423 公里，南北深 8.8 公分÷2.6 公分＝3.385 公里，頁 18。
〔註 75〕吳洛《中國度量衡史》表十五載，周尺等於 19.91 公分，每里一千八百尺計
　　　　358.38 公尺，每步五尺約一公尺，東西長 6×358.38＋11×1＝2,161 公尺，南
　　　　北深 9×358.38＋100×1＝3,325 公尺。
〔註 76〕《後漢書集解二卷十九·郡國志一》頁 1220。

五、東漢洛陽城北宮端門與北魏宮城閶闔門建築關聯之探討

　　東漢洛陽城北宮南正門——端門，在《文選·東京賦》云：「啓南端之特闈，立應門之將將……建象魏之兩觀，旌六典之舊章。」〔註77〕其建築格局，門與兩觀（即東西雙闕）布局文獻不載，但是在2001年十一月，大陸的考古工作者在漢魏洛陽故城之宮城南端缺口的北側俗稱午門臺之處發現了北魏宮城正門閶闔門遺址。據發掘報告略述如下。〔註78〕

> 門址所在的東西向大型夯土基座，分爲地上臺基與地下基礎兩部份，地上臺基東西長四十四點五米，南北寬二十四點四米，地下基礎東西長四十八至五十米，門址臺基上殘存的建築遺跡有門址柱礎或柱坑組成的柱網、城門門道之間或兩側夯土隔牆和墩臺、前後庭、房址及漫道。由門址柱網有南北五排，東西八列共四十個柱礎坑。由此可知這座城門是面闊七間、進深四間的殿堂式建築。城門三個門道各佔一間面闊，中門道寬四點八米，東西門道四點七至四點八米，門道南北均長八點到八點八米，前後庭東西均長二點八米，南北寬五至五點五米。雙闕的基址在城門基址南側宮城南牆缺丘口的南端，夯土基礎左右對稱，平面呈曲尺形，厚度達四米，雙闕基礎大小相同，東西寬約三十六米，南北長約三十七點五米，兩闕闕體建於夯土基礎的中部，爲一母二子的子母闕，雙闕的東西兩個子闕分別與兩側宮城南牆相連，北側的兩個子闕則通過城門兩側院落的分別南北宮牆與城門相連。在城門南側的東西是雙闕之間是一片寬闊的廣場，東西寬四十一點五米，南北長三十七米。閶闔門不在宮城南牆上，而宮城南牆之缺口正是左右雙闕，形成宮門後置，雙闕與宮牆相連而不突出的特殊布局。

　　北魏閶闔門係沿用魏晉舊制，實際上沿用東漢宮門之制，推測北宮端門之制亦應相同。首先，其一門三道、經涂九軌之制，門道寬四點八公尺，容三軌（周制每軌八尺即一點六公尺），一門共九軌。其次一門爲四十柱之殿堂，面寬達三十五公尺，以立面長寬比例大致相同的原則而言，推測端門的高度亦在三十公尺左右，層數亦爲一般的三層。而門前連以雙闕，其東西子闕與南城牆相連，南北兩子闕與宮門相連，可以突出母闕的高度，一母二子闕之

〔註77〕《增補六臣注昭明文選卷三·東京賦》頁65。
〔註78〕《千年閱一城·帝都留芳·閶闔門》頁48～50。

制可以用子闕夾峙母闕，使母闕更加穩固。雙闕在宮門前，雙闕具有瞭望臺的功能，在古代的城門保衛戰中具有緩衝的功能，宮門雙闕制度演變成唐代大明宮含元殿前雙翼闕——翔鸞、棲鳳闕以及明清紫禁城五鳳樓（午門）之兩襟雙翼闕。

圖 8-6　北魏洛陽宮城閶闔門 4 號院

夯土牆（左）樓梯間（右）

六、東漢洛陽城北城牆缺角源流之探討

　　東漢洛陽城最顯著最突兀的特徵，就是北城牆缺西北部一塊，也就成爲整個洛陽突出東北角。由考古發掘證實洛陽城之頭部也就是上東、上西門連線以北的城牆爲東周時代所增築部份。亦即周敬王四年（前 516）晉定公使魏舒率諸侯之大夫壞狄泉增築之城牆〔註 79〕。不知爲何當時沒有採用矩形而採用曲尺形以致突出一角，到魏明帝以後在西北角築金墉城〔註 80〕，更使洛陽城如蝸牛一樣長出二角，北城中央仍然凹入，極不協調。

　　但若依《水經注·穀水》所云；

　　　　（天淵）池水又東流入洛陽縣的南池，即故翟泉也，南北百三十步，

　　　　東西七十步，皇甫謐曰：『悼王葬景王於狄泉，今洛陽太倉中大冢

　　　　也』。《春秋·定公元年》：『晉魏獻子合諸侯之大夫于翟泉，始盟城

　　　　周。』班固、服虔、皇甫謐咸言翟泉在洛陽東北，周之墓地。』今

　　　　按周威烈王葬洛陽城東北隅，景王冢在洛陽太倉中，翟泉在兩冢之

　　　　間，側廣莫門道東，建春門路道北。路，即東宮街也，于洛陽爲東

〔註 79〕《史記一卷四·周本紀》頁 84。

〔註 80〕《水經注校證卷十六·穀水》頁 393。

　　　　北，後秦封呂不韋爲洛陽十萬戶侯，大其城，并得景王冢矣，是其

　　　　墓地也。〔註81〕

悼王爲敬王之兄，景王爲敬王之父，威烈王爲敬王之四世孫。依照《水經注》
所稱位置，翟泉在廣莫門即穀門大道之東、建春門即上東門大道之北，包括周
景王、悼王、威烈王皆葬此範圍內，又稱秦封呂不韋洛陽十萬戶，所增大洛陽
城廓亦在此，因此段城牆之東面經考古探掘判定爲春秋晚期夯築〔註82〕，敬王
之父兄及子孫埋於城內凸出部份可能性極大。故班固、服虔、皇甫謐稱翟泉爲
周之墓地，也就是回塡土方於翟泉做爲周皇室之墓地，才產生這種城牆突出之
情況。至今在突出部份西鄰金村在 1928 至 1932 年間加拿大傳教士懷履光盜掘
東周後期王室及貴族大墓八座，盜取並盜賣數千件文物流落到美、加、日、英、
法、瑞典等國〔註83〕，可以推測《水經注》所稱三王及敬王及其子元王葬於城
內突出部份，在成周立都的其餘東周王即定王、哀王、思王、考王、安王、烈
王、顯王、愼靚王等八王葬於金村，亦即被懷履光所盜掘者爲東周八王墓，因
有這些王墓的存在，故魏明帝及北魏帝王僅能在洛陽城西北角增建金塘城，造
成洛陽城北城牆突出蝸角之異狀，以保護古帝王墓。

〔註81〕 同註 77，頁 394，395。
〔註82〕 《漢魏洛陽城遺址研究・漢魏洛陽故城垣試掘》北京，2007 年 1 月，頁 43。
〔註83〕 《千年閱一城・永垣家園・東周王陵》2005 年 12 月，頁 154～156。

第九章　兩都二京賦所述漢代都城之
　　　　地理風水格局

第一節　漢代都城風水格局之概說

一、漢代都城風水地理格局概說

　　風水之說最早出於晉人郭璞《葬經》云：

　　　氣乘風則散，界水則止，古人聚之使不散，故謂之風水。風水之法，
　　　得水爲上，藏風次之。〔註1〕

　　得水藏風即爲風水布局之最高指導原則，其實踐標準即《葬經》所云：「來
積止蓄，沖陽和陰，土厚水深，鬱草茂林。」〔註2〕來者氣也，無風則積也、
界水則止也，止水則蓄也；風爲陽，水爲陰，沖陽和陰其介質在氣，即老子
所謂：「萬物負陰抱陽，沖氣以爲和。〔註3〕土厚水深則物產豐饒，鬱草茂林
則禽獸棲息、生態環境優越。

　　地理之辭源於《易經・繫辭上》所云：「仰以觀於天文，俯以察地理。」

〔註1〕　史箴《風水理論研究・風水典故考略》，王其亨主編，天津大學出版社，天津，
　　　　1992 年 8 月，頁 11。
〔註2〕　同註1。
〔註3〕　《道德經講義・沖和第四十二章》，清・宋龍淵注，三民書局，臺北，1975
　　　　年 7 月，頁 5。

〔註4〕王充《論衡·自記篇》亦曰:「爛若天文之照,順若地理之曉。」〔註5〕
孔穎達疏曰:「地有山川原隰,各有條理,故稱理也。」〔註6〕則地理者即地
面之地勢與地形也。對於長安城之地理,〈西都賦〉云:

> 漢之西都……左據函谷、二淆之阻,表以太華、終南之山,右界褒斜、
>
> 龍首之險,帶以洪河、涇、渭之川,眾流之隈,汗涌其西。〔註7〕

〈西京賦〉亦云:

> 左有淆函重險,桃林之塞,綴以二華……右有隴坻之隘,隔閡華戎,
>
> 岐梁汧雍……於前則終南太一,隆崛崔崒,於後則高陵平原,據渭
>
> 踞涇之川,其遠則有九嵕甘泉,涸陰冱寒。〔註8〕

賦文皆對長安帶以河、涇、渭之川,處於眾流之隈足以得水;更有太華、終
南之山為表,以淆函重險,桃林之塞、隴坻之隘為界,足以藏風,風水格局
盡在其中。

至於洛陽城肇建於周公,周公在此卜宅建都,〈東京賦〉亦云:

> 泝洛背河,左伊右瀍,西阻九阿,東門于旋,孟津達其後,太谷通
>
> 其前,廻行道乎伊闕,邪徑捷乎轘轅,太室作鎮,揭以熊耳。〔註9〕

洛陽處在洛、伊、河、瀍四河之河汊,其南太室、少室、熊耳、嵩嶽諸峯環
鎮,處處皆有藏風納水之風水格局。今擬將兩京以風水格局加以條分縷析。

二、聚落之風水格局

聚落之風水格局其實就是人文與自然的協調,也就是通稱的天人合德或
天人和諧,亦即《易經·繫辭上》所云:「易與天地準,故能彌綸天地之道,
仰以觀於天文,俯以察地理,是故知幽明之故。」〔註10〕之作法。臺灣近年
來每當颱風豪雨就常常造成山村、山地部落或山坡地開發社區的房屋,因土

〔註4〕 《周易注疏卷七·繫辭上》,漢·韓康伯傳,唐·孔穎達正義,新文豐出版公
司,臺北,1977年1月,頁147。

〔註5〕 《論衡卷三十·自記篇》,東漢·王充撰,清·惠棟批校,中國子學名著編印
基金會,臺北,1978年12月,頁1243。。

〔註6〕 同註4。

〔註7〕 《增補六臣注文選·西都賦》頁23。

〔註8〕 《增補六臣注文選·西京賦》頁43。

〔註9〕 《增補六臣注文選·東京賦》頁63,64。

〔註10〕 同註4。

石流而崩塌或遭洪水沖倒，甚至路毀橋斷，使生命及財產遭受重大損失，這是因濫墾、濫挖、濫建造成生態環境破壞的後果，也可以說是不重視聚落之風水格局的苦果。古人城鄉聚落重視風水因素到處可見，試看皖南馬頭牆民居蜿蜒於小溪、田野、山崗之間，江南水鄉臨河而居，清澈溪水可以搖櫓、游泳、浣洗、釣魚甚至汲水飲用；黃土高原的古道、瘦馬、孤藤、老樹、散村所構成詩詞中的畫意；西北沙漠的駝鈴、沙丘、穹廬所構成無窮盡的天際線比比皆是，千百年來景觀很少改變，這也是天人的和諧的結果。

　　古代城鎮的選址，選擇適合的風水格局更是列爲要務，《詩經·大雅·公劉》載周先公公劉居豳「既景乃崗，相其陰陽，觀其流泉。」〔註11〕進行相宅，隱約已有尋找山環水抱之風水基本格局用意。《詩經·大雅·緜》也載古公亶父遷岐進行卜宅事宜：「古公亶父，來朝走馬，率西水滸，至于岐下……爰始爰謀，爰契我龜。」〔註12〕又《書經·召誥》：「成王在豐，欲宅洛邑，使召公相宅……太保朝于洛卜宅……攻位于洛汭。」〔註13〕記載周初營洛邑時，由太保召公兼作相宅及卜宅事宜，藉相宅與卜宅找出建城之最佳風水方位與城址。另《詩經·鄘風·定之方中》也詳載衛文公徙居楚丘〔註14〕時，建城營宮進行辨方正位、選址、卜宅事宜：「定之方中，作于楚宮，揆之以日，作于楚室……升彼虛矣，以望楚矣，望楚與堂，景山與京，降觀于桑，卜云其吉。」〔註15〕衛文公升望降觀楚丘附近之山丘原隰，選擇城址時兼顧農業生產因素，文師云：「『望楚與堂』，堂可能係基址與前朝山（或案山）間之堂局；『降觀於桑』即其範圍。」〔註16〕試以經文所云：「景山與京」爲衛文公在升望時最顯著之視覺焦點，當係選址楚丘之朝山，而楚丘城以農業區爲城市之界，以使城市居民豐衣足食，這與近代都市計劃城市周圍布置農業環帶的理論相符。由這些文獻可知周人的國都營建對天人和諧、陰陽風水是何等的慎重。以西周營洛邑所建的下都，延續到東周所擴建洛陽北半部的成周城，距今約二、三千年仍有遺跡可循，而秦所擴建三川郡治在

〔註11〕《毛詩注疏卷十七·大雅·公劉》頁620。
〔註12〕《毛詩注疏卷十六·大雅·緜》頁620。
〔註13〕《尚書注疏卷十五·周書·召誥》，漢·孔安國傳，唐·孔穎達疏，新文豐出版公司，臺北，1977年1月，頁218。
〔註14〕《中國古今地名大辭典·楚丘》云：「衛地，在今山東曹縣東南楚丘亭」頁1026。
〔註15〕《毛詩注疏卷十六·鄘風·定之方中》頁115，116。
〔註16〕依據文幸福教授對本論文初審修改意見第四點。

洛陽城之南半部，却在千年後，泰半淹沒於北移的洛水中，可知選址、相宅之重要。

三、聚落風水格局之組成要素

　　城鎮聚落之風水格局，尚廓稱：「負陰抱陽，背山面水，這是風水觀念中宅、村、城鎮選擇的基本原則和基本格局。」〔註17〕此乃道家《老子》所云：「萬物負陰而抱陽，沖氣以爲和。」〔註18〕相似，尚氏又以理想風水格局應具備下列各類山水形勢〔註19〕。

圖 9-1　理想之城市風水格局圖

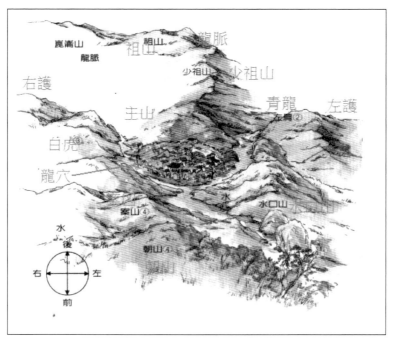

取自《中國建築——風水與建築》駱佳慧繪城市風水模式圖，2003年 8 月，頁 9。

〔註17〕尚廓〈中國風水格局的構成‧生態環境與景觀〉，收錄於《風水理論研究》論文集，王其亨主編，天津大學出版社，天津，1992 年 8 月，頁 26。
〔註18〕同註 3。
〔註19〕尚廓《風水理論研究‧中國風水格局的構成、生態環境與景觀》，頁 27。

圖 9-2　最佳城址風水格局

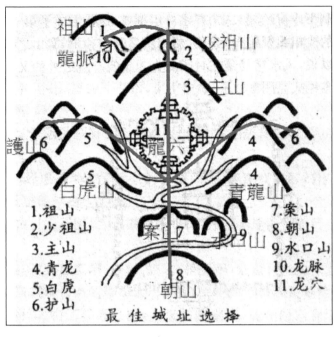

引自風水理論研究，頁 27 圖 1 加彩註

（一）祖山，基址背後山脈的起始山。

（二）少祖山，祖山前的山。

（三）主山，少祖山之前，基址之後的主峰，又稱來龍山。

（四）青龍，基址之左的次峰或崗阜，亦稱左輔、左肩或左臂。

（五）白虎，基址之右的次峰或崗阜，亦稱右弼、右肩或右臂。

（六）護山，青龍或白虎外側的山。

（七）案山，基址之前隔水的近山。

（八）朝山，基址之前隔水及案山的近山。

（九）水口山，水流去處的左右兩山，隔水成對峙狀，往住處于村鎮的入口，一般成對的稱為獅山，象山或龜山、蛇山。

（十）龍脈，連接祖山、少祖山及主山的山脈。

（十一）龍穴，即基址最佳選點，在主山之前、山水環抱之中央，被認為萬物精華的「氣」的凝結點，故為最適于居住的福地。

具備以上所有條件的風水格局，就是風水上上之選。

第二節　西漢安長安城風水格局之分析

西漢改變了秦代咸陽「築咸陽宮，因北陵營殿、端門四達，以則紫宮象帝居。渭水貫都，以象天漢，橫橋南渡，以法牽牛。」〔註20〕之天文格局，立都於渭南之長安，形成「左據函谷、二淆之阻，表以太華、終南之山，右界褒斜、龍首之險，帶以洪河、涇、渭之川，眾流之隈，汧涌其西。」〔註21〕之地理格局。

就漢長安城的陰陽而言，終南山爲關中盆地最高峰，渭河爲關中盆地最主要的河流，長安位于渭水之南，終南山之北，而山北水南爲陰，長安城實爲陰地。但由都城依龍首山而建，其勢正如〈西都賦〉所云：「睎秦嶺，睋北阜，挾灃潗，據龍首，圖皇基於億載，度宏規而大起。」〔註22〕故以立未央宮於龍首山，以高出長安城且以宏規壯麗如天上宮闕之勢來改變處陰地之弱勢，這就是蕭何設計的風水佈局。

但以長安城的方向而言，象北斗星座的城牆在北面，象南斗星座的城牆在南面，而未央宮依考古調查遺址前殿亦在宮中央偏東，蕭何建未央宮先建東闕與北闕，東闕方便出入長樂宮及安門大道，北闕可由橫門大道直達橫門及橫橋，應是宮殿的正門。但以長安城進出中原及華南之交通，以東垣之宣平門及霸城門最爲方便，宣平門又有東都門〔註23〕或都門之稱，例如《漢書‧王莽傳》云：「（更始）兵從宣平門入，民間所謂都門也……王邑……等分將兵拒擊北闕下……燒作室門……火及掖庭……莽避火宣室前殿。」〔註24〕宣平門既是都門，且是進城入宮的主要入口，又是東垣北頭第一門，故長安城向東應可推論。都城主門向東，則長安城正面向灞水，背面向太白山，以河川爲陽、山丘爲陰之說，長安城又符負陰抱陽的風水格局。

方向既定，再探討長安城風水之山勢，長安的主山應是隴山，《三秦記‧隴山》云：

> 隴坻其坂九廻，不知高幾里……俗歌曰：「隴頭流水，鳴聲幽咽，遙
> 秦川，心肝斷絕，去長安千里，望秦川如帶。」……西上隴坂，羊

〔註20〕《三輔黃圖校注卷之一‧咸陽故城》頁27。
〔註21〕《增補六臣注文選‧西都賦》頁23。
〔註22〕同註21。
〔註23〕《三輔黃圖校注卷之一‧都城十二門》頁91。
〔註24〕《漢書補注卷九十九‧王莽傳下》頁1757。

　　腸九廻，山高谷深，不覺腳酸，手攀弱枝，足踰弱泥。〔註25〕
可見隴山之險峻難行，素爲秦、雍喉嗌。其地理絕佳、視界開潤。《讀史方輿
紀要·瀧坻》云：

　　隴坻即隴山，亦曰隴首，在鳳翔府隴州西北六十里……山高水長，
　　北連沙漠，南帶汧渭，關中四塞，此爲西面之險……《三秦記》：「天
　　水有大坂曰隴坻，其坂九廻。」……郭仲產《秦州記》：「隴山東西
　　百八十里，登山巔東望秦川四五百里，極目泯然。」又有小隴山，
　　巖障高深，不通軌轍，亦曰分水頭，自曹魏以後，秦、雍多故，未
　　嘗不以隴坻爲要害。〔註26〕

隴山對八百里秦川實具高屋建瓴之勢，西阻戎狄，東望關中，山雖不太高
〔註27〕，却爲雍州眾山之源，古來又是戰畧要地，當是長安城之祖山。由
祖山隴坻，其龍派西南行在寶雞市陳倉越過渭河到達太白縣東陲之太白山。
　　太白山爲終南山脈之西起峰，與祖山隴山連脈，由《關中記·終南山》
云：「（終南山）以居地絡陰陽之中，遂曰中南，西起秦隴，東徹藍田，連綿
八百里。」〔註28〕及《初學記·終南山》引《福地記》云：「其山（終南山）
東接驪山、太華，西連太白，至於隴山，北去長安城八十里，南入楚塞，連
屬東西諸山，周廻數百里，名曰福地。」〔註29〕之文獻可知。
　　太白山又名太乙山，如《雍錄》云：

　　太一之名，先秦無之，至漢武帝始用方士言，尊太一以配上帝，而
　　世人始知天神嘗有太一也。則凡言太一者，皆當在武帝之後也。《水
　　經》之於武功終南，則引杜預爲據而曰：「此山一名中南，一名太白
　　也。」其曰終南山，則無問乎武功與萬年，此山皆在矣，至云太白，
　　則實隸武功，東距萬年蓋不啻三百里。〔註30〕

言終南者是指山脈，言太白者是指山峰，太白山爲終南山脈之最高峰，則酈
道元所引杜預之言係在武功，兩山名混用並非不是。太白山海拔三千七百六

〔註25〕《三秦記輯注卷五·隴山》頁83。
〔註26〕《讀史方輿紀要·陝西一·隴坻》頁2464～2466。
〔註27〕隴山主峰喇嘛山海拔二千二百四十公尺，依據《陝西地圖冊》圖35隴縣圖，
　　　　中國地圖出版社，北京，2006年1月，頁35。
〔註28〕《關中記輯注卷五·終南山》，頁128。
〔註29〕《初學記卷五·終南山》頁105。
〔註30〕《雍錄卷五·南山二》2005年4月，頁106。

十七公尺，爲關中平原最高的山峰，據《讀史方輿紀要・太白山》云：

> （武功）縣西南九十里……杜彥達曰：「太白南連武功，最爲秀桀，冬夏積雪，望之皓然，故云太白也。」……上有洞，道書以爲第十一洞天。〔註31〕

太白山山高已達萬年雪線之上，故終年積雪，因而得名。又據佟裕哲云：

> 太白山孤峯獨立，勢若天柱，終年積雪不化，銀光四射，百里可見。《錄異記》：「金星之精墮于終南主峰之西，因化爲太白山，其精化爲白石如美玉，時有紫氣覆之。」〔註32〕

道教以太白山蘊藏靈氣，故爲洞天福地。李白〈登太白峰詩〉：

> 西上太白峰，夕陽窮登攀，太白與我語，爲我開天關，願乘冷風去，直出浮雲間，舉手可近月，前行若無山，一別武功去，何時復見還。〔註33〕

李白認爲太白山若雲上天關，山勢極其高聳。另王維〈終南山詩〉：

> 太乙近天都，連山到海隅，白雲廻望合，青靄入看無：分野中峯變，陰晴眾壑殊，欲投人處宿，隔水問樵夫。〔註34〕

因終南山脈西起太白東至驪山長達一百三十公里之遙，故王維詩以終南山縈紆蜿蜒至天際海隅。以風水格局而言！應是長安城之少祖山。

少祖山前之主山應是戶縣的紫閣山，亦即李白〈君子有所思行詩〉：

> 紫閣連終南，青冥天倪色，憑崖望咸陽，宮闕羅北極，萬井驚畫出，九衢如弦直，渭水銀河清，橫天流不息。〔註35〕

即在紫閣山上可俯瞰長安城街道及橫流東去的渭水，而杜甫：〈秋興詩之八〉：「昆吾御宿自逶迤，紫閣峯陰入渼陂。」〔註36〕昆吾御宿爲終南山下亭苑，渼陂爲紫閣山下的池沼，注入澇水〔註37〕，更是言紫閣山有漢代池苑。佟裕哲云：

〔註31〕《讀史方輿紀要・陝西三・太白山》頁 2621。
〔註32〕《陝西古代景園建築・太白山》，佟裕哲編著，陝西科技出版社，西安，1998年 10 月，頁 1。
〔註33〕《唐詩一萬首・李白・登太白峰》頁 146。
〔註34〕《古唐詩合解卷八・五言律詩・終南山》頁 3。
〔註35〕《唐詩一萬首・李白・君子有所思行》頁 102。
〔註36〕《古唐詩合解卷十・七言律詩・秋興之八》頁 3。
〔註37〕《水經注卷十九・渭水》云：「澇水際城北出，合美陂水，水出宜春觀北，東北流注澇水。」頁 237。

> 紫閣山主峰在草堂寺南，紫閣山景區由于地層構造發育，多被斷裂
> 所切，故山形崢嶸奇絕，向有終南名山之首之稱……紫閣峰海拔二
> 千一百四十五米，峰北有四百餘米的懸崖峭壁，從紫閣谷望去，像
> 一只巨峰，故义名紫閣巨掌。〔註38〕

紫閣山位在終南山脈之中央，應屬主山之地位。

再探討長安城的左臂青龍山、及護山之位置，其左青龍次山應是長安城
西北面的九嵕山，因〈西都賦〉云：「冠以九嵕，陪以甘泉……前乘秦嶺，後
越九嵕，東薄河華，西涉岐雍。」〔註39〕九嵕與秦嶺相對，正表示其作爲青
龍山之地位，〈西京賦〉亦云：「其遠則有九嵕、甘泉，涸陰沍寒，日北至而
含凍。」〔註40〕《讀史方輿紀要·九嵕山》又云：

> （醴泉縣）東北六十里，有九峰俱峻，山之南麓即咸陽北阪也。志
> 云：「山高六百餘丈，周十六里，與甘泉相埒。」……山之北謂之嶺
> 北……貞觀末，太宗葬此，謂之昭陵。〔註41〕

九嵕山之九峰地理學上稱爲九龍盤川，爲長安城之左青龍山，故唐太宗葬其
地，其地：「海拔一千一百八十八米，東西兩側山巒起伏，溝壑縱橫，更顯得
主峰突兀，孤聳回絕。」〔註42〕實爲青龍吉地。

左護山應是長安城西北面三百里的甘泉山。據《雍錄》云：

> 《戰國策》范睢説秦王曰：「大王之國，四塞以爲固，北有甘泉谷，
> 南帶涇渭，右隴蜀，左關阪。」夫睢指甘泉谷爲秦北面之害，即雲
> 陽縣甘泉山也。〔註43〕

另《史記·孝武本紀》云：

> 其後黃帝接萬靈明廷，明廷者，甘泉也……幸甘泉，令祠官寬舒等
> 具泰一祠壇，壇放薄忌。泰一壇，壇三垓，五帝壇環居其下。〔註44〕

甘泉山自古以來爲咸陽、長安之北面戰略要地以及帝王心目中具有靈氣之福
地。另據《讀史方輿紀要·甘泉山》云：

〔註38〕《陝西古代景園建築·紫閣山》，頁20。
〔註39〕《增補六臣注文選·西都賦》頁25，32。
〔註40〕《增補六臣注文選·西京賦》頁43。
〔註41〕《讀史方輿紀要·陝西二·九嵕山》，中華書局，北京，2006年8月，頁2577。
〔註42〕《中國名勝詞典·陝西省·昭陵》，文化部文物局主編，上海辭書出版社，上
海，1989年1月，頁1028。
〔註43〕《雍錄卷二·甘泉山》頁43。
〔註44〕《史記卷十二·孝武本紀》頁213。

> （涇陽）縣西北百二十里，周廻六十里，一名石鼓原，一名磨石原，
> 亦曰磨盤嶺，又名車盤嶺，《舊志》云：「登者必白車箱坂而上，坂
> 在雲陽縣西北三十八里，縈紆曲折，單軌財通，上阪即平原宏敞，
> 樓觀相屬。」〔註45〕

甘泉山在漢武帝時代認爲是求仙靈地，建有五十丈的通天臺，亦曰候神臺，又
曰望仙臺，以候神明、望神仙也〔註46〕。而甘泉山雲陽宮東南有龍谷水〔註47〕，
《隋書·地理志》亦云：「雲陽縣有五龍水。」〔註48〕故甘泉山爲長安城左青龍
山誠非偶然。

　　長安城的右臂白虎山則正是翠華山。據《中國名勝詞典·翠華山》云：

> 終南山的一個支峰，漢武帝曾在這裡祭過太乙神……山間有太乙
> 谷，谷水流入滈水，谷口有漢元封二年（前 109）修造的太乙宮遺
> 址……有太乙池，傳說是唐天寶年間，山峰崩裂，山水堵塞，滙集
> 成池，池水碧清，面積約七公頃，山影倒映池中，令人有山中有水，
> 水中有山之感……又有冰洞，雖盛夏亦有堅冰垂凌，又有風洞，經
> 常風聲呼呼。〔註49〕

其池名爲水湫池，而「池西有風洞，兩塊巨大花崗岩相抵而成，進入洞內，
涼風習習。」〔註50〕風洞旁之山勢如佟裕哲稱：

> 翠北山主峰海拔一千五百十六公尺，是終南山向北突出並距唐長安
> 城最近的一個高峰，從山麓到主峰只有二點七公里長……是一個具
> 有梯形平臺的山梁，稱青華山，兩側有溝壑，沿山梁拾級梯形平臺，
> 下窄上寬，窄處約三十米，寬處約五十米。〔註51〕

唐貞觀二十一年（647）曾修翠華宮〔註52〕，翠華山有山有水，漢代太乙宮造

〔註45〕《讀史方輿紀要卷五十三·陝西二·甘泉山》頁 2546。
〔註46〕《三輔黃圖校注卷之五·臺榭·通天臺》頁 337。
〔註47〕《關中佚志輯注·雲陽宮記》，漢·王褒等撰，陳曉捷輯注，頁 7。
〔註48〕《關中佚志輯注·雲陽宮記》注所引，頁 7。
〔註49〕《中國名勝詞典·陝西省·翠華山》，文化部文物局主編，上海辭書出版社，
　　　　上海，1989 年 1 月，頁 1009，1010。
〔註50〕《陝西地圖冊》圖 22〈翠華山圖〉說明所載，中國地圖出版社，北京，2006
　　　　年 1 月，頁 22。
〔註51〕《陝西古代景園建築·終南山翠華宮苑》，佟裕哲編著，陝西科技出版社，西
　　　　安，1998 年 10 月，頁 24。
〔註52〕《資治通鑑卷一九八·唐紀十四》頁 1231。

於前，唐代翠華宮修於後，皆選此山，風洞兩塊巨石相持猶如虎牙由虎口發出龍吟虎嘯之聲，故爲白虎次山，宜也。

長安城的右臂護山則正是終南山，張衡《西京賦》云：「終南、太一，隆崛崔崒，隱轔鬱律。」〔註53〕則明確指明終南與太乙爲各自獨立兩個山峰，班固《終南山賦》云：「伊彼終南……嶔崟鬱律，萃于霞雾……傍吐飛瀨，上挺修林，玄泉落落，密蔭沈沈。」〔註54〕皆謂終南山上自然環境之幽深。另據《讀史方輿紀要·終南山》云：

> （西安）府南五十里，都城之巨鎮也……《詩》謂之終南，亦謂之南山，《左傳》云：「終南，九州之險也。」……漢東方朔曰：「南山，天下之阻也。」……蓋終南脈起崑崙，尾衡嵩岳，鍾靈毓秀，宏麗瑰奇，作都邑之南屏，爲雍、梁之巨障，其中盤紆廻遠，深嚴邃谷不可殫究。……唐《十道志》云：「終南，分地絡之陰陽。」……柳宗元曰：「（終南），據天之中，在都之南，西至於褒斜，又西至於隴首，以臨於戎，東至於商顏，又東至於太華，以距於闕。」〔註55〕

顧祖禹指著是整座終南山脈之氣勢，專稱終南山之山峰在漢長安城南四十五公里，海拔二千六百零四公尺〔註56〕，如唐太宗〈望終南山詩〉：「重巒俯渭水，碧障插遙天。」〔註57〕在長安城遙望則應指此山，終南山雖不如太白山的高，但「鍾靈毓秀，宏麗瑰奇」正是終南山最大的特色，成爲長安都城之巨鎮、都邑之南屏，使其成爲長安之右臂，風水之護山。

而長安城之案山與朝山則很明顯可以找到驪山與華山，驪山是長安隔灞水之近山即是案山，而華山則是岸山之近山，其風水地勢敘述如下：

驪山在今西安市臨潼區，其名稱推測是因其位於周代驪戎所居之驪邑而得名，《三秦記·驪山溫泉》云：『麗山西北有溫水，祭則得入，不祭則爛人肉。」〔註58〕又《初學記·驪山湯》引《漢武帝故事》云：「驪山湯，初始皇起宇，至漢武又加修飾焉。」〔註59〕據《讀史方輿紀要·驪山》云：

〔註53〕《增補六臣注文選·西京賦》頁43。
〔註54〕《初學記卷五·終南山》頁105，106。
〔註55〕《讀史方輿紀要卷五十三·陝西一·終南山》頁2461。
〔註56〕《陝西地圖冊》圖19長安區、戶縣圖所載，頁19。
〔註57〕《初學記卷五·終南山》頁106。
〔註58〕《三秦記輯注卷五·驪山溫泉》頁93。
〔註59〕《初學記卷七·驪山湯》頁145。

> 驪山，（臨潼）縣東南二里，因驪戎所居而名。《周紀》：「幽王無度，
> 申侯與犬戎共攻王，殺王驪山之下。」……其東支麓曰：脯浮山，
> 冷水出焉，又東南曰金斧山，石罅中有石如斧而名，亦謂之金谷，
> 谷中常溫……又《城冢記》：「始皇陵在縣東八里驪山下，驪山水泉
> 本北流，皆陂障使東注，北逕陵下，水積成池，謂之魚池。」〔註60〕

驪山海拔一千三百零二公尺〔註61〕，在長安城西三十公里，因有山有泠熱泉水之奇，始皇帝陵在其北麓，李斯建始皇陵時，將北流**驪**山水泉改道東流再北注魚池，以防陵墓之滲水，始皇陵選在咸陽東方**驪**山下，可知此山風水之奇。

由〈西京賦〉云：「左有崤函重險，桃林之塞，綴以二華，巨靈贔屓，高掌遠蹠。」〔註62〕，〈西都賦〉亦云：「左據函谷二崤之阻，表以太華終南之山。」〔註63〕，二華依李善注云：「《山海經》曰：『華首之山西六十里曰：太華之山……太華之西少華之山。』」〔註64〕另據《初學記・華山》云：

> 按華山，五岳之西岳也……《華山記》云：「山頂有池，生千葉蓮花，
> 服之羽化，因曰：華山。」《山海經》曰：「一名太華，太華之山，
> 削成而四方，高五千仞，其廣十里。」薛綜注〈西都賦〉云：「華山
> 對河東首陽山，黃河流於二山之間……古語云：「此本一山當河，河
> 水過之而曲行，河神巨靈，以手擘開其上，以足蹈離其下，中分爲
> 河，以通河流，今觀手跡於華嶽上，指掌之形具在，脚跡在首陽山
> 下，亦存焉。」〔註65〕

華山與首陽山係隔黃河斜對而非正對，〈西京賦〉所謂巨靈高掌亦即古語所云河神巨靈劈山開河之事，實際上影射標高較高的渭河下游河槽及龍門段的黃河槽經億萬年的切割，再滙流入較低三門峽段黃河河槽中，其切割過程中將首陽山與華山劈成兩山，至於指掌之形就稱爲華岳仙掌，依《神奇的華山》云：

> 華岳仙掌位于東峰東北之石樓峰東北側，爲地殼運動及大自然風剝

〔註60〕《讀史方輿紀要卷五十三・陝西一・驪山》頁 2554。
〔註61〕《陝西地圖冊》圖 17 臨潼區圖所載，頁 17。
〔註62〕《增補六臣注文選・西京賦》頁 43。
〔註63〕《增補六臣注文選・西都賦》，頁 23。
〔註64〕《增補六臣注文選・西都賦》頁 23，43。
〔註65〕《初學記卷五・華山》頁 98～99。

雨蝕造成的岩壁石紋，崖高數十米，色赤，形如巨掌，五指分明，

形象逼眞。〔註66〕

《山海經》稱華山高五千仞即四萬尺，試校核古文獻記載之高度，因《山海經》成書於周代，用周尺化算今尺約八十公尺〔註67〕，其高度直逼珠穆朗瑪峯，實不可思議，實際上華山絕頂爲南峯，高度二千一百六十公尺〔註68〕，即約一千三百五十仞。

據《讀史方輿紀要・泰華》云：

泰華山，在西安府華州華陰縣南十里，即西嶽也。《舜典》：「八月西
巡狩，至于西嶽。」《禹貢》：「導河至于華陰。」……又《水經注》：
「華嶽有三峰，直上數千仞，基廣而峰峻，疊秀迄於分嶺表，山頂
有二泉，（東曰太丘泉，西曰蒲池）東西分流，掛溜騰虛，直瀉山下。」
今其山盤廻峻挺，翼帶河濱，控臨關險，壯都邑之形勝，扼雍豫之
嗌喉，秦中險塞，甲於天下，莫不以踐華爲城，因河爲池，山川之
雄，泰華袞然稱首哉！〔註69〕

《水經注》引《勝覽》稱華嶽有芙蓉、明星、玉女三峰，現在華嶽有六峰，除了可能係《水經注》所稱的朝陽峰（東峰）蓮花峰（西峰）、落雁峰（南峰）外，還有雲臺峰（北峰）、中峰、五雲峰等六峰。至於山頂二泉，東泉太丘泉推測即今之仰天池，《神奇的華山》云：

仰天池位于南峰之落雁峰頂，即華山極頂，池爲天然一石凹，略呈
圓形，深一米，直徑三米，池水澇而不盈溢，旱不耗絕，池與太上
老君洞相連，據傳老子李耳常汲此水煉製金丹，故又稱太乙泉、太
上泉。〔註70〕

蒲池今已無跡，但鎮岳宮下有由上往下沿山溪列置的二十八口圓穴跌水塘，稱爲二十八宿潭。

至於長安城水口山，按照風水格局之標準：「水流去處的左右兩山，隔水成對峙狀。」在環繞長安的渭、灞、滻三水並無該型的天然山崗，但是若以

〔註66〕《神奇的華山・華岳巨掌》，孟宏著，陝西旅遊出版社，西安，2005 年 2 月，
　　　　頁 71。
〔註67〕吳洛《中國度量衡史》表十五，周尺爲 19.91 公分計算，五千仞爲 7.964 公尺。
〔註68〕《神奇的華山・華岳巨掌》頁 76。
〔註69〕《讀史方輿紀要卷五十三・陝西一・驪山》頁 2554。
〔註70〕《神奇的華山・仰天池》，孟宏著，陝西旅遊出版社，西安，2005 年 2 月，頁
　　　　86。

人造的山陵來看，那就是〈西都賦〉所謂：「南望杜、霸」二陵山了，文帝霸陵後瀘水河岸約一公里，宣帝杜陵距滻水河岸約二點五公里〔註71〕，皆爲水流去處之兩山，同時隔着滻水相對，西漢十一陵僅杜霸二陵在此水口處而成爲水口山，文帝時有文景之治世，宣帝時有呼韓邪單于來朝盛世，文、宣兩帝營壽陵時對地理之深識盡在不言中。

第三節　西漢長安城龍脈及龍穴之探討

　　連接祖山、少祖山與主山之山脈即爲龍脈，長安城由祖山隴山開始，經少祖山太白山及主山紫閣山並延伸到案山驪山和朝山華山，隴山爲龍頭，華山爲龍尾，龍尾部份由黃河與渭河滙流處出水，以整體而觀，整個終南山脈就是龍脈。

　　風水上之龍穴，在主山之前、山水環抱之中央，被認爲萬物精華的「氣」的凝結點，故爲最適于居住建都的福地。周定鼎於郟鄏，肇興於渭、灃、滈三河與終南山水環繞之間，遂有西周四百年基業。秦咸陽城原在渭北，秦始皇建信宮及阿房宮於渭南，並建橫橋跨越渭水，造成渭水貫都，雖認爲係「則紫宮、象帝居；象天漢、法牽牛。」〔註72〕的天文格局，但因爲無山水環繞地理格局，故秦雖一統寰宇，但僅歷二世而亡。而漢唐定都於長安，其西面有灃河，北面有渭河，南面有瀘、滻二河，四河縈繞三面，南面對著終南山脈中脈，這種山水環抱之格局，也正如潘岳所云：「吐清風之颿戾，納歸雲之鬱蓊。」〔註73〕所謂風雲正是靈氣之蘊藏之所在，也就是龍穴，漢唐兩代皆在此處建立漢唐大帝國，但山水非完全密合，交界之處距離太大，亦造成盛世不永，此種歷史，寧爲偶然？

第四節　東漢洛陽城風水格局之概說

　　《史記・周本紀》云：「自洛汭延于伊汭，居易勿固，其有夏之居，我南望三塗，北望嶽鄙，顧詹有河，粵詹伊洛，毋遠天室，營周居于雒邑而後去。」〔註74〕汭爲兩河滙流處，嶽依《索隱》云爲太行山〔註75〕，顧詹有河伊洛三

〔註71〕由《西安城區導遊圖》量得，陝西旅游出版社，西安，2008年1月。
〔註72〕《三輔黃圖校注卷之一・咸陽故城》，頁27。
〔註73〕《增補六臣注文選・西征賦》頁193。
〔註74〕《史記卷四・周本紀》頁75。

川可得水，北望嶽鄙可藏風，則周初營洛邑已考慮山水格局。

圖9-3　長安龍脈示意圖

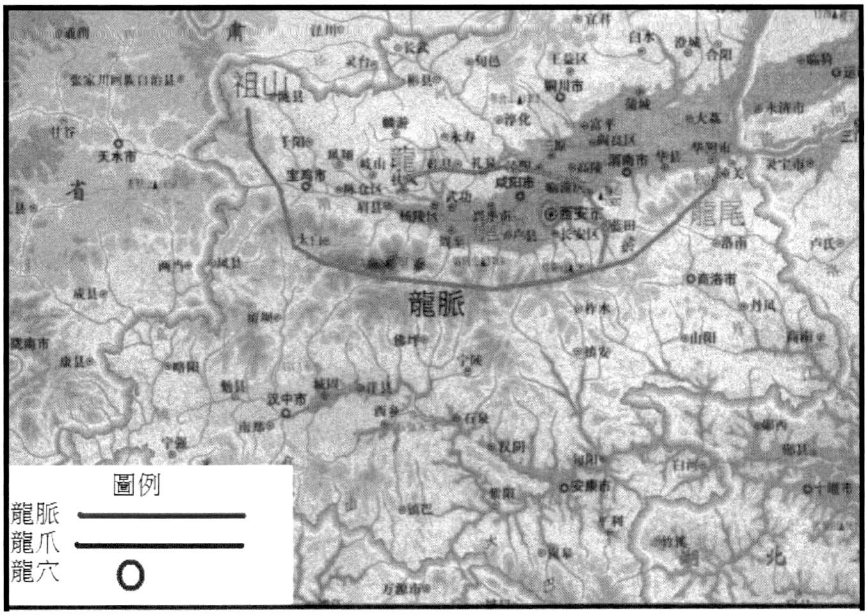

由陝西省地圖冊西安附近地形圖描彩填註

張衡〈東京賦〉亦云：「泝洛背河，左伊右瀍，西阻九河……太室作鎮，揭以熊耳，底柱輟流，鐔以大伾。」〔註76〕

傅毅〈洛都賦〉復云：「被崑崙之洪流，據伊洛之雙川，挾成皋之險阻，扶二崤之崇山。」〔註77〕

清代陳心傳云：「虎牢東鎮，函谷西封，伊闕扃其南，大河環其北，天心地膽之中，陰陽風雨之會。」〔註78〕

故于希賢云：

> 洛陽的城址選擇是典型的風水例證之一，它北依邙山，也即以邙山為鎮山或靠山，前面嚮嵩高為案山，左成皋、右阻澠池為青龍、白虎，後界大河為玄武，前有伊水、洛水為朱雀。〔註79〕

〔註75〕同注74。

〔註76〕《增補六臣注文選‧東京賦》頁63，64。

〔註77〕《藝文類聚卷六十一‧總載居處‧洛都賦》頁1103。

〔註78〕《風水與開發》，張覺民著，瑞成書局，臺中，2004年9月，頁189，190。

〔註79〕《風水與城市》轉引于希賢撰《中國的風水思想與城市選址布局》一文，張

陳、于兩氏之見源於《漢書・翼奉傳》云：「願陛下徙都成周，左據成皋、右阻澠池，前嚮嵩高，後介大河，建滎陽、扶河東，南北千里以爲關。」〔註80〕洛陽實具有山水環抱之架勢。

第五節　東漢洛陽城風水格局之分析

　　東漢洛陽城有十二門，各通東西南北面，但到底都城面向何方？以〈東京賦〉所云：「泝洛背河，左伊右瀍。」而言，洛河在洛陽城的南面，黃河在北面，瀍水在東面，西面爲伊河與洛河滙流〔註81〕後之伊洛河，則洛陽城係南向。以風水格局的觀點而言，洛陽背面爲北邙山，面對洛河，以藏風納氣、負陰抱陽之風水標準而言，亦是南向，故洛陽城係南向應可定論，洛陽都城的風水格局，張覺民引亢亮、亢羽《風水與城市》云：

> 洛陽北高南低，合於風水學原理，城南北九里七十步，東西六里十步，長方形。九與六合《易經》的九爲陽、六爲陰的數理，可陰陽和合。城四周各開三門，計十二門，共二十四條道路，劃分一百四十個閭里，宮城居中偏北，中軸線清晰。〔註82〕

九六城陰陽數理正確，但漢魏洛陽城南面四門，北面二門，東西兩面各三門，而非四周各開三門，二十四條道路只是城內二十四街，只有其中的十二街通十二門，東漢有南北兩宮，魏晉以後才有居中偏北的單一宮城，但宮城中線直對南垣西頭第二門宣陽門大道，並非洛陽城中軸線。但東漢北宮在邙山之南，南宮在洛河之北，山南水北皆屬陽，這是洛陽城之陽位格局。

　　洛陽之山川風水格局，張覺民引李思聰《堪輿雜著》云：

> 洛陽，即今之河南府也。從嵩山而來，過峽石而北，變作岡龍入首後，分一枝結北邙山托於後，山雖不高，蜿蜒而長頓。起首陽山，遠映下首，至鞏縣而至於黃河之中，嵩山起抽中幹，起皇陵山，分出一枝至黑石關爲水口，中擴爲堂局，而四山緊拱，伊洛瀍澗匯於前，龍之右界水也，稠桑弘農，好陽諸澗乃左界水，流入黃河，繞

　　　　覺民著，瑞成書局，臺中，2004年9月，頁198。
〔註80〕《漢書補注卷七十五・翼奉傳》頁1404。
〔註81〕《水經注卷十五・洛水》稱其滙流處《水經注》稱爲伊洛之浦，即是黃帝時《河圖》出處及仙人王子晉與浮丘生所遊之地。頁199。
〔註82〕《風水與城市》，張覺民著，瑞成書局，臺中，2004年9月，頁202。

於北邙之後，洛河悠揚，至鞏縣而與黃河合，一大聚會也。」〔註83〕
峽石應爲硤石，在河南省孟津縣之西，爲黃河之津渡處，弘農即今河南省靈
寶縣，首陽山有四處〔註84〕，其一在山西省永濟市西南方，即《詩經・唐風・
采苓》：「采苓采苓，首陽之巓。」〔註85〕之處，其二在河北省盧龍縣東南二十
五里，今稱陽山。其三在甘肅省隴西縣之西南，即《讀史方輿紀要・隴西縣》
所云：「首陽關在（鞏昌）府西首陽山上。」其四在河南省偃師市之西郊，李
氏之意應是偃師的首陽山，亦即曹植〈贈白馬王彪〉所云：「清晨發皇邑，且
夕過首陽，伊洛廣且深，欲濟川無梁。」〔註86〕之首陽山。以洛陽龍派起於
登封市之嵩山，西北行至孟津西面硤石津渡過黃河，變作陸龍進入首後山，
分成二枝小龍，一枝小龍在北邙山停結後蜿蜒東行至偃師西的首陽山，沿著
洛河經鞏縣北而伸入黃河中，另一枝小龍則滙集伊洛瀍澗之右界水以及首陽
諸澗之左界水後也是繞於北邙山後，經洛水入河。

　　李氏的觀點，簡單的說洛陽的龍脈就是一龍雙身，雙身皆由北邙山沿洛
河岸循陸路及水路潛入鞏縣（今名鞏義市）附近黃河汊中。但因伊洛二河越
過首陽山後在偃師合流成伊洛河，雙龍在單河中爲搶河必鬥。筆者的觀點，
認爲洛陽的龍脈爲單一龍脈，龍脈之源於嵩山，也就是龍尾在嵩山，龍身西
北行，至靈寶市南之崤山轉向，由河洛之間東行經函谷關、硤石、澠池、新
安到達北邙山，再蜿蜒循洛河岸東行到伊洛之浦後，龍首抵鞏義市之河洛滙
流處入河，其所經地理風水如下：

　　依照于希賢之意見，洛陽岸山爲嵩山、鎮山即主山爲北邙山，成皋爲左
青龍，澠池爲右白虎等，但洛陽是否另有祖山、少祖山、朝山、護山、水口
山以成爲完整風水格局呢？由洛陽往北尋龍脈之祖山，在晉冀交界處太行山
脈，由冀北至冀南，曹操〈苦寒行〉云：「北上太行山，艱哉何巍巍，羊腸阪
詰屈，車輪爲之摧。」〔註87〕而太行山東南麓則爲焦作市西面之王屋山，是
洛陽之祖山，而太行山南麓的神農山應是洛陽之少祖山。其朝山爲老君山，
護山爲底柱山，水口山就是首陽山。

　　太行山據《讀史方輿紀要・太行山》云：

〔註83〕《風水與城市》，張覺民著，瑞成書局，臺中，2004 年 9 月，頁 191，192。
〔註84〕《中國古今地名大辭典九畫・首陽山》，臧勵龢等八人編輯，陳正祥續編，臺
　　　　灣商務印書館，臺北，19793 年 3 月，頁 675。
〔註85〕《毛詩注疏卷六・唐風・采苓》頁 228。
〔註86〕《增補六臣注文選卷二十四・贈白馬王彪》，頁 441。
〔註87〕《增補六臣注文選卷二十七・苦寒行》，頁 511。

太行山，一名五行山，在懷慶府城北二十里，……羊腸小道在焉。《禹
貢》：「太行、恆山，至於碣石。」……《述征記》：「太行首始河內，
北至幽州。凡百嶺，連互十三州之界，有八陘。」……《里道記》：
「自晉陽趣河內入洛陽，必經太行，太行在懷、澤間。實據喉嗌。」……
崔伯易《感山賦》曰：「上正樞星，下開冀方，逢胃而舉，自柳以張，
起為名丘，妥為平岡，巍乎其尊，其名太行。」〔註88〕

雖然太行山的羊腸坂小道自古難行，如白居易〈初入太行山〉詩云：「天冷日
不光，太行峰蒼莽……馬蹄凍且滑，羊腸不可上。」〔註89〕但可由八陘之山
口通過。太行山由幽州到懷州即今河南省濟源市，龍脈頭部王屋山，依《太
平寰宇記·陽城縣·王屋山》云：「王屋山在縣南五十里，《仙經》云：『王屋
山有仙宮洞天，廣三千步，號小有清虛洞天。』……三十六洞，小有為群洞
之尊，四十九山，王屋為眾山之最，實不死之靈鄉，真人之洞境也。」〔註90〕
《河南旅游手冊》亦云：

王屋山稱天下第一洞天，距濟源市西北四十公里，區內峰巒疊嶂，
氣壯勢雄，宮觀林立。主峰天壇海拔一千七百十五公尺……軒轅黃
帝設壇祭天之所，世稱「擎天玉柱」。〔註91〕

文獻記載王屋山之高有二，其一《列子·湯問》云：「太行、王屋二山，方七
百里，高萬仞。」〔註92〕其二是《太平寰宇記·王屋山》云：「山高八千丈，
廣數百里。」〔註93〕《列子》所稱高萬仞即八萬尺，以周尺合今尺計算接近
二萬公尺〔註94〕，世界無如此高的山〔註95〕，《列子》此記載純粹是寓言。《太
平寰宇記》所云：「山高八千丈。」亦即八萬尺仍是高萬仞。實際上王屋山僅
一千零七十七仞或八百六十一丈〔註96〕。

〔註88〕《讀史方輿紀要卷四十六·河南一·太行山》頁 2093～2096。
〔註89〕《白香山詩集卷一·初入太行山》臺灣中華書局，臺北，1966 年 3 月，頁 12。
〔註90〕《太平寰宇記卷四十四·河東道五·陽城縣·王屋山》宋·樂史撰，文海出
　　　　版社，臺北，1963 年 4 月，頁 357。
〔註91〕《河南旅遊手冊·豫北·王屋山》，趙曉陽，蔡國才編輯，北岳文藝出版社，
　　　　太原，2007 年 8 月，頁 88。
〔註92〕《列子第五·湯問》，戰國·列禦寇撰，東晉·張湛注，頁 148。
〔註93〕《太平寰宇記卷四十四·河東道五·陽城縣·王屋山》頁 357。
〔註94〕《中國度量衡史》表十五周尺為 19.91 公分計算，80,000 尺×0.1991＝19,910
　　　　公尺。
〔註95〕世界最高山峰為中尼邊界之珠穆朗瑪峰，高 8,848 公尺。
〔註96〕1,715 公尺÷0.1991＝8,613.7 周尺≒861 周丈≒1,077 仞。

據《讀史方輿紀要‧王屋山》云：

（濟源縣）西八十里，與山西恆曲縣接境，《禹貢》：「底柱、析城，
至於王屋是也，山有三重，其狀如屋，濟水出焉。」……又北爲天
檀山，峰巒特兀，嚴壑奇勝，東峰爲日精，西爲月華，北有洞爲大
下洞天第一，又北爲五斗峰，洞西七仙嶺。〔註97〕

神農山爲少祖山在龍脈唇部，依《河南旅游手册》云：

神農山在焦作市西北部的太行山南麓，距焦作市區三十三公里，因
炎帝神農氏在此嘗百草而得名。主峰紫金頂海拔一千零二十八公
尺，傲立群峰，直插雲霄，有中天玉柱之美譽。〔註98〕

龍的口部即即在濟源東北的五龍口。

嵩山自古以來即認爲有仙居靈氣，故郭璞之《太室山贊》曰：「嵩惟岳宗，
華岱恆衡，氣通元漠，神洞幽明，嵬然中立，眾山之英。」〔註99〕，嵩山爲
洛陽城南面最突出之焦點且在洛河以南，故爲洛陽城之岸山。

嵩山在東漢洛陽城西南四十三公里，〔註100〕由太室、少室等七十二峰組
成，東西綿延約六十公里，在登封之主峰爲峻極峰，海拔一千四百九十四公
尺〔註101〕，最高峰少室山在西，海拔一千五百十二公尺〔註102〕，太室山在東，
高度稍低，海拔一千四百四十公尺，《詩經‧嵩高》云：「嵩高維嶽，峻極于
天，維嶽降神……」〔註103〕其名之由如《初學記‧嵩高山》云：

按嵩高山者，五岳之中岳也，《釋名》：「嵩字或爲崧，山大而高曰：
嵩。」《白虎通》云：「中央之岳獨加高字者何？中央居四方之中而
高，故曰：嵩高山。」……雜道書云：「自岳神廟東北二十里至一山
名曰：龍門山，其東曰三臺山，昔漢武帝東巡過此山，具學仙女……
南有許由山，高大四絕，堯聘許由，其處猶有壇壿。」〔註104〕

據《讀史方輿紀要‧嵩高》云：

〔註97〕《讀史方輿紀要卷四十九‧河南四‧王屋山》頁 2291。
〔註98〕《河南旅遊手册‧豫北‧神農山風景區》頁 86。
〔註99〕《藝文類聚卷七‧山部上‧嵩高山》頁 132。
〔註100〕《中國高速公路及城鄉公路網地圖集‧河南省‧洛陽市》濟南，2008 年 1 月，
頁 263。
〔註101〕《河南旅遊手册‧鄭州‧嵩山》，趙曉陽，蔡國才編輯，北岳文藝出版社，太
原，2007 年 8 月，頁 18。
〔註102〕《中國名勝詞典‧河南省‧嵩山》頁 647。
〔註103〕《毛詩注疏卷十八‧大雅‧嵩高》頁 669。
〔註104〕《初學記卷五‧嵩高山》，頁 102，103。

> 嵩高即嵩山，在河南府登封縣北十里，五嶽之中嶽也。萃兩間之秀，
> 居四方之中，形方氣厚，故曰：「嵩高，《禹貢》所云外方也。」《名
> 山記》：「山高二十里，周百三十里，中曰峻極峰，東曰太室，西曰
> 少室。」《述征記》：「少室高八百六十丈，方十里。謂之室者，山下
> 各有石室也。」其環蓋有三十六峰。〔註105〕

校核文獻所記載之高度，《名山記》推測是明何鏜《古今遊名山記》〔註106〕
之簡稱，以明尺二十里計，則山高一萬一千公尺，推則《名山記》所稱山高
二十里步行上山的里數。至於《述征記》少室高八百六十丈，《述征記》作者
西晉郭緣生，以晉尺化成今尺合一千九百八十一公尺〔註107〕，也大於實際高
度。

　　《西京賦》云：「太室作鎮。」〔註108〕《藝文類聚》云：

> 《山海經》曰：「太室之中山，其上有木焉，葉狀如棃而赤理。」《毛
> 詩》曰：「崧高惟嶽，峻極于天。」……《仙經》曰：「崧高山東南
> 大巖下石孔，方圓一丈，西方北入五六里，高三十餘丈，周圓三百
> 步，自然明燭，相見如日月無異，中有十六仙人，云月光童子，常
> 在天臺，時亦往來此中，人非有道，不得望見。」戴延之《西征記》
> 曰：「崧高山，巖中也，東謂太室，西謂少室，相去七十里，崧高，
> 總名也。」……俗説曰：「傅亮北征，在黃河中，垂至洛，于時同從
> 客在坐，問傅曰：『潘安仁〈懷舊賦〉云：前瞻太室，傍眺嵩丘。嵩
> 丘太室，故是一山，何以言傍眺。』傅曰：『有嵩丘山，去太室七十
> 里，此是書寫誤耳！』」〔註109〕

試解傅亮（374～426）與客之言；嵩丘山即爲少室山，與太室山相距七十晉
里當今二十九公里〔註110〕，將入洛之黃河距嵩山爲三十五公里〔註111〕，以人

〔註105〕《讀史方輿紀要卷四十六・河南一・嵩高》頁 2092，2093。
〔註106〕《中文大辭典第六冊・五部》頁 2275。
〔註107〕吳洛《中國度量衡史》表十五，西晉尺爲 23.04 公分計算，8,600 尺×0.2304
　　　　＝1,981 公尺，與少室山實際高度僅差四百公尺，可能丈量基點不同所致。
〔註108〕《增補六臣注文選・西京賦》頁 64。
〔註109〕《藝文類聚卷七・山部上・嵩高山》頁 131，132。
〔註110〕吳洛《中國度量衡史》表十五，西晉尺爲 23.04 公分計算。
〔註111〕由《中國高速公路及城鄉公路網地圖集・河南省・洛陽市》量得，山東省地
　　　　圖出版社，濟南，2008 年 1 月，頁 263。

之雙眼凝視的視角六十度〔註112〕計算，假定潘安仁（？～300）亦搭黃河舟入洛，則前瞻視野爲二十公里，傍眺視野亦爲二十公里，合計四十公里〔註113〕，大於兩山之距離二十九公里，則潘安仁賦文並沒有錯。

北邙山仕洛陽城北面，爲來龍之山，曹植〈送應氏詩二首其一〉云：「步登北芒阪，遙望洛陽山。」〔註114〕李善注曰：「郭緣生《述征記》曰：『北邙，洛陽北邙嶺，靡迤長阜，自滎陽山，連嶺修亘，暨于東垣。』」〔註115〕，即指此山。其山岡起伏之勢如如張協《登北邙賦》曰：

> 陟巒丘之邅迴，升逶迤之脩阪，廻途車於峻嶺，聊送目於四遠，靈岳鬱以造天，連崗巖以寒產，伊洛混而東流，帝居赫以崇顯。……東眺虎牢，西睨熊耳，邪亘天際，旁極萬里……爾乃地勢穹窿，丘墟陂阤，墳隴限疊，碁布星羅。」〔註116〕

丘墟陂阤，墳隴限疊，夜行其處，心有「魆魅玄夜陰，寒雞思天曙。」〔註117〕之盼。故〈古詩十九首其十三〉「驅車上東門，遙望郭北墓。」〔註118〕即此山嶺之墓地。

至於成皋實爲左青龍之位，成皋在滎陽市西北之汜水鎮，《史記·秦本紀》：「（莊襄王元年，前249）使蒙驁伐韓，韓獻成皋、鞏。」〔註119〕《正義》引《括地志》云：「洛州汜水縣，古之虢國，亦鄭之制邑，又名虎牢，漢之成皋。」〔註120〕其地之險如賈至〈虎牢關銘〉云：「王侯設險，虎牢擁其要，……惟茲虎牢，天設巨防，攻在坤下，拒在離旁，昏恃以滅，聖憑而王。」〔註121〕坤位在西南方，離位在正南，因虎牢北靠黃河，敵軍常由西南方進攻，故守在南方。虎牢之險，據《讀史方輿紀要·虎牢城》云：

> 其城縈帶山河，北臨黃河，絕岸峻涯，以爲險固，城西北隅有小城，周三里，北面臨河直上，升眺清遠，勢盡川陸。成皋、虎牢最爲險

〔註112〕《園林建築設計》圖3-50，杜如儉等三人著，明文書局，臺北，1987年5月，頁124。

〔註113〕視野＝35 KM×tan30°×2＝20.2 KM，約二十公里。

〔註114〕《增補六臣注文選卷二十·送應氏詩二首》頁380。

〔註115〕同註114。

〔註116〕《藝文類聚卷七·山部上·北邙山》頁137。

〔註117〕《藝文類聚卷七·山部上·北邙山·北邙客舍詩》頁137。

〔註118〕《增補六臣注文選卷二十九·古詩十九首》頁539。

〔註119〕《史記會注考證卷五·秦本紀》頁109。

〔註120〕同註119。

〔註121〕《讀史方輿紀要卷四十六·河南一·汝水》頁2124。

要之地，自古戍守也。〔註122〕

成皋附近之方山則爲左青龍山，《讀史方輿紀要・方山》云：「在（汜水）縣南四十里，《山海經》：『浮戲之山，汜水出焉。』或謂之玉儀山。」〔註123〕左護山即廣武山，在今鄭州市西北之廣武鎮，《讀史方輿紀要・廣武山》云：

> 一名三皇山，亦曰三室山，又名敖鄏山。……戴延之《西征記》：「三皇山上有二城，東曰東廣武，西曰西廣武，各在一山頭，相去二百餘步，汴水從廣武澗中東南流，今涸。城各有三面，在敖倉西。」
>
> 《志》云：「廣武連亙五十里，其麓東跨滎澤，南跨汜水，傍有小山名金山，又武濟山在縣北十餘里，即廣武山北之支隴，以地連孟津，相傳周武王從此濟河，故曰武濟。」〔註124〕

廣武山南跨汜水，爲左青龍方山之護山。

澠池爲右白虎之狀，澠池以藺相如參與秦昭王與趙惠文王之澠池會而出名，在今三門峽市之澠池縣，《水經注・洛水》：「洛水之北有熊耳山，雙巒競舉，狀如熊耳……山際有池，池水東南流，水側有一池，世謂之澠池矣。」〔註125〕澠池現已湮沒，其距西南崤山與西面砥柱山皆約五十公里，澠池險要皆在此，亦即〈西都賦〉所云之「左據函谷二崤之阻」。《讀史方輿紀要・三崤》亦云：

> 三崤山，一名二崤……其地或謂之崤澠，或謂之崤塞……《左傳》：「崤有二陵焉，南陵夏后皋之墓也，北陵文王所避風雨也。」……《戰國策》所稱澠隘之屋也。」……杜預曰：「古道在二崤間南谷中，谷深委曲，兩山相嶔，故可避風雨。」《水經注》：「北陵山徑委深，峰阜交蔭，故可避風雨。……崤有盤崤、石崤、千崤之山。」是謂三崤，又盤崤之山崤水出焉……《元和志》曰：「自東崤至西崤長三十五里。東崤長阪數里，峻阜絕澗，車不得方軌；西崤純是石阪十二里，險不異東崤。」……今自新安以西，歷澠池、硤石、陝州……而至於潼關，凡四百八十里，其地書河流翼岸，巍峰插天，絕谷深委，峻坂紆迴，崤函之險，實甲於天下矣。〔註126〕

〔註122〕《讀史方輿紀要卷四十六・河南一・虎牢城》頁2207，2208。
〔註123〕《讀史方輿紀要卷四十六・河南一・方山》頁2208。
〔註124〕《讀史方輿紀要卷四十六・河南一・廣成山》頁2304。
〔註125〕《水經注校證卷十五・洛水》頁367。
〔註126〕《讀史方輿紀要卷四十六・河南一・三崤》頁2097～2100。

崤山主峰海拔一千三百九十七公尺〔註127〕，爲洛陽城的右白虎。

白虎護山則爲底柱山，依《水經注‧河水》：

> 砥柱，山名也，昔禹治洪水，山陵當水者鑿之，故破山以通河，河
> 水分流，包山而過，山見水中若柱然，故曰：砥柱也。三穿既決，
> 水流疏分，指狀表目，亦累之三門也。……自砥柱以下，五戶已上，
> 其間百二十里，河中竦石傑出，勢連襄陸，蓋亦禹鑿以通河……其
> 山雖闢，尚梗湍流，激石雲洄，濤波怒溢，合十九灘，水流迅急，
> 勢同三峽。〔註128〕

據《讀史方輿紀要‧底柱》云：

> 底柱山，亦曰三門山，在河南府陝州城東南十里，山西平陸縣東南
> 五十里大河中，《禹貢》：「導河至於砥柱。」《元和志》：「禹鑿底柱，
> 二石於水中若柱然。」……《近志》：「三門山之中峰爲底柱，高不
> 逾數尋，圍不及百尺，特以歸然中流而名。」〔註129〕

《大哉黃河‧中原砥柱》引《陝州志》云：「三門，中神門、南鬼門、北人門。惟人門修廣可行舟，鬼門尤險，舟筏入者，罕得脫。三門之廣約三十丈。」〔註130〕底柱山雖只有二石豎立黃河中，高度僅數尋，但砥柱中流造成急湍，阻礙河運，只有鑿棧以輓漕舟，或由中段陸運，以避底柱天險，底柱山擋住中原之敵由河道進入河東與關中，亦可擋住關中之賊由河道入洛，故爲洛陽右護山，可惜底柱山現已沈沒入三門峽水庫中，由於右護山之沈淪四十餘年，現在洛陽之繁榮程度落於鄭州與開封之後或是有關。

至於水口山首陽山，也就是阮藉《詠懷詩十七首其十》所云：「步出上東門，遙望首陽岑，下有采薇士，上有嘉樹林。」〔註131〕之首陽山，杜篤《首陽山賦》云：「嗟首陽之孤嶺，形勢窟而槃曲，面河源而抗巖隴……高岫帶乎巖側，洞房隱於雲中。」〔註132〕依《水經注‧河水》：「河水南對首

〔註127〕《百萬分之一中國輿圖‧西安》記載，内政部地政司，臺北，1989 年 6 月，圖號 NI49。

〔註128〕《水經注卷四‧河水》頁 116～117。

〔註129〕《讀史方輿紀要卷四十六‧河南一‧底柱》頁 2100，1784。

〔註130〕《大哉黃河‧中原大地‧中流砥柱》，郭嗣汾撰，錦繡出版社，臺北，1970 年 12 月，頁 142。

〔註131〕《文選卷二十三‧阮嗣宗詠懷詩十七首》頁 311。

〔註132〕《藝文類聚卷七‧山部上‧首陽山》頁 138。

陽山，《春秋》所謂首戴也。《夷齊之歌》所以曰：『登彼西山也。』上有夷齊之廟。」〔註133〕《中國古今地名大辭典‧首陽山》：「在河南偃師縣西北十五里，即邙山最高處，日出先照，故名。」〔註134〕亦即伊洛兩河匯流汊之北，蘊涵伊、洛兩河之陽，故為水口山。

洛陽城朝山老君山位于欒川縣城南三公里，在漢洛陽城西南一百三十公里〔註135〕，為伏牛山脈之主峰，海拔二千一百九十二公尺，其山勢環境具有雄、險、奇、秀之特點，相傳是老子歸隱傳道之處〔註136〕。

第六節　東漢洛陽城龍脈與龍穴風水之探討

綜上所述，龍脈並非在洛陽附近之山水，而定察視其來龍去脈。張子微云：

> 洛邑是是飛龍格，勢腳手本自分明，凡大地迎送皆取諸外，而不取諸身，所謂身本手腳一曲屈，縈洄輒五、六十里，或七、八十里，故人不見其手足，況遠外迎送其得見乎此，其中夷之地一望無際，惟審其水源，而後識之也。〔註137〕

洛陽城之龍脈是祖山太行山脈西南端的王屋山，口部即神農山下的五龍口，再轉身往南行至來龍山北邙山，左爪伸出左青龍即成皋之方山，左護山即是廣武山，右爪伸出澠池附近的崤山為右白虎，右護山即底柱山，再往南蜿蜒至岸山的嵩山及伏牛山脈之老君山為朝山，龍脈吐水處即水口山就是首陽山。河南自古為四戰之地，惟洛陽城之左右青龍、白虎及護山與西安城比較稍低，一有戰亂皆由東西兩面侵入，如光武由東入洛，董卓、劉曜由西入洛即是。

而西周營建洛邑時，因其地位居天下之中，同時興建王城及下都城，兩城皆在龍脈對峙群山之間，惟王城南有洛水，北有穀水，東有澗水，西有瀍水，王城在山水環抱之中，確為龍穴所在，西周以洛邑為陪都，朝天下諸侯於洛邑，成為天下的共主，此乃龍穴之靈氣所蔭。到了東周時代，穀洛水相

〔註133〕《水經注卷五‧河水》頁128。

〔註134〕《中國古今地名大辭典‧首陽山》謝壽昌等十人編輯，臺灣商務印書館，臺北，1993年3月，頁675。

〔註135〕《中國高速公路及城鄉公路網地圖集‧河南省‧洛陽市》，山東省地圖出版社，濟南，2008年1月，頁263。

〔註136〕《河南旅游手冊‧老君山》，北岳文藝出版社，太原，2007年8月，頁62。

〔註137〕《風水與城市》，張覺民著，瑞成書局，臺中，2004年9月，頁192。

鬥也就是穀水氾濫改道入洛，龍穴被破壞，周室衰微，逼得周敬王在晉定公護衛之下遷都下都成周，戰國時成為秦朝呂不韋的食邑，直到東漢再建陽渠，引穀水繞城，並引渠東南流入洛河，洛陽城再度被穀水及陽渠環抱，成為新的龍穴，奠定了東漢帝國二百年的統　與繁榮昌盛，白穀水及陽渠乾枯而消失，洛陽風水格局之龍穴失形，近代洛陽之繁榮已被鄭州、開封超越，成為一個二線城市。

圖 9-4　洛陽龍脈示意圖

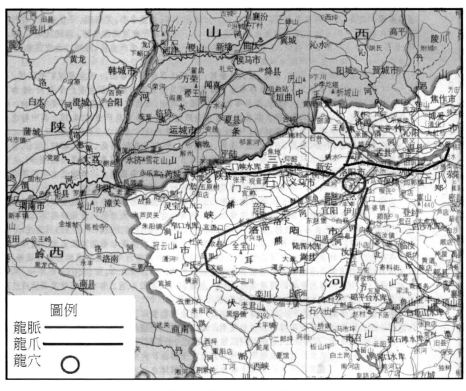

由中國地圖集 69 河南省彩線填註

第十章 結 論

第一節 文學研究途徑之綜述

　　研究古代文學的最主途徑應該就是目前所用古文獻研究法，但在目前資訊爆炸時代，多管道研究文學更令文學研究成果更寬廣、更豐碩，文學研究的其它管道例如從語言學、文字學、金石學、歷史學、地理學、考古學、天文學、城市規劃學、園林學、建築學甚至博物學等多方面進行研究，百花齊放，使成果纍纍，則文學的研究才能跨上更高的臺階。

　　從語言學方面而言，鑽研印度文學的學者如不研究古印度語文，也就無法知道與文學攸關但靠口耳相傳的古代史詩和神話。以文字學方面而言，由古埃及象形文字可以知道古埃及法老王統治時代社會生活狀況及文書，由古梵文可以瞭解古印度的碑碣文辭，由甲骨文可以瞭解殷商的占卜文辭，由金文、碑碣文可以瞭解歷代鐘鼎碑碣文辭之內容，進而可印證歷史事件與文學內涵，舉例而言，日本號稱二千六百年文明，但在唐代以前也沒有文字，韓國號稱四千年文明，但在明代以前沒有文字，日韓兩國學者如不懂漢字，如何能瞭解古代日韓文學。以金石學方面而言，如不研究古銅器、鐵器、玉器、碑碣、畫像塼石，也就無法印證古代文化、經濟、技術水平以及社會進展實況，舉例而言，考古發掘當時社會祭祀所用的禮器如毛公鼎、散氏盤，其數百字之文辭也是古代原封不動的文學作品。以歷史學方面而言，如不研究古代史書，也就無法瞭解其中保留的文學作品，何況古代文學作品也保存在史書中，如司馬相如、東方朔、揚雄的文賦保存在《漢書》中，司馬遷的《史

記》文辭的雄渾豪邁，更是散文文學作品之上乘。以地理學方面而言，如不研究古代地理書、方志書也就無法瞭解這些作品中所描述地理位置，書中保留山河的變遷的文學作品，如四千年來黃河多次氾濫改道，古代城市的消失如泗州城的湮沒於洪澤湖中、漢洛陽護城河穀水的湮沒、洛水的北移，古代四大河流之一的濟水因黃河襲奪而消失，楚雲夢大澤的縮小，崇明島五代以後的浮出長江，吳越王朝所建的濱海海塘現距海百里，漢代樓蘭蒲菖海之漂移等等地理事件，不研究古代地理文學如《禹貢》、《水經注》、史書之《地理志》、地方誌書則無從知其緣由，何況如《水經注‧江水》描寫三峽奇景文章：「兩岸連山，略無闕處，重巖疊嶂，隱天蔽日，自非停午時分，不見曦月……」〔註1〕更是地理或遊記文章之上乘。以考古學方面，如不研究考古探查資料或報告，也就無法從古遺址、古器物、古建築遺址瞭解文學作品中所平民文學，如西域流沙漢簡出土軍事文學以及敦煌遺文如變文的平民文學的內容。以天文學方面，如不研究古代天文曆法，也就無法瞭解文學作品中所描述天文景觀，試以《詩經‧豳風》之〈七月流火〉之曆，二千年來說法紛紜，特加辨明之，《詩經‧豳風》：「七月流火，九月授衣。」〔註2〕毛傳：「火，大火也；流，下也。九月霜始降，婦功成，可以授冬衣矣。」〔註3〕鄭玄箋：「大火，寒暑之侯也；火星中而寒，暑退。故將言寒，先著火所在。」〔註4〕孔穎達疏：

於七月之中，有西流者，是火之星也，知是將寒之至……服虔云：

「火，大火，心也。季冬十二月平旦，正中在南方，大寒；季夏六月黃昏，火星中，大暑退，是火，爲寒暑之候事也。」〔註5〕

大火即心宿二，其黃昏出於東方地平線時間，稱爲火出，黃昏沒入西方地平線時間稱內火，黃昏上中天時間，亦即大火星在南方天空的最高點〔註6〕，稱爲火中。流火依張聞玉的研究「流」應有固定之方位，即大火星向西流下約三十度即在殷曆八月〔註7〕；火出月份依《左傳‧昭公十七年》云：「梓慎曰：

〔註1〕《水經注校證卷三十四‧江水》頁790。
〔註2〕《詩經注疏卷八‧豳風‧七月》頁280。
〔註3〕同註2。
〔註4〕同註2。
〔註5〕同註2。
〔註6〕《中國天文學史‧星象篇》表17心宿西星去極度114度半。故知其上中天在南方。頁82。
〔註7〕《古代天文曆法講座‧詩‧七月的用曆》，頁106。

『火出，於夏三月，於商四月，於周五月。』」〔註 8〕火中月份，如《禮記‧月令》：「季夏之月，日在柳，昏火中。」〔註 9〕出火及內火月份，依《周禮‧夏官‧司爟》：「司爟，季春出火，民咸從之；季秋內火，民咸從之。」〔註 10〕鄭玄注：「以二月，本時昬，心星見于辰（即東南方），上使民出火；九月，本黃昏，心星伏在戌（即西北方），上使民內火。」〔註 11〕綜上文獻，即季春出火，季夏火中，季秋月內火。夏曆以一月（建寅）爲歲首，殷曆以十二月（建丑）爲歲首，周曆以十一月（建子）爲歲首。周曆五月即夏曆三月爲季春，心大星早晨出在東方地平線上，爲出火祭（祭爟）時間；周曆十一月即夏曆九月爲季秋，心大星黃昏沒於西方地平線上，爲內火祭時間。《毛傳》所云九月霜降爲夏曆，鄭玄注所說的三月及九月爲漢武帝以後的太初曆，以孟春建寅之月爲歲首〔註 12〕，與夏曆同歲首，而非周正之建子，服虔（約 168左右）所稱季冬十二月平旦心大星出在南中天，季夏六月黃昏心大星亦在南中天，季節亦用太初曆。孔穎達以七月之中，心大星西流者則寒之將至，則誤以七月流火爲夏曆，如七月流火值逢三伏之季夏，關中應無「寒之將至」之候。但豳風時代是公劉時代，周尙未得天下，當時流行的是殷曆，故《詩‧幽風》云：「九月築場圃，十月納禾稼。」〔註 13〕華北夏曆七月秋收，即殷曆八月收割，九月築場曬谷，十月納入於倉困，亦可資佐證。張聞玉稱「流」爲大火星向西流下約三十度固定之方位，筆者認係「火中後西流」即大火星在殷曆七月由南中天後西下所持續的一段時間，而非固定在南中偏西三十度方位的殷曆八月，殷曆七月即夏曆六月爲季夏（從小暑到立秋前一日），大火星南中天的現代觀測值在大暑日〔註 14〕，其在南中天後剛開始向西下降故稱七月流火〔註 15〕，故流火之月與火中應同在殷曆七月，殷曆九月即夏曆八月

〔註 8〕　《左傳注疏‧昭公十七年》頁 838。
〔註 9〕　《禮記注疏‧月令》頁 318。
〔註 10〕　《周禮注疏‧夏官》頁 458。
〔註 11〕　同註 10。
〔註 12〕　《漢書補注一‧武帝紀》云：「（太初元年）夏五月，正曆以正月爲歲首。」頁 99。
〔註 13〕　《毛詩注疏‧幽風‧七月》頁 285。
〔註 14〕　《中國天文學史‧星象篇‧八十八星座總表》，心宿所屬的天蝎座其南中時間爲陽曆七月二十三日（大暑），正是季夏，頁 286；再依同書附表六中西星名對照表，心宿三星爲天蝎座之 σαγ 三星，頁 358。
〔註 15〕　張聞玉《古代天文曆法講座》其中〈《詩‧七月》的用曆〉亦云：「《堯典》用

為仲秋之月，華北轉涼，須再添加衣服，故稱九月授衣。由此可推論《詩經·幽風·七月》之曆是用建丑的殷曆。

以城市規劃方面而言，研究古代城市規劃，就能瞭解文學作品中所描述古代城市的布局，如《周禮·考工記·匠人》所云的營建都城計劃：「匠人營國，方九里，旁三門，國中九經九緯，經涂九軌，左祖右社，面朝背市，市朝一夫。」〔註16〕試解析此文獻如次：以每里一千八百周尺，一夫百畝，一畝百步〔註17〕，一步八尺〔註18〕，軌寬八尺〔註19〕。周尺等於十九點九一公分〔註20〕計，都城邊長即為三千二百二十五公尺，面積計十點四平方公里，都城每面開三個門，四面共十二門，都城中共計九條縱向道路及九條橫向道路，每面城牆皆有九條道路通達至對面城牆，每處城門皆有一條道路直通對門，道路寬皆十四點三公尺〔註21〕，環城道路七軌即十一點二公尺〔註22〕。都城劃分一百坊，每坊九點四公頃〔註23〕，坊內建廬舍，每家廬舍五畝〔註24〕，面積即一千二百六十八平方公尺，坊內步路寬一步即一點六公尺，戶四周有步路，每坊可容六十四戶〔註25〕，都城扣除市、朝、祖、社計十二坊，剩餘

夏正建寅，則《月令》〈七月〉《夏小正》必用殷正建丑。」與筆者主張《詩經·七月》用殷曆相同。但張氏所主張火中到內火中間加入流火、火伏兩階段，並稱：「若依《夏小正》《月令》〈七月〉建丑為正，用殷曆，當為：六月火中，七月流火，八月火伏，九月內火。」殷曆六月火中值夏曆五月，時值仲夏，與《月令》季夏昏火中不合，火中過後即有流火之天象，似無需再等一個月。頁106，107。

〔註16〕《周禮注疏》頁642，643。。

〔註17〕《漢書補注一·食貨志上》云：「步百為畝，畝百為夫。」，頁511。

〔註18〕周以八尺為步，至秦改六尺為步，漢亦為六尺，參見《漢書補注一·食貨志上》，步亦可當作面積即八尺見方合二點五三七平方公尺。

〔註19〕《周禮注疏·考工記·匠人》：「經涂九軌」，鄭玄注：「軌謂轍廣，乘車六尺六寸，旁加七寸，凡八尺。」頁642。

〔註20〕《中國度量衡史》表十五，頁64。

〔註21〕軌寬八尺，九軌七十二周尺即十四點三公尺。

〔註22〕《周禮注疏·匠人》云：「經涂九軌，環涂七軌，野涂五軌。」頁645。

〔註23〕坊方形，每坊邊長須扣除九條道路、二條環城道路及城牆厚度十公尺、城壕五公尺（均為洛陽王城考古資料尺寸），詳《中國古代建築史·周代建築》坊的寬度等於三百零七點四公尺，其面積即九點四五公頃。

〔註24〕《孟子注疏·梁惠王篇》云：「五畝之宅，樹之以桑，五十可以衣帛矣！……百畝之田，勿奪其時，八口之家可以無饑矣！」頁24。

〔註25〕坊面積九點四五公頃，扣除縱橫向步路各七條，每條步道長等於坊長，其寬假定二軌即三點一九公尺，扣除步路面積計壹點三七公頃，坊淨面積八點零八公頃，可容六十四戶，每戶宅地零點一二六三公頃。

八十八坊，可容五千六百三十二戶，戶八口〔註 26〕，都城可容人口四萬五千人，宗廟設在東面，社稷壇設在西面，宮廷在南面，市場在北面，宮廷與市場面積各為二十五點三七公頃〔註 27〕，各佔三坊。如先行研究其城市規劃，一定可以將這些資料繪出一個整齊、對稱型之都城規劃平面圖〔註 28〕，使人一目了然，完全以《周禮・考工記・匠人》營國計劃為藍本的都城應指洛邑之王城及成周城，可惜經過二三千年黃河多次氾濫改道與城市變遷，洛陽基本上已少周城遺跡，但唐代的長安城與明清的北京城仍是以《周禮》營國計劃為基本架構。

以園林學方面而言，如不研究古代園林布局，也就無法瞭解文學作品中所描述園林藝術，如讀《紅樓夢》時，能瞭解大觀園之中各館、樓、院、廳、閣、齋、軒、榭、廊等之相互聯繫關係及園林之藝術技巧，或讀王維《輞川集》之〈輞川別業二十景詩〉時，對此山水園林之概況，如由北宋郭忠恕（？～977）〈輞川圖〉〔註 29〕或由清畢沅（1730～1797）之《關中勝蹟圖志・輞川別業圖》先行研究其園林布局，就能更體會其文學意境及作者思維，例如《紅樓夢第十七回》：「傍芭蕉塢裡，盤旋曲折，忽聞水聲潺潺，出於石洞，上則蘿薜倒垂，下者落花浮蕩。」〔註 30〕其實就是明計成（1582～？）《園冶》所述的借景手法〔註 31〕，以塢周芭蕉為主景，鄰借石洞流泉，仰借倒垂蘿薜，俯借漂浮落花，聲色皆借，景中帶情，亦即李漁（1611～1680）所謂「取景在借」〔註 32〕也。

以建築學方面而言，如不研究古代建築設計與營造技術，也就無法瞭解文學作品中所描述古建築物平面、立面、布局、施工詳細狀況，再具體而言，例如由《魯靈光殿賦》〔註 33〕之由「高門擬于閶闔，方二軌而並入。」知其大殿門寬二軌即為十六尺（三點六公尺），「西廂東序、三間四表」知其為三

〔註 26〕同註 24。
〔註 27〕一畝百步，一夫 百畝即萬步，等於二十五萬三千七百平方公尺（25.37 公頃）。
〔註 28〕宋聶崇義《三禮圖》中已重建《考工記》周王城圖，如本論文圖 2-5。
〔註 29〕現藏臺北士林故宮博物院。
〔註 30〕《紅樓夢第十七回・大觀園試才題對聯》文化圖書公司，臺北，1995 年 1 月，頁 134。
〔註 31〕《園冶注釋第六章・借景》明・計成撰，陳植注釋，明文書局，臺北，1993 年 8 月，頁 233～239。
〔註 32〕《閒情偶寄・居室部》清・李漁撰，明文書局，臺北，2002 年 8 月，頁 149。
〔註 33〕《增補六臣注文選卷十一・魯靈光殿賦》頁 213～219。

合院布局，「八維九隅」則知其屋頂四注式，「圓淵方井、反植荷蕖」知其爲大殿天花有如五銖錢形狀之外圓內方藻井，藻井中央有覆蓮垂花雕飾等，這些描述由建築觀點已足以復原整個魯靈光殿的輪廓。

以博物學方面而言，如《西京賦》稱長安之博物爲：

> 木則樅（松杉科，松葉柏身）、梏（即檜樹）、楔（即棕櫚）、楠（樟科，葉如桑）……草則葴（即馬藍）、莎（即香附子）、菅（即芒草）、蒯（荊三稜屬）薇（野豌豆）……魚則鱣（即鯶魚）、鮪、鯉、鮦（即鱧魚）……鳥則鶬（即白枕鶴）、鴰（即赤頭鷺）鶬（即鷁）、鷖（即鷗）〔註34〕。

如果沒有涉獵博物學，這些動植物到底是什麼種類？長得什麼形態？有什麼功用？現代名稱爲何？只是以宏觀態度知其是木類、草類、魚類、鳥類，則不免流於五柳先生所說的不求甚解之五里霧中。

第二節　建築文學研究之必要

建築最重要的任務就是蓋房屋，以解決人的居住問題，《易‧繫辭下》云：「上古穴居而野處，後世聖人易之以宮室，上棟下宇，以蔽風雨。」〔註35〕《墨子‧辭過》亦云：「古之民未知爲宮室時，就陵阜而居，穴而處。下潤濕傷民，故聖王作爲宮室，爲宮室之法：『室高足以辟潤濕，邊足只圉風寒，上足以待風霜雨露，宮牆之高足以別男女之禮。』」〔註36〕房屋對人非常重要，故孟子曰：「若民，則無恆產，因無恆心。」〔註37〕統計《詩經》三百零五篇中描寫有關建築的詩計四十二篇，建築成爲文學作品重要組成部份，自《詩經》以來攸關建築的文學如汗牛充棟，如整理起來也就可以稱爲建築文學史了，建築界早期的中國建築史學者如樂嘉藻、梁思成、盧毓駿等皆以此方法研究建築史，但今筆者將更進一步以融合建築技術專業，以先從兩都二京賦的文學作品切入，對漢代長安與洛陽都城、宮殿、園林與禮制建築進

〔註34〕《增補六臣注文選卷二‧西京賦》頁51，52。
〔註35〕《周易注疏‧繫辭下》頁168。
〔註36〕《墨子閒詁上冊‧辭過第六》清‧孫詒讓撰，中華書局，北京，2001年4月，頁30。
〔註37〕《孟子正義上冊‧卷三梁惠王上》清‧焦循撰，中華書局，北京，2004年2月，頁93。

行研究，藉以拋磚引玉，帶動各途徑切入的文學研究，使文學研究達到花多果纍。

　　《古今圖書集成・考工典》內將建築物類之城池、橋梁、宮殿、苑囿、公署、倉廩、庫藏、館驛、坊表、第宅、堂、齋、軒、樓、閣、亭、臺、園林、池沼、山居、村莊、旅邸、廚灶、廄、廁、門戶、梁柱、窗牖、牆壁、階砌、藩籬、竇等三十三部，建築施工類之木工、金工、土工、石工、陶工、漆工等五部，建築材料類之磚、瓦等二部分彙考、藝文、紀事、雜錄三大部份之古今文辭計一百二十五卷〔註38〕，應可歸納爲建築文學類，但另外含在經、史、子、集作品中，雖然屬片斷的、宏觀的、隨興的建築文學題材仍然很多，可能係因人類生活四大需要中的住有關係，數千年來文學作品都有其雪泥鴻爪，建築物上的楹聯、牌匾上題辭，這些詩文、對聯在寒門可使蓬蓽生輝，在朱門可令豪邸增雅。人類住的進步由先民的穴居、橧巢到後代皇家的宮殿、堂閣、臺榭以及民間的瓦屋、土樓、竹樓乃至於西羌的板屋、碉樓，文學中處處有描述的文辭，值得我們去發掘並加以研究。

第三節　漢代都城與宮室建築研究之瓶頸

　　由古代文獻來研究古代都城規劃和宮殿建築布局有三大盲點，其一爲文獻記載都城或建築物的尺度不一或是語焉不詳，或是文獻記載有出入，或甚至不記載，前者例如號稱記載西漢長安都城及宮室建築最詳盡的今本《三輔黃圖》記載漢長安城周迴六十五里〔註39〕，該書另引《漢舊儀》稱長安城中經緯各長三十二里十八步〔註40〕，至於城門間的距離，該書也僅引《廟記》稱覆盎門與洛門相去十三里二百一十步〔註41〕，東西南北各面城牆長度文獻並無記載，據此兩文獻無法瞭解各面城牆長度，必須運用現代的長安故城遺址考古探查測量才能達成。文獻記載有出入者例如今本《三輔黃圖》記載未央宮周迴二十八里〔註42〕，《西京雜記》記載未央宮周迴二十二里九十五步五尺〔註43〕，《關中記》記載未央宮周旋三十一里及周迴二十三里兩

〔註38〕《古今圖書集成77，78・考工典上》卷首目次。
〔註39〕《三輔黃圖校注卷之一・漢長安故城》頁75。
〔註40〕《三輔黃圖校注卷之一・漢長安故城》頁79。。
〔註41〕《三輔黃圖校注卷之一・漢長安故城》頁94。。
〔註42〕《三輔黃圖校注卷二・漢宮》頁135。
〔註43〕《西京雜記卷一・蕭何營未央宮》頁1。

種尺寸〔註 44〕，三種文獻記載不一，且差距多達八里餘，超過周長的三分之一，爲探討這三種文獻記載何者正確？同樣需以考古探查資料來比對研判，據對未央宮考古探查資料，未央宮周長八千八百公尺，即二十一里一百七十五步〔註 45〕，可知《西京雜記》的尺度較接近探查資料。其次如〈古詩十九首〉第三首所謂：「兩宮遙相望，雙闕百餘尺。」的東漢洛陽兩宮的南北朱雀、玄武雙闕有百餘尺高度，百餘尺究竟是一百零幾尺或是一百數十餘尺？其正確高度如何推斷？幸好有《水經注》引《漢官典職》所云：「偃師去洛四十五里望朱雀闕。」〔註 46〕之記載，有此記載其正確高度可由地球弧面差求高度原理得知。此種方法在研判古文獻高度記載差異較大時甚爲迅速有效，例如《魏書·釋老志》載北魏洛陽永寧寺塔高四十餘丈〔註 47〕，《洛陽伽藍記》載北魏洛陽永寧寺塔高一千尺〔註 48〕，《水經注·穀水》載北魏洛陽永寧寺塔高四十九丈〔註 49〕，三種文獻成書時間或在北魏時代，或距北魏不遠，其記載尺度竟如此懸殊，幸而《洛陽伽藍記卷一·永寧寺》曾有：「去京師百里，已遙見之（永寧寺）。」〔註 50〕之記載，即可用此法迅速推斷，結果與《水經注·穀水》所載高度基本相符，足以作爲判斷文獻資料之依據。另洛陽北宮正殿德陽殿高度文獻不載，亦可用同樣方法推斷。

其二爲數千年來，社會把建築營造之技術當做方技，看做雕蟲小技，把建築營建的匠師與工人看作士農工商四民之工人階級，社會地位不高，如韓愈云：「圬之爲技，賤且勞者也。」〔註 51〕故如最傑出的建築理論家北宋李誡、最傑出的木工匠師喻浩在《宋史》內皆無傳，韓愈肯爲粉刷工人圬者王承福作傳，並不在欣賞其專業，而是欣賞其敬業及對世事的參透；柳宗元的〈梓人傳〉〔註 52〕內文雖佩服梓人營建的專門技術，卻不願傳梓人之姓名。這些事實不但阻礙了建築營造之技術的發展，也使我國歷代著名建築物雖有文人宏觀的描述和讚美，但對建築物細節只是輕描淡寫，如杜牧的〈阿房宮賦〉

〔註 44〕《關中記輯注·未央宮》頁 26。

〔註 45〕《三輔黃圖》《關中記輯注》《西京雜記》三種後漢至晉代文獻，故以後漢尺及西晉尺爲二十三點七五公分，每里四百二十七點五公尺計。

〔註 46〕《水經注·穀水》頁 215。

〔註 47〕《魏書卷 114·釋老志》所載，蕭齊·魏收等撰，藝文印書館，臺北，1975 年。

〔註 48〕《洛陽伽藍記校箋》所載，頁 11。

〔註 49〕《水經注·穀水》頁 216。

〔註 50〕《洛陽伽藍記校箋》頁 11。

〔註 51〕《古文今圖書集成七十七·考工典上卷七，土工部藝文·圬者王承福傳》頁 72。

〔註 52〕《古文今圖書集成七十七·考工典上卷七，木工部藝文·梓人傳》頁 67。

也只有下列幾句描述到建築物本身：

> 覆壓三百餘里……廊腰縵廻，簷牙高啄……五步一閣，十步一樓，
> 鉤心鬥角……負棟之柱……架梁之椽……釘頭磷磷……瓦縫參
> 差……直欄橫檻。〔註53〕

王勃〈滕王閣記〉也差不多：

> 飛閣流丹，下臨無地……桂殿蘭宮……披繡闥、俯雕甍……滕王高
> 閣臨江渚……畫棟朝飛……珠簾暮捲……〔註54〕

等等片斷建築的敘述，而范仲淹〈岳陽樓記〉雖然寫出岳陽樓景觀、洞庭氣象、三才和諧以及內心感概，但是對建築物狀況沒有半點描述，再如寫出「醉翁之意不在酒」千古名句之歐陽修的〈醉翁亭記〉對亭本身的描寫也僅「有亭翼然，臨於泉上者，醉翁亭也。」〔註55〕而已，有亭翼然可以判斷其屋簷為飛簷，臨於泉上可知其布局為臨水亭榭，然而到底是方亭或是六角亭抑或八角亭却未提及，造成後世對建築物的復原一定程度的困難〔註56〕。

其三是文獻上都城文章從東漢班固〈兩都賦〉開始，連張衡〈二京賦〉到西晉左思的〈南都及三都賦〉，建築文章從東漢王延壽的魯靈光殿開始到三國何晏的〈景福殿賦〉直到唐杜牧的〈阿房宮賦〉，這些著名的都城宮殿類賦文未對其規劃、設計、布局、裝修、施工的過程有完整的描述，使後人對這些都城宮殿如霧裡看花，這些現象甚至不如《周禮·冬官·考工記》記載匠人營國制度的簡明又直捷了當，增加研究上的困難。

其四為西漢長安故城內尚有部份宮殿如明光宮、北宮尚未經考古調查，長安城以外的離宮或是尚未找到遺址，或是遺跡甚少，東漢洛陽除殘遺夯土城牆外，南宮與北宮已湮沒於二千年來黃河多次氾濫的淤積泥沙中，現存遺址或無可尋或遺跡甚少，不能由實地調查資料進行分析研究，亦是美中不足處。

第四節　漢代都城與宮室建築研究瓶頸之克服

鑑於古文獻記載之不足徵，應用現代考古探查資料及科技方法，對克服

〔註53〕《古文今圖書集成七十七·考工典上卷四十七，宮殿部藝文二·阿房宮賦》頁477。
〔註54〕《古文今圖書集成七十七·考工典上卷一百，閣部藝文一·滕王閣記》頁936。
〔註55〕《古文今圖書集成七十七·考工典上卷一百零七，亭部藝文三·醉翁亭記》頁998。
〔註56〕以清代重修之岳陽樓如圖2-16與宋畫岳陽樓圖之比較，其式樣差異甚大可知。

瓶頸頗有助力，其方法如下述：

一、考古探查資料之蒐集及運用

自 1949 年以來，大陸對古跡、古墓、古文物及古建築遺址的考古探查不遺餘力，並取得相當程度的進展，其發表的考古探查報告及論文種類繁多，其中古建築遺址的考古探查資料的遺址位置、尺度、柱礎、地基、地質、遺物等記載詳實正確，這些資料可以用來做為分析、比對古文獻的記載，從而作為研判甚至復原古建築的重要步驟，又如洛陽城牆的考古，由城牆夯土中所夾雜器物、工具、磚瓦片等遺存就可判定其築城的年代。

二、工程專業技術之運用

古文獻驟看不起眼的記載可能是供近代工程專業技術解開古建築重要數據之鑰，例如《洛陽伽藍記》所載：「永寧寺……中有浮圖一所，舉高九十丈，有刹復高十丈，合去地一千尺，去京師百里，已遙見之。」〔註57〕則可應用近代工程專業技術之運用以校核其高度方法有二，其一應用大地測量學地球弧面差原理〔註58〕可以很迅速計算出建築物高度。地球半徑現在已有準確的數據〔註59〕，計算目標物的高度非常簡便準確。但是因視線受大氣折光差的影響，目標物之視高較實際高度稍低，算出來的目標物高度需加以改正〔註60〕，其二就是應用力學原理運用，依據《洛陽伽藍記》記載「（永寧寺）塔刹上金寶瓶，容二十五石……至孝昌二年（526）中，大風發屋拔樹，刹上寶瓶隨風而落，入地丈餘，命工匠更鑄新瓶。」〔註61〕由這項記錄可用

〔註57〕《洛陽伽藍記校箋卷一・永寧寺》所載，頁 11。
〔註58〕也就是地球半徑加上目標物高度的平方等於地球半徑的平方加上觀測者與目標物距離的平方和。
〔註59〕《大地測量學》表 1.2 地球原子表，1924 年國際大地測量學會決議，採用海福氏（Hayford）1909 之地球半徑數據為 6,378.388 公尺，尹鍾奇著，逢甲書局，臺中，1997 年 2 月 8 日，頁 7。
〔註60〕大衛及福特氏《測量學》（Davis and Foote・Surveying）第四版，頁 140 所列地球弧面差及大氣折光差合計的高度公式 h＝0.57K2（英制），化成公制，h ＝0.067D2，h 為目標物高度（公尺），D 為觀測者與目標物之距離（公里）。例如 96 年 9 月 26 日聯合報頭版載新竹縣芎林鄉飛鳳山可看到 80 公里外 101 大樓，依公式計算能見到 410 公尺的高度，101 大樓高 508 公尺，故理論上可見到 101 大樓上半部 98 公尺的部份，即報紙照片之圖像。
〔註61〕《洛陽伽藍記校箋卷一・永寧寺》頁 11，13。

力學的作用力與抗力平衡原理來推測永寧寺塔高度，即金寶瓶從塔剎頂部落到塔腳地面之作用力等於土壤的抗力，前者為金寶瓶重量與塔高的乘積，後者為土壤承載力與沈陷量的乘積，金寶瓶重量可由容二十五石的容積算出，沈陷量依《洛陽伽藍記》所載入地丈餘也是已知數，永寧寺塔旁的土壤承載力可查閱當地土壤鑽探報告得知，那麼塔高即可由此原理算出，也可做為比較。

他如觀測者在「偃師去洛四十五里（約十九點二四公里）望朱雀闕。」〔註62〕之文獻片斷記載，也可運用地球弧面差原理推測洛陽北宮朱雀闕高二十五公尺，即一百零五漢尺，如不考慮押韻因素，連帶也可知〈古詩十九首〉其三之詩句「雙闕百餘尺」如修正為「雙闕百尺餘」較為正確。

三、遺址實地勘查

漢代長安與洛陽歷經二千年的滄桑，地面建築木構造部份已蕩然無存，存在的只剩少許臺基、基礎、破碎磚瓦，西漢長安故城在今西安城西北郊區，宮殿遺址如長樂、未央、建章三大宮以及桂宮皆有遺跡可循，王莽九廟、明堂、靈臺等禮制建築亦可循，但西漢洛陽宮室遺址因後代魏晉北魏在遺址續建的關係，且因洛河北移沖毀南城牆的關係，遺跡較少有遺存，因考古探測資料限於時間的關係，無法全面性的拍攝和繪圖，現場實地勘察可以補助考古探測資料之被忽略部份，例如某些遺址報告其位置常無經緯度，以致無法在地圖上定位，故無法釐清各遺址之間相互關係，如利用全球衛星定位系統（GPS）定位儀可引刃而解，另外也可瞭解施工的技術，如由城牆遺址可以看出夯土斷面的夯土層厚、夯打工具種類以及由地基土層內柱洞大小、深度，又如〈西都賦〉所云：「雕玉磌以居楹」之磌即指柎鑿，由礎石中柎孔大小深度足以判斷木柱之大小，這點曾在洛陽北魏永寧寺塔遺址考古及塔形復原特別重要。

第五節　漢代都城與宮室建築研究之成果

由《兩都二京賦》研究漢代都城與宮室建築計有列成果：

一、釐清漢代建築構件與建築術語

《兩都二京賦》中有許多建築物的細部組成構件，例如棼、橑、桴、欒

〔註62〕《後漢書集解‧鍾離意傳》《集解》所引《漢官典職》之文，頁505。

等，一般人可能只宏觀的瞭解是與建築物構架中之一部份，不會詳細研究其組建之位置，形狀、別名及其功能，其實棼、桴皆是棟，位在梁架最高處，「橑」是屋橡，用以承托屋瓦的重量，通常在屋簷所看到成列的角木就是橡，欒爲斗栱上曲形栱木。又如〈西京賦〉所稱「浮柱」即梲，位在梁架中上下桁之間、呈短墩狀或瓜形，現名蜀柱，又名童柱或侏儒柱，臺灣地區因其形狀做成南瓜形，故土名瓜筒，日本人因其形狀做成蛤蟆形而稱爲蟆股。其功能係傳承屋頂來的荷重以及分散桁的受力；又如一般通稱斗栱其實是斗與栱兩部份組成，斗爲下面斗形之櫨斗，栱爲上面曲形栱木。例如《論語・公冶長篇》云：「山節藻梲」之「山節」則指整個斗栱，〈西京賦〉所云：「重欒」〔註 63〕則指栱木，〈魯靈光殿賦〉所云：「層櫨、曲枅、雲楶」〔註 64〕中，層櫨指櫨斗，曲枅指栱木，而雲楶指雲形斗栱，另〈魏都賦〉所云：「欒櫨疊施」〔註 65〕，欒爲栱，櫨爲斗，欒櫨即指整個斗栱。他如「橑」是屋橡，也就是屋頂上的角木，用以承受屋瓦的重量，通常在屋簷所看到成列的角木就是橡。建築專門術語例如反宇、飛簷，這是中國宮殿建築最重要特徵，前者是屋頂曲線呈階段狀，上陡下緩，亦即《周禮・考工記・輪人》所稱的「輪人爲蓋，上欲尊而宇欲卑，上尊而宇卑則吐水急而霤遠。」〔註 66〕其作用利於雨水的快速宣洩，而使木材不至潮濕而免腐朽。後者是屋簷往左右屋角翹起，使屋簷角隅如欲飛起之狀，使更多陽光投射入屋內以利採光，亦即《詩經・小雅・斯干》所稱的「如鳥斯革，如翬斯飛。」〔註 67〕之狀，亦稱翼角起翹。古文學的作品中的文辭常認爲是文人誇飾之辭而不屑深入探討，甚至使古文學中建築技藝被埋沒，眞是令人惋惜。例如〈西都賦〉云：「建金城之萬雉。」〔註 68〕因長三丈高一丈爲「雉」，一般認爲萬雉只是描述城牆既高又長，用千雉亦可代之，豈知用計算方得知長安城牆的面積超過一萬三千雉，班固決不能改用千雉之辭；〈西都賦〉稱未央宮殿堂云：「抗應龍之虹梁。」〔註 69〕其中「虹梁」現稱爲月梁，也就是梁向上彎曲成弓形，如弦月、如虹霓而得名，現代橋樑常用的預力混凝土結構，其原理係將混凝土梁

〔註 63〕《增補六臣注文選卷二・西京賦》頁 47。
〔註 64〕《增補六臣注文選卷十一・魯靈光殿賦》頁 216，217。
〔註 65〕《增補六臣注文選卷六・魏都賦》頁 120。
〔註 66〕《周禮注疏》頁 603。
〔註 67〕《毛詩注疏》頁 386。
〔註 68〕《增補六臣注文選卷一・西都賦》頁 23。
〔註 69〕《增補六臣注文選卷一・西都賦》頁 26。

預先施以拉力，使梁微微上拱，可以承受較大的壓力和彎力〔註70〕，古代
虹梁原理相同，可以承受較大跨度〔註71〕的重量，大空間殿堂的大梁常用
之，文獻所載漢魏時代木構虹梁之應用已很普遍，如王文壽〈魯靈光殿賦〉
稱魯靈光宮殿堂云：「飛梁偃蹇以虹指。」〔註72〕左思〈魏都賦〉稱鄴都文
昌殿內大梁云：「丹梁虹申以並亘。」〔註73〕何晏〈景福殿賦〉稱許昌宮景
福殿之長梁云：「修梁形制，下褰上奇……虵如宛虹。」〔註74〕等殿皆用虹
梁，足見其技術之成熟。又如「漸臺」一辭，因王莽被赤眉亂兵射死於未央
宮漸臺而出名，早在春秋戰國時代已出現，楚國有漸臺如《列女傳・楚昭貞
姜》云：「貞姜者，齊侯之女，楚昭王夫人也，王出遊，留夫人漸臺之上而
去，王聞江水大至，……於是使者取符，則水大至，臺崩。」〔註75〕齊國
亦有漸臺，如《列女傳・齊鍾離春》：「（齊）宣王方置酒於漸臺……漸臺五
層，黃金、白玉、琅玕籠疏，翡翠珠璣，幕絡連飾，萬民罷極……於是拆漸
臺。」〔註76〕《三輔黃圖》謂漸臺在未央宮滄池中〔註77〕，《漢書》謂漸臺
在建章宮太液池中〔註78〕，〈魯靈光殿賦〉謂靈光殿浴池畔亦有漸臺〔註79〕，
則三池皆有漸臺。漸臺依顏師古注：「漸，浸也，臺在池中爲水所浸，故曰
漸臺。」〔註80〕何清谷云：「漸臺，星名，在織女星旁。」〔註81〕然「漸」

〔註70〕壓力（compression）就是壓在梁柱上的垂直力，通常由屋頂的荷重傳到梁上，
　　　　再由梁傳到柱上，柱再傳到基礎上。彎力（bending）又稱彎曲力矩（bending
　　　　moment），通常的壓力會使結構往下彎曲的力量，常用力矩表示，力矩就是壓
　　　　力和力臂的乘積，彎力造成結構的破壞有時大於壓力，梁的龜裂大部份由彎
　　　　力所造成。

〔註71〕跨度（span）就是二立柱間的距離，爲房屋或橋梁結構中的指標因素。跨度
　　　　愈大，所受彎力或力矩成平方增加，如十公尺跨度梁所受彎力爲五公尺跨度
　　　　梁的四倍。

〔註72〕《增補六臣注文選卷十一・魯靈光殿賦》頁216。

〔註73〕《增補六臣注文選卷十一・魏都賦》頁121。

〔註74〕《增補六臣注文選卷十一・景福殿賦》頁222。

〔註75〕《新編古列女傳卷四・貞順傳・楚昭貞姜》漢・劉向撰，晉・顧愷之圖，新
　　　　文豐出版公司，臺北，頁681。

〔註76〕《新編古列女傳卷六・辯通傳・齊鍾離春》，頁697。

〔註77〕《三輔黃圖校注卷之五・臺榭》云：「未央宮有滄池，池中有漸臺，王莽死於
　　　　此。」頁335。

〔註78〕《漢書補注一卷二十五・郊祀志下》云：「（於是作建章宮），其北治大池、漸
　　　　臺高二十餘丈。」頁558。

〔註79〕《增補六臣注文選卷一・魯靈光殿賦》云：「漸臺臨池，層曲九成，屹然特立，
　　　　的爾殊形。」頁218。

〔註80〕《漢書補注一卷二十五・郊祀志下》云：「（於是作建章宮），其北治大池、漸

似應作漸縮解，漸臺應爲通名而非專名，亦即程大昌（1123～1195）所云：
「漸臺，言臺在水中，受其漸漬也，……然則凡臺之環浸于水中，皆可名爲
漸臺。」〔註 82〕，然以建章宮漸臺遺址爲大夯土台基上興建三十丈的高臺
而言〔註 83〕，漸臺只有臺基在水面之上，臺榭本身並不受到池水浸漬，程
氏所言臺浸在水中而受漸漬似乎不可能；故漸臺是爲池畔或池中之臨水臺
榭，其平面方形，由下往上逐層縮小，漢代明器中常有漸臺的縮小模型，放
置於陶盆中，則漸臺是庭院池中臺榭可作爲旁證。

二、西漢長安宮室之間高架廊道之推斷

　　高架廊道（閣道）有兩條，其一自未央宮北連桂宮，右轉東行至明光宮，
再度右轉南行至長樂宮，此即〈西都賦〉所云：「輦路經營，修除飛閣，自未
央而連桂宮，北彌明光而亙長樂。」〔註 84〕足〈西京賦〉所云：「閣道穹窿，
屬長樂與明光，徑北通于桂宮。」〔註 85〕〈西京賦〉並未載明此閣道通未央
宮，但《三輔黃圖》引《漢書》曰：「桂宮有紫房複道，通未央宮。」〔註 86〕
則此閣道確聯通至未央宮。其二由未央宮跨過長安西城牆，連通西城外的建
章宮，亦即〈西都賦〉所云：「陵墱道而超西墉，掍建章而連外屬。」〔註 87〕
也就是閣道連繫長樂宮、未央宮、建宮、桂宮、明光宮等五宮。

　　行於閣道之上，既安全又快速，在閣道上眺望各宮殿的景觀，如〈西京
賦〉所云：「長廊廣廡，連閣雲蔓，閎庭詭異，門千戶萬。」〔註 88〕〈東京賦〉
所云：「飛閣神行，莫我能形。」〔註 89〕等，保安嚴密，亦即「城尉不弛柝而
內外潛通。」〔註 90〕閣道上有全天候守衛，進出宮殿隱密安全。

　　　臺高二十餘丈。」頁 558。
〔註 81〕據《三輔黃圖校注卷之五・臺榭》注二並引《隋書卷十九・天文志上・經星
　　　中宮》云：「東足四星曰漸臺，臨水之臺也。」頁 336。
〔註 82〕《雍錄卷九・苑囿・漸臺》，頁 192。
〔註 83〕《史記都城考・漢都長安・諸宮分布》云：「（太液池）東北有漸臺基址，東
　　　西長 60 米，南北長 40 米，殘高 8 米。」頁 157。
〔註 84〕《增補六臣注文選卷一・西都賦》頁 28。
〔註 85〕《增補六臣注文選卷二・西京賦》頁 46。
〔註 86〕《三輔黃圖校注卷之二・漢宮》，其注三謂出於《漢書卷八十一・孔光傳》所
　　　載，頁 157，158。
〔註 87〕同註 84。
〔註 88〕《增補六臣注文選卷二・西京賦》頁 48。
〔註 89〕《增補六臣注文選卷三・東京賦》頁 65。
〔註 90〕同註 88。

三、未央宮各殿推斷爲仿太微垣與紫微垣主星之布局

　　通常宮室殿宇猶如北京故宮一樣將前殿（主殿）在前，其餘各殿配置成非字形或課堂棹椅形的整齊佈局，但是未央宮布局依法天地陰陽之建築哲學，而合太微垣與紫微垣雙垣主星分佈方式來佈置宮殿，即所謂〈西都賦〉所云：「體象乎天地，經緯乎陰陽，據坤靈之正位，仿太紫之圓方。」〔註91〕及〈西京賦〉所云：「正紫宮於未央。」〔註92〕紫微垣在上半，以北極座爲中樞，即前殿部份，東西兩區爲左右樞，爲宮殿部份；太微垣在下半，以五帝座爲中樞，亦有弓形之左右垣爲屏障。以未央宮諸殿考古探查資料捧手雙凸曲線形布局，正是印證〈西都賦〉與〈西京賦〉太微垣與紫微垣雙垣主星之排列形狀。

四、最早衛星城市之設立──西漢陵邑

　　〈西都賦〉所云：「南望杜霸，北眺五陵，……五都之貨殖，三選七遷，充奉陵色。」〔註93〕之陵邑相當於衛星城市，但西方衛星城市則以二十世紀初（1902）霍華德的花園城市爲濫觴。在西漢時代，如漢高祖葬太上皇於櫟陽北原，在櫟陽大城內置萬年縣爲奉陵邑，係舊城改爲之陵邑不計，平地而起之最早陵邑，以高祖十二年（前195）五月葬長陵時，開始建造周長七里一百八十步之方形長陵縣城計算，比西洋早了二千一百年，長陵邑應爲世界上最早的衛星市。因長陵陪葬墓在東面，長陵城僅有南、北、西三面〔註94〕。其最初的功用爲奉祀長陵之用，到了將關東豪傑、富室萬戶徒居長陵，則成爲強幹弱枝的作用，以免尾大不掉而重蹈七國之亂的覆轍，長陵邑逐漸擴大，到了西漢末年，長陵邑因戶口大量遷入，人口幾達二十萬人，而茂陵邑人口甚至超越長安京城人口，成爲三輔治所最大城市，此乃因長安京城內大部份土地爲宮殿所佔，其餘可供民宅空地有限，因地小人多，居大不易，陵邑附近田地與建地幅員較爲廣大也較廉價，距離長安僅三十五里，交通也方便，遂成爲大長安都會人口疏散地區，形成了長安衛星城市。

〔註91〕《增補六臣注文選卷一・西都賦》頁26。
〔註92〕《增補六臣注文選卷二・西京賦》頁44。
〔註93〕《增補六臣注文選卷一・西都賦》頁24。
〔註94〕《關中記輯注・帝王陵墓・漢高祖陵》頁106。

五、東漢洛陽禮制三宮合構與分建以及明堂、辟雍圜水渠之釐清

〈東京賦〉所云：

> 乃營三宮，布政頒常，複廟重屋，八達九房，規天矩地，授時順鄉，
> 造舟清池，惟水泱泱；左制辟雍，右立靈臺，因進距衰，表賢簡能。
> 〔註95〕

〈東都賦〉云：「觀明堂，臨辟雍，揚緝熙，宣皇威，登靈臺，考休徵。」
〔註96〕及班固的〈辟雍詩〉云：「乃流辟雍，辟雍湯湯，聖皇蒞止，造舟爲梁。」
〔註97〕則知明堂、辟雍、靈臺是三座獨立建築物。至於是否如蔡邕所稱：

> （明堂）取其宗祀之貌，則曰清廟。取其正室之貌，則曰太廟。取其
> 尊崇，則曰太室。取其向明，則曰明堂。取其四門之學，則曰太學。
> 取其四面周水圓如璧，則曰辟雍。異名而同事，其實一也。〔註98〕

言明三宮合建一處，或如今本《三輔黃圖》所稱分建三處：

> 漢辟雍，在長安西北七里，河間獻王來朝，獻雅樂，武帝對之三雍
> 宮，即此。成帝時，犍爲郡水濱得古磬十六枚，劉向說帝宜興辟雍
> 焉〔註99〕……漢明堂，在長安西南七里，《漢書》曰：「武帝初即位，
> 嚮儒術，以文學爲本，議立明堂於城南，以朝諸侯。」應劭注云：「漢
> 武帝造明堂，王莽修飾令大。」〔註100〕……漢靈臺，在長安西北八
> 里，漢始曰清臺，本爲候者觀陰陽天文之變，更名曰靈臺。〔註101〕

此由考古探查已發現洛陽明堂、辟雍、靈臺分建三處而得到答案。至於辟雍
有圜水渠，由班固的〈東都賦之辟雍詩〉及《白虎通‧辟雍》可以證實，而
明堂是否另有如〈東京賦〉所稱的「造舟清池，惟水泱泱」的圜水渠，則亦
由東漢洛陽明堂遺址的發現而得到證實。

六、解決甘泉宮通天臺、洛陽城闕、北宮德陽殿之高度問題

甘泉宮通天臺之高度，文獻上有五種數值，《史記索隱》引《漢舊儀》云：

〔註95〕《增補六臣注文選卷二‧東京賦》頁 66。
〔註96〕《增補六臣注文選卷二‧東都賦》頁 37。
〔註97〕《增補六臣注文選卷二‧東都賦》頁 40。
〔註98〕《漢魏六朝一百三名家集‧蔡中郎集》，新興書局，臺北 1968 年 3 月，頁 549。
〔註99〕《三輔黃圖校注卷之五‧辟雍》頁 344。
〔註100〕《三輔黃圖校注卷之五‧明堂》頁 351。
〔註101〕《三輔黃圖校注卷之五‧臺榭》頁 352。

「臺高五十丈，去長安二百里望見長安城。」〔註102〕《漢書注》引《漢舊儀》云三十丈」〔註103〕古本《三輔黃圖》云八十一尺〈西京賦〉的徑百常〔註104〕即一百六十丈，今本《三輔黃圖》引《漢武故事》云：「去地百餘丈」〔註105〕。其中古本《二輔黃圖》所云通天臺高八十一尺，王先謙認爲出於《隋書・宇文愷傳》，並認爲「明堂重屋皆謂之通天臺」〔註106〕也就是非專指甘泉宮之通天臺，故可不必論。其餘《史記索隱》及《漢書注》引《漢舊儀》卻同時出現兩種數值，可見其中之一必有誤，此其一；而〈西京賦〉徑百常也就是一千六百尺，換成今尺爲四百四十二公尺，如此高的樓臺蓋在甘泉山上在當時的技術水準簡直不可思議，推則此種高度應是從山下地面計量至通天臺頂的高度，此其二；筆者用推測洛陽永寧寺塔的高度所用地球弧面差原理〔註107〕計算出眺望者距地之高度公式計算出通天臺高度爲一百六十一公尺。

此高度約合漢尺六十七丈九尺，若扣除臺基高度八丈一尺，實高五十九丈八尺，與《史記索隱》引《漢舊儀》云五十丈，僅有九丈八尺約二十三公尺之誤差，推測可能係因兩地距離記載爲沿著道絡步行以及登山里程而非直線距離，結論以《史記索隱》所引《漢舊儀》所記載的通天臺高度較爲正確。

北宮德陽殿的高度文獻不載，但《元河南志卷二》引《漢官典職》曰：「偃師去宮三十五里，望朱雀五闕，德陽其上，茆崒與天連。」〔註108〕

另《後漢書・鍾離意傳》載「德陽殿成」王先謙《集解》引《漢官典職》曰：「德陽殿周旋容萬人，自偃師去宮四十五里，激洛水於殿下。」〔註109〕此外，《水經注・穀水》引《漢官典職》曰：「偃師去洛四十五里，望朱雀闕，其上鬱然與天連，是明峻極也；洛陽故宮名有朱雀闕、白虎闕，蒼龍闕、北闕，南宮闕也。」〔註110〕

〔註102〕《史記・孝武本紀》之《索隱》頁217。
〔註103〕《漢書補注一卷二十五・郊祀志下》云：「作通天臺。」顏師古注引《漢舊儀》曰：「臺高三十丈，望見長安城。」頁558。
〔註104〕《增補六臣注文選卷二・西京賦》頁47。
〔註105〕《三輔黃圖校注卷之五・臺榭》頁336。
〔註106〕《漢書補注一卷二十五・郊祀志下》云：「作通天臺。」王先謙補注引沈欽韓所曰。頁556。
〔註107〕筆者〈洛陽永寧寺塔高度之商榷〉一文，2006年6月。
〔註108〕《元河南志二・後漢城闕宮殿古蹟》頁8。
〔註109〕《後漢書集解一・卷四十一・鍾離意傳》頁505。
〔註110〕《水經注・穀水》卷十六，北魏・酈道元撰，世界書局，臺北，1969年5月，

　　洛陽南、北宮門皆有闕，偃師在洛陽東面，由東向西眺望，因視線關係，白虎闕被蒼龍闕所遮蔽，照理只能看到南北宮之六闕，可能因雲霧關係，只能見到朱雀等五闕出現在天際線上。

　　偃師與洛陽北宮之距離以《漢官典職》及《水經注・穀水》所載的四十五里（約十九點二四公里，與實際距離相當）爲準，闕高及殿高用地球弧面差加上大氣折光差公式，可算出朱雀五闕的高度約爲二十五公尺〔註111〕，約合後漢尺一百零五尺（十丈五尺），〈古詩十九首〉之四云：「兩宮遙相望，雙闕百餘尺」古詩所稱之雙闕爲朱雀五闕中之二闕，古詩所描寫雙闕高度大致正確；《東漢會要》稱德陽殿又高過朱雀五闕，假定其屋簷剛在朱雀五闕上面，屋頂高約八公尺〔註112〕，推測德陽殿的高度爲三十三公尺左右，即高約十四丈左右。

七、古詩十九首第三首、第五首年代的推斷

　　中國文學史上有時代及作者存疑的作品，如〈古詩十九首〉作品年代問題，有謂枚乘（？～前141）所作，如徐陵（507～583）的《玉臺新詠》；或疑爲建安時期（196～220）曹、王所製，如鍾嶸（？～518？）的《詩品》；或稱枚乘傅毅（47？～92）之詞，如劉勰（465？～532？）《文心雕龍・明詩》莫衷一是。但以該古詩描寫漢代建築而言，其第三首云：

> 青青陵上柏，磊磊澗中石，人生天地間，忽如遠行客，斗酒相娛樂，
> 聊厚不爲薄，驅車策駑馬，遊戲宛與洛，洛中何鬱鬱，冠帶自相索，
> 長衢羅夾巷，王侯多第宅，兩宮遙相望，雙闕百餘尺，極宴娛心意，
> 戚戚何所迫。〔註113〕

　　〈古詩十九首〉第三首前已初步推論應該是東漢明帝永平八年（65）以後至獻帝初平元年（190）間的作品〔註114〕，現可再進一步推論較細的作品年代。以詩中長衢羅夾巷，王侯多第宅即指洛陽竇融的第宅，即如《初學記》

頁215。
〔註111〕以地球弧度及大氣折光公式，高度（公尺）＝0.0671×兩地視線距離（公里）的平方，計算出朱雀五闕高度＝0.0671×19.24×19.24＝24.84公尺。
〔註112〕《中國古代建築史第二卷・漢代建築・建築技術》頁436，漢代四阿頂坡度約45度，而德陽殿進深七丈，以45度斜上屋脊，則屋頂高度爲進深的一半即三丈半，合今尺八點三公尺。
〔註113〕《增補六臣注文選卷二十九・古詩十九首其三》頁536。
〔註114〕本論文第一章緒論第一節研究動機其六。

所云：「《東觀漢記》曰：『竇氏一公、兩侯、三公主、四二千石，相與並代，自祖及孫，官府邸宅相望。』」〔註115〕之現象。「青青陵上柏，磊磊澗中石」則指北邙山陵墓的柏樹以及北邙山附近之金谷澗中石〔註116〕，可知此詩創作年代應爲永元四年（92）竇憲敗亡之歲〔註117〕爲下限，亦即可推論〈古詩十九首〉第五首爲於永平八年（65）至永元四年（92）間的作品，創作地點爲洛陽。此爲由漢代都城、宮闕、第宅滄桑史來研究文學作品年代的例子。

另外再舉〈古詩十九首〉第五首：

> 西北有高樓，上與浮雲齊，交疏結綺窗，阿閣三重階，上有弦歌聲，
> 音響亦何悲，誰能爲此曲？無乃杞梁妻，清商隨風發，中曲正排徊，
> 一彈再三鼓，慷慨有餘哀，不惜歌者苦，但傷知音稀，願爲雙鳴鶴，
> 奮翅起高飛。〔註118〕

因陸機有〈擬西北有高樓〉之五言詩，可知〈古詩十九首〉第五首年代不會晚於陸機時代（261～303），考〈古詩十九首〉至少有五首與洛陽有關〔註119〕，西北有高樓應皆在洛陽，且因東漢在洛陽西北角只有濯龍園並無高樓，不可能作於東漢時代。據《水經注‧穀水》云：

> 穀水又東經金墉城北，魏明帝於洛陽城西北角築之，謂之金墉城，
> 起層樓於東北隅，晉宮閣名曰金墉，有崇天堂，即此地，上架木爲
> 榭，故曰樓矣。……又東歷大夏門下，故夏門也，陸機〈與弟書〉
> 云：「門有三層，高百尺，魏明帝造。」〔註120〕

又《元河南志》引陸機《洛陽記》云：「洛陽城內西北隅有百尺樓，文帝造。」〔註121〕也就是文帝所建百尺樓，明帝建金墉城上高樓以及大夏門百尺門樓，此三座樓皆在洛陽城西北角，至於段鵬琦亦引《太平御覽》轉引《洛陽

〔註115〕《初學記卷二十四‧宅第八》頁579。
〔註116〕《讀史方輿紀要卷四十八‧河南三》云：「金谷澗，在府東北七里，《水經注》：『金谷水出太白原，東南流歷金谷謂之谷澗。』太白原，在城西六十里，即邙山之別阜。」頁2232。
〔註117〕《後漢書卷四‧和帝紀》云：「（永元四年六月）竇憲潛圖弒逆……收憲大將車印綬，遣憲及弟篤、景就國，到皆自殺。」頁89。
〔註118〕《增補六臣注文選卷二十九‧古詩十九首其三》頁536。
〔註119〕即第三首的「兩宮遙相望」，第五首的「西北有高樓」，第十二首「東城高且長」，第十三首「驅車上東門」，第十首出「郭門直視，但見丘與墳」。
〔註120〕《水經注‧穀水》卷十六，北魏‧酈道元撰，世界書局，臺北，1969年5月，頁211。
〔註121〕《元河南志卷二‧魏城闕宮殿古蹟》頁20。

地記》曰:「洛陽城內西北角有金墉城,東北角有樓,高百尺,魏文帝造也。」
〔註122〕則誤以金墉城上高樓爲百尺樓;另依《魏略》云:

> (明)帝盛興宮室,留意於玩飾,賜與無度,帑藏空竭,又錄奪士
> 女,前已爲吏民妻者還以配士,既聽以生口自贖,又簡選有姿色者,
> 內之掖庭。〔註123〕

導致

> 富者則傾家蕩產,貧者舉假貸貰,貴買生口以贖其妻,縣官以配士
> 爲名,而實內之掖庭,其醜惡者乃配與士,得婦者未必有懽心,而
> 失妻者必有憂色。〔註124〕

故詩句中以杞梁妻的哀怨來隱諷此事,且《洛陽地記》之百尺樓或《水經注‧
穀水》之崇天樓即西北有高樓所指之高樓,該樓有交疏綺窗、三重臺階以及
四注式廡殿屋頂,〈西北有高樓〉詩應成於魏明帝在位(227～239)時代,作
者可能是這些被內之掖庭的士女或民妻。

八、漢代高臺建築結構之推斷

《西京賦》云:「井幹叠而百增。」〔註125〕井幹樓叠上百層構架,乍看
之下不可思議,罕有詳究其層數的眞實性,《關中記》《水經注》都記載其高
度五十丈(約一百三十八公尺),連當時的文獻《史記》也載有同樣高度,可
見文獻記載的高度是可信的。井幹樓平面用井字型的木構架,層與層之間以
四立柱支撐,建構百層,每層窗高五尺加上梁架高約一尺半,臺外每層高度
六尺半(約一點八公尺),臺內每二層有一樓板及樓梯,室內層高爲三點六公
尺,臺外百層則臺內爲五十層,則全高達六十五丈,《史記》所載五十丈則約
八十層左右。因漢代的華南等地森林資源還算豐富,木材供應無虞,只要柱
梁接合牢固其結構是可行的,柱與井幹梁以卯榫接合,由馬王堆二號墓木槨
室木材用料之厚大結實,其卯榫接合牢固程度可見一斑。

按高樓的抗風力最爲重要,至於構架是否有抗風力斜撐桿?文獻並沒有

〔註122〕《漢魏洛陽城遺址研究‧漢魏洛陽城的幾個問題》,杜金鵬‧錢國祥主編,科
學出版社,北京,2007年1月,頁126。
〔註123〕《三國志集解卷三‧魏書三‧明帝紀》引《魏略》,晉‧陳壽撰,劉宋‧裴松
之注,盧弼集解,藝文出版社,臺北,頁140。
〔註124〕《三國志集解卷三‧魏書三‧明帝紀》引《魏略》頁140。
〔註125〕《增補六臣注文選卷二‧西京賦》頁140。

記載，如無此設施，如甘泉宮之通天臺容易被風颳倒，除井幹樓外，漢代建造許多高達百米的類似這種型式的超高樓臺如《漢書・郊祀志》載神明臺高五十丈、今本《三輔黃圖卷二・漢宮》載別風闕高五十丈、今本《三輔黃圖卷五・觀》載飛廉觀高四十丈等，可見其井幹構架抗風力技術的成熟。

九、文獻記載之驗證

例如〈西京賦〉云：「於是鉤陳之外，閣道穹窿，屬長樂與明光，徑北通于桂宮。」由漢長安城平面圖，可知道明光宮要由閣道西行，中間需經過北宮才能到達桂宮，其方向是徑西而非徑北，故「屬長樂與明光，徑北通于桂宮。」此句徑北兩字後面疑奪宮字，應是「屬長樂與明光，徑北宮通于桂宮。」

又如昆明池之廣袤而言，以昆明池的周長來推斷，古本《三輔黃圖》云：「上林苑有昆明池，周匝四十里」〔註126〕其面積依《三輔舊事》云：「昆明池地三百三十六頃，」〔註127〕但依考古勘察資料：「昆明池遺址範圍東西四點二五公里，南北五點六九公里，池岸周長十七點六公里，面積十六點六平方公里。」〔註128〕文獻四十里之周長為十七點一公里與實測基本相符，面積方面《三輔舊事》記載三百三十六頃即一千六百三十七公頃，接近實際面積的一千六百六十公頃（亦即三百四十一漢頃），文獻記載可謂正確〔註129〕。

再如昆明池鳩工之考異，依照《漢書・武帝紀》云：「（元狩三年，前128）減隴西、北地、上郡戍卒之半，發謫吏穿昆明池。」〔註130〕但今本《三輔黃圖》引《漢書》曰：「元狩三年，減隴西、北地、上郡戍卒之半，及吏弄法者，謫之穿此池。」〔註131〕此兩文獻指同一事但內文稍異，今以施工量來判別，以現在昆明湖遺址低於四周池畔二至四公尺註〔註132〕，則深度平均約為三公

〔註126〕古本《三輔黃圖》頁38。《西京雜記・昆明池養魚》云：「池周回四十里」記載數字相同，頁3。
〔註127〕《三輔舊事》頁14。
〔註128〕《關中記輯注・昆明池》注一所載，頁55。
〔註129〕《三輔舊事》疑出自後漢韋彪，後漢尺為23.75公分，每里等於427.5公尺，40里即17.1公里。漢頃為百畝，每畝240步，每步為36平方漢尺即2.0306平方公尺，1漢頃等於48,734平方公尺即4.8734公頃，336頃等於1,637公頃。
〔註130〕《漢書・武帝紀》頁176。
〔註131〕《三輔黃圖校注卷之四・池沼》頁294，元狩三年應是開挖動工時間。
〔註132〕《三輔黃圖校注卷之四・池沼・昆明池》注三何清谷引胡謙盈踏察云：「漢昆明池遺中就是今長安縣斗門鎮東的一片窪地，地勢比周圍低二至四米，總面

尺，總計約五千萬立方公尺的挖方〔註133〕，謫吏爲勞心者且人數不多，其勞力不可能完成此鉅大挖掘昆明池工事，今本《三輔黃圖》所謂利用隴西、北地、上郡戍卒之半推測約數萬人進行開挖方屬合理〔註134〕，故《漢書·武帝紀》疑有錯簡，筆者認爲「發」字疑爲「及」字之誤。至於五千萬方的棄土推測係供應各地的宮、觀、臺、闕、樓、閣等版築高臺基之用。

他如文獻記載互有出入之辨，例如司馬貞《索隱》引《三輔故事》云：「建章宮承露盤高三十丈，丈七圍，以銅爲之，有仙人掌承露，和玉屑飲之。」〔註135〕未指承露盤置於神明臺上。推測承露玉盤係置於神明臺臺基上，與木構臺榭並立，今本《三輔故事》稱其「高二十丈，大七圍。」〔註136〕承露盤從地面起算，高三十丈，從臺基頂面起算，則高二十丈，承露盤圓形，其周長一丈七尺，則直徑五尺四寸（合一點二八公尺），高爲直徑的三十七倍，《三輔故事》稱大七圍，常人圍長一點七公尺，周七圍計十一點九公尺（合直徑三點七九公尺），高僅爲直徑的十二倍，直徑太大，非爲〈西京賦〉所稱修莖之仙掌，故《三輔故事》之「大七圍」有誤，《索隱》所引之「丈七圍」爲是。

十、園林池沼三山之濫觴——太液池三神山

〈西都賦〉云：「前唐中而後太液，……激神岳之嶈嶈，瀛洲與方壺，蓬萊起乎中央。」〔註137〕這就是建章宮太液池中之三神山。

園林池沼假山之起源乃是秦咸陽宮蘭池之二神山，《史記·秦始皇本紀》云：「始皇爲微行咸陽，與武士四人俱夜出，逢盜蘭池。」〔註138〕張守節《正義》云：

> 《括地志》云：「蘭池陂即古之蘭池，在咸陽縣界。」《秦記》云「始皇都長安，引渭水爲池，築爲蓬、瀛，刻石爲鯨，長二百丈，逢盜

積約十平方公里。」頁294。

〔註133〕昆明池挖土方等於昆明池面積乘以昆明池深度。亦即＝16.6 平方公里×3 公尺＝16,600,000 平方公尺×3 公尺＝49,800,000 立方公尺。

〔註134〕《讀史方輿紀要》引《括地志》云：「昆明池深六尋，衰十里。」則深爲四十八唐尺，約十五公尺，可能是靠湖中心最深的湖深。頁2524。

〔註135〕《史記·孝武本紀》之《索隱》頁209。

〔註136〕《三輔故事》，清·張澍輯，世界書局，臺北，1969年5月，頁6。

〔註137〕《增補六臣注文選卷一·西都賦》頁29。

〔註138〕《史記·秦始皇本紀》漢·司馬遷撰，劉宋·裴駰集解，唐·司馬貞索隱，唐·張守節正義，武英殿刊本，藝文印書館，臺北，頁124。

之處。」〔註 139〕

則蘭池所築的蓬萊、瀛州二神山及鯨魚石爲這就是池沼假山及石雕之濫觴。
今本《三輔黃圖》云：

> 茂陵富民袁廣漢，藏鏹巨萬，家僮八九百人，於北邙山下築園，東
> 西四里，南北五里，激流水注其中，構石爲山，高十餘丈，連延數
> 里。……積沙爲洲嶼，激水爲波濤，致江鷗海鶴孕雛產鷇，延漫林
> 池。〔註 140〕

但何清谷認爲：「袁廣漢事不見《史記》《漢書》記載，他可能是武帝『徙郡
國豪傑及訾三百萬以上於茂陵』時，從外地遷入茂陵的。」〔註 141〕武帝三
次徙民到茂陵，只有第二次即元狩二年（前 127）春曾有徙鉅富（財產三百萬
錢以上，合有粟十萬石以上）到茂陵之舉，何清谷所言爲是，袁廣漢能建廣
袤數里的庭苑，可見其財力之雄厚，但是他建庭苑年代推測爲元狩二年（前
127）春以後的數年間。如是，則袁廣漢茂陵附近北邙山園林「激流水注其中」，
當然注入林池，「構石爲山，高十餘丈，連延數里……積沙爲洲嶼。」池中洲
嶼上的建構十餘丈高的石假山，這是平民園林池沼假山之濫觴。其後，就是
太初元年（前 104）武帝所建章宮太液池三神山，依今本《三輔黃圖》載：

> 三山統名昆丘，亦曰神山，上有不死之藥，食之輕舉，武帝信仙道，
> 取少君、欒大妄誕之語多起樓觀，故池中立三山，以象蓬萊、方丈、
> 瀛洲。〔註 142〕

另依據《漢書·郊祀志下》曰：「（建章宮）其北治大池、漸臺高二十餘
丈，名曰泰液，池中有蓬萊、方丈、瀛洲、壺梁象海中神山、龜魚之屬。」
〔註 143〕這是歷史上最早的帝王園林池沼中人造三神山，傳到隋唐時，宮苑
邸宅亦常用之，如隋文帝大業元年（605）建東都西苑：

> 苑內造山爲海，周十餘里，水深數丈，其中有方丈、蓬萊、瀛洲諸
> 山，相去各三百步，山高出水百餘尺，上有通眞觀、集靈臺、總仙
> 宮分在諸山。〔註 144〕

〔註 139〕《史記·秦始皇本紀》頁 124。
〔註 140〕《三輔黃圖校注卷之四·池沼》頁 294，元狩三年應是開挖動工時間。
〔註 141〕《三輔黃圖校注卷之四·池沼》注八，頁 276。
〔註 142〕《三輔黃圖校注卷之四·池沼》，頁 308，309。
〔註 143〕《漢書補注一卷二十五·郊祀志下》頁 558。
〔註 144〕《大業雜記輯校》，唐·杜寶注，辛德勇輯校，三秦出版社，西安，2006 年 1

　　唐大明宮北面之太液池，亦築有三山，如李紳〈憶春太液池亭候對詩〉云：「宮鶯極繞瑞煙開，三島靈禽拂水回，橋轉彩虹當綺殿，艦含浮花近蓬萊。」〔註145〕三島為太液池中之方丈、蓬萊、瀛洲三島。而唐中宗女安樂公主之定昆山莊池沼亦築有三神山，如韋元旦〈幸安樂公主山莊應制詩〉云：「刻鳳蟠螭凌桂邸，穿池疊石寫蓬壺。」〔註146〕園林池沼中之假山甚至傳至日本，室町時代（1333～1573）之幕府將軍足利義滿於1408年興建的京都北山別業園林（主殿金閣寺）池沼更佈置妙高山等九假山，其後足利義政於1479年興建的京都東山別業園林（主殿銀閣寺）池沼也佈置天柱峰等八峰之假山〔註147〕，這些都是漢太液池假山之流風餘韻。

十一、銅雀薨標及風向計之起源──未央宮鳳凰殿銅鳳

　　〈西京賦〉所描述建章宮南面璧門屋頂之薨標云：「掜建章而連外屬，設璧門之鳳闕，上觚稜而棲金爵。」〔註148〕這是八角攢尖上的銅鳳。

　　漢代的銅雀薨標的殿臺遭焚後，到曹魏及石趙鄴都的二十七丈銅雀臺以及武則天萬象神宮金鳳薨標又遭毀後，歷史文獻再找不到有興建銅鳳薨標的記錄。禮失求諸野，走遍了大江南北、以及韓越東瀛這些中國文化圈的大地，只剩下日本京都金閣寺與銀閣寺之四方形攢尖式屋頂上尚有銅鳳，但這幅景觀至遲在二千一百年前的（太初元年，前104）即已出現在建章宮東之鳳闕〔註149〕、南之璧門、北之圓闕〔註150〕等漢家宮闕之屋頂上〔註151〕。其後，漢宣帝神爵四年（前58），因「鳳凰神爵、甘露降集京師，赦天下。其冬，鳳凰集上林，乃作鳳凰殿，以答嘉瑞。」〔註152〕鳳凰殿推斷其屋頂因立有

　　　　月，頁14。

〔註145〕《陝西古代景園建築6.5．唐大明宮苑中的太液池》，佟裕哲編著，陝西科學技術出版社，臺北，1998年10月，頁62。

〔註146〕《古今圖書集成77．考工典上．園林部藝文三》，頁1127。

〔註147〕筆者碩士論文《日本鎌倉與室町時代建築之初探》，頁118～120。

〔註148〕《增補六臣注文選卷一．西都賦》頁28。

〔註149〕《漢書補注一卷二十五．郊祀志下》云：「於是作建章宮，度為前門萬戶，其東則鳳闕，高二十餘丈。」顏師古引《三輔故事》云：「其闕圓，上有銅鳳凰。」頁557。

〔註150〕《三秦記．未央宮》云：「未央宮有朱鳥堂。」頁26。未央宮朱鳥堂是否有銅鳳做為薨標文獻不載，若是肯定，則銅鳳薨標應該提早一百年。

〔註151〕《關中記輯注．建章宮》云：「建章宮圓闕臨北道，有金鳳在闕上，高丈餘。」頁50。

〔註152〕《漢書補注一卷二十五．郊祀志下》頁560。

銅鳳而得名，這又是宮殿屋頂上立銅鳳之起源。銅鳳立於建築物屋脊頂端，迎風欲翔，堪稱建築物顯著標幟，故稱薆標，由漢代畫象石建築物朱雀脊飾之普遍可知薆標使用之廣泛。

　　但銅鳳插座經改裝成轉樞，即成風向計，如〈西京賦〉所描述圓闕之銅鳳：「鳳騫翥於薆標，咸遡風而欲翔。」〔註153〕李善注曰：「作鐵鳳凰，令張兩翼、舉頭、敷尾，以舌屋上，當棟中央，下有轉樞，常向風，如將飛者。」〔註154〕璧門（閶闔門）之內另有別風闕，《三輔黃圖》云：「以其出宮垣識風何處來，以爲闕名也。」〔註155〕能識風何處來，則知亦設有風向計，其設施之奧妙處即銅鳳的轉樞，如今本《三輔黃圖》引《漢書》云：「建章宮南有玉堂，璧門三層，臺高三十丈王室山鑄銅鳳高五尺，飾黃金，樓屋上，下有轉樞，向風若翔。以爲闕名也。」〔註156〕查《漢書・郊祀志下》載有「其（建章宮）有玉堂、璧門、大鳥之屬。」〔註157〕與上文稍有異。《水經注・渭水》：「（建章宮）南有璧門三層……鑄銅鳳高五丈，飾以黃金，樓屋上。」但陳直認爲今本《三輔黃圖》所引《漢書》之文係《漢書・郊祀志下》以及《水經注・渭水》兩段文拼湊而成〔註158〕。但五丈（約十二公尺）銅鳳重量太大，無法轉動，且銅鳳爲璧門高的六分之一，比例太大，不合常理。《今本三輔黃圖》所引《漢書》必有所本，雖《今本三輔黃圖》引郭延生《述征記》亦云：「長安宮南有靈臺，高十五仞，上有渾儀，張衡所製，亦有相風銅烏，遇風乃動。」〔註159〕此應是西漢末年的風向計，那麼璧門之轉樞銅鳳應爲我國歷史上最早之風向計。

十二、正脊鴟尾之起源——柏梁臺鴟尾

　　太初元年（前104），柏梁臺火災，越巫勇之獻計曰：「粵俗有火災，復起至必以大，用勝服之，於是作建章宮。」〔註160〕《西京賦》亦云：「柏梁既災，

〔註153〕《增補六臣注文選卷二・西京賦》頁47。
〔註154〕《增補六臣注文選卷二・西京賦》頁47。
〔註155〕《三輔黃圖校注卷之二・漢宮》原注，頁147。
〔註156〕同註155，頁155。
〔註157〕《漢書補注一卷二十五・郊祀志下》頁558。
〔註158〕《三輔黃圖校注卷之二・漢宮》建章宮注四，頁156。
〔註159〕《三輔黃圖校注卷之五・臺榭》，頁329。
〔註160〕《漢書補注一卷二十五・郊祀志下》頁557。

越巫陳方，建章是經，用厭火祥。」〔註161〕

據《營造法式·鴟尾》云：「《漢紀》柏梁殿災後，越巫言海中有魚，虯尾似鴟，激浪即降雨，以厭火祥，昔人或謂之鴟吻，非也。」〔註162〕鴟尾置於殿堂屋頂之正脊兩端，六朝時已常用於宮殿上，如《太平御覽·居處部》云：

> 《晉中興書》曰：「泰元十年（385）鸛巢太極殿東鴟尾。」《晉安帝紀》曰：「義熙（405～418）六月，雷震太廟鴟尾。⋯⋯」⋯⋯宋武大明元年（457）五月戊午，嘉禾一株五莖，生清暑殿鴟吻中。《陳書》曰：「高祖二年（558）戊辰，重雲殿東鴟吻有紫煙出。」〔註163〕

另唐蘇鶚《蘇氏演義》卷上云：

> 漢武帝作柏梁殿，有上疏者云：「蚩尾，水之精，能辟火災，可置之於堂殿。」今人多作鴟字，見其吻如鴟鳶，遂呼之爲鴟吻，顏之推亦作此。⋯⋯蚩尾既是水獸，作蚩尤之蚩是也。蚩尤，銅頭、鐵額、牛角、牛耳，獸之形也，作鴟鳶字即少意義。〔註164〕

宋李師正《倦游錄》云：「漢以宮殿多災，術者言：『天上有魚尾星，宜爲其象冠於上以禳之。』唐以來寺觀尚有以魚形，尾指上者，不知何時易名爲鴟吻，狀亦不類魚。」〔註165〕

其名稱之演進，李師正稱漢代稱蚩尾，不知何時易名爲鴟吻，蘇鶚稱至遲在蕭齊顏之推（531～591？）之時代已作鴟吻，其實東晉時稱鴟尾，劉宋時已改稱鴟吻，唐代亦稱鴟吻，至宋代以後又恢復鴟尾原名；《蘇氏演義》所言水獸應是鯨魚，鼻端會噴水，越巫言海中有魚，其名爲魚並非魚類而是哺乳類，蘇鶚稱爲水獸亦屬正確。

沈欽韓亦引《唐會要》卷上云：「漢柏梁殿災後，越巫言海中海中有魚，虯尾似鴟，激浪即降雨，遂作其象於屋，以厭火祥。」〔註166〕

〔註161〕《增補六臣注文選卷二·西京賦》頁 47。

〔註162〕《營造法式第一冊卷二·總釋下·鴟尾》北宋李誡編修，聯經出版社，臺北，頁 9。

〔註163〕《太平御覽卷一百八十八·居處部十六》宋·李昉等十七人奉勅撰，臺灣商務印書館，臺北，1975 年 4 月，頁 1039。宋武帝無大明年號，應爲宋孝武帝。

〔註164〕《百部叢書集成·蘇氏演義》唐·蘇鶚撰，嚴一萍選輯，藝文印書館原刻影印，臺北，1961 年 6 月，頁 8。

〔註165〕《倦游錄》宋李師正撰，中央圖書館微縮幻燈片版。

〔註166〕《漢書補注一卷二十五·郊祀志下》頁 557。

如上述諸文獻有所本，越巫勇之建議以南海好吐水鯨魚，以其尾鰭之安置於屋脊上，以厭勝火災，成爲中國宮殿式屋頂的非常重要組成部份與與視覺焦點，這就正脊上鴟尾之濫觴，漢寶德云：「建築的正脊，在唐宋爲鴟尾，金元以降，則成爲龍吻，……長江流域的民間建築，止脊也以龍爲飾，有時正脊就是龍的化身。」〔註167〕明代稱螭吻，如楊愼《升庵集》云：「俗傳龍生九子，……二曰螭吻，形如獸，性好望，今屋上獸頭是也。」〔註168〕清代北京故宮正脊都用龍吻，稱爲正吻〔註169〕，這是鴟尾後代的演進。鴟尾在隋初傳到了日本，則如在開皇十三年（593）日本在大阪建造的四天王寺金堂（即大雄寶殿）正脊即有鴟尾，平安時代（794～1191）以後日人僅將歇山式屋頂殿堂正脊兩端的鴟尾去掉改用鬼瓦，稱爲「破風造」殿堂，成爲以後日本建築式樣的主流。

第六節　漢代都城與宮室建築研究條件之回顧

由於時空之限制，由兩都二京賦研究漢代都城宮殿有下列不足處：

一、漢代文獻部份佚失，使都城宮殿資料限於片斷的重整

記錄漢代宮殿臺閣最詳細的《漢宮闕疏》、《漢舊儀》、《廟記》、《漢官典職》、《三輔決錄》因有全部或局部佚失，《三輔黃圖》雖然資料較豐富，但仍不足以窺全豹，其餘《關中記》、《三秦記》、《西京雜記》《水經注》、《長安志》、《元河南志》、《太平寰宇記》等書對漢代兩京都城宮闕記載或簡或繁，皆屬片斷記載，根據這些資料加以重整或復原，總有文獻不足徵之嘆，以致某些問題須用假設某些條件才可以做出答案。

二、都城宮殿遺址無法作詳細現場勘察

限於時間的因素，遺址現場的勘察只能進行拍攝或概略的踏勘或訪談當地

〔註167〕《中國的建築文化・自文化看中國建築的三個段落》漢寶德撰，聯經出版公司，臺北，2004年9月，頁56。
〔註168〕《升庵集卷八十一・龍生九子》明・楊愼撰，臺灣商務印書館・臺北，四庫全書影印本，1986年7月，頁1270-808。
〔註169〕《營造算例第十一章・琉璃瓦料做法・房座・正脊・正吻》梁思成編訂，羅曼史書局・鳳山，1964，頁76。

之耆老，無法進行詳細的測繪，對現有考古資料所遺漏的數據無法進行補正，遂使研究的成果有所限制。例如長樂宮遺址發現一組規模龐大基址，夯土基址東西一百十六公尺，南北一百九十六公尺註〔註 170〕，但《三輔黃圖》載「（長樂宮）前殿東西四十九丈七尺，兩序中三十五丈，深十二丈。」〔註 171〕兩序中即正殿，其東西寬三十五丈，南北深十二丈，東西序即兩挾室，東西寬七丈三尺五寸，南北深亦十二丈，整個前殿廣袤東西寬計四十九丈七尺（一百十八公尺），南北深十二丈（二十八點五公尺），與考古探查資料比對，東西寬基本相符，南北深僅及考古探查資料尺度七分之一，究竟剩餘空間是正殿的前堂？或是正殿前之中庭不得而知？故現場實地詳細考查基址狀況有其必要，但現場因年代久遠，無法判定，且考查時間有限，遂使欲藉勘查資料以研究文獻的正確性遇到瓶頸，藉已發表的考古探查資料和其他學者的研究成果，也難窺全豹。

三、依現有文獻之記載資料，無法研判各殿相對位置

依《西都賦》稱未央宮後宮之殿堂排列次序爲：「掖庭、椒房、合歡、增成、安處、常寧、茝若、椒風、披香、發越、蘭林、蕙草、鴛鴦、飛翔、昭陽各殿。」〔註 172〕但《三輔黃圖》所載之次序「掖庭、椒房、飛翔、增成、合歡、蘭林、披香、鳳凰、鴛鴦、安處、常寧、茝若、椒風、發越、蕙草等殿。」〔註 173〕除少數外，各殿先後次序不盡相同，則其相對位置無從確定，連帶使殿閣相互配置之復原很難著手，寄望在考古出土之新資料能夠協助確定。

四、郊祀、廄倉、橋梁建築尚未列入研究範圍

《三輔黃圖》所記載西漢禮制建築中之郊祀建築如圜丘、方丘、南北郊、官社、官稷、宗廟（含王莽九廟），以及廄倉（未央大廄、霸昌廄、太倉、細柳倉等）、橋梁（如東、西、中三渭橋、灞橋等）建築部份本係建築史上重要

〔註 170〕《關中記輯注·長樂宮》註二，頁 40。
〔註 171〕《三輔黃圖校注卷之二·漢宮》頁 128。
〔註 172〕《增補六臣注文選卷一·西都賦》頁 32。
〔註 173〕《三輔黃圖校注卷之二·漢宮》，何清谷輯注，三秦出版社，西安，2006 年 1 月，頁 128。

項目，但因〈兩都、二京賦〉文中未提及，故未列在本論文部份，俟以後有機會時再研究發表。

五、離宮百餘區，範圍太大未列入研究

〈西都賦〉云：「前乘秦嶺，後越九嵕，東薄河華，西涉岐雍，宮館所，百四十五。」〔註174〕《西京賦》云：「封畿千里，統以京尹，郡國宮館，西涉岐雍，宮館所歷，百有餘區。」〔註175〕《三輔黃圖卷三‧甘泉宮》曾列有鉤戈宮等三十五宮，但絕大部份不在甘泉宮範圍〔註176〕，例如梁山宮在陝西省乾縣，集靈宮在華陰縣，步壽宮在耀縣，思子宮在靈寶縣，萬歲宮在山西省萬榮縣，首山宮在山西省永濟縣，日華宮在河北省獻縣，曜華宮在河南省商丘縣。因分佈範圍過大，且遺跡甚少，故未列入本論文研究計劃。

第七節　漢代都城與宮室建築研究之科技應用

用文獻研究漢代都城與宮室建築成果應有所限制，如能運用晚近科技方法來研究，有機會可將無法突破的瓶頸予以解套，茲敘述如下各點：

一、應用航照或衛星照片來分析古建築遺址

現在科技進步，航空照片或衛星照片可以清晰辨識大範圍的地上物，航空照片且可用立體鏡將平面照片轉換為立體圖像並用立體圖機繪成平面圖及地形圖，這對於像面積達數十公頃的大宮殿或數百公頃的都城或遺址的布局資料可以快速又準確的分析而繪出圖樣，而地下構造物也可用紅外線攝影機拍攝，此方式有兩大特點，其一不必經考古發掘破壞原有脆弱的結構，其二可以快速瞭解地下構造物（含基礎、地下室及殘木構）的大概分歷狀況，如美國對南美分布在高山的印加古文明遺址就是用這種方法進行研究。由造些資料可繪出地下構造物平面圖，可補足文獻記載最缺乏的建築物平面布局及尺度。此兩種照片皆可向有關方面申購取得以供研究之用。

〔註174〕《增補六臣注文選卷一‧西都賦頁 27。
〔註175〕《增補六臣注文選卷二‧西京賦》頁 51。
〔註176〕《三輔黃圖校注卷之三‧甘泉宮》漢宮位置一覽表，頁 266。

二、都城與宮室三維圖像的繪製

三維（3D）圖像是現在用電腦繪製立體物像，可用動畫加聲音的形態放映，現常用在建築物設計與施工以及使用上之宣傳或廣告；在古建築的平面、立面、甚至透視圖可用多方向之視線表現出來，甚至將一個宮殿的建造過程如整地→辦方→定平→放樣→立基→夯土→立柱→上架→鋪椽→覆瓦→裝修各步驟之立體圖像，如電影一樣的放映出來，使人一目了然，對文獻所記載古都城與宮室之研究提供了方便的途徑。

三、漢代遺物、遺跡比對古建築之研究

漢代表現建築圖像之遺物如畫像石、畫像磚、建築物形像之明器等，遺跡包括現存的漢闕、古墓、畫像石室等，前者如徐州畫象石之漢四注屋及朱雀甍標及古墓石闕與綺窗實物，南陽畫像石有農莊、宅邸圖像、四川畫像磚有鳳凰甍標城闕像，流落美國波士頓博物館之嘉裕關雙鳳闕東門畫像石。至於漢墓之建築物明器有宅邸、家屋、囷倉、樓閣、漸臺等有如建築物的模型；至於為數不多的漢闕，絕大部份是墓前石闕，大部份分佈在四川、河南、山東等地窮鄉僻壤或交通不便的山區〔註177〕，例如四川雅安的高頤闕，渠縣的沈府君闕與馮煥闕、河南登封的啓母闕、少室闕，山東嘉祥的武氏闕等，還有古墓之磚穹窿結構、壁畫，甚至模倣住宅之石造墓室，如山東沂南銀雀山漢墓以及山東武氏祠石室等，這些漢代遺物、遺跡不但可以看出當時建築物形狀、外飾、壁畫、磚牆的施工甚至屋頂瓦作、反宇飛簷曲線、簷椽甚至斗栱等甚至可以清晰的辨別其式樣或風格。

第八節　漢代都城與宮室建築研究之展望

一、漢代都城與宮室遺址之保護及供永續研究之用

兩漢的都城長安、洛陽先後經過當時赤眉及董卓的焚燒，再經過二千年來的人為的破壞、河水的氾濫，自然的風化，遺址地上建築已煙消雲散，除若干夯土城牆有殘留外，有的只剩下少許破磚碎瓦而已，大部份已成為農田

〔註177〕《中國古代建築史第一卷・兩漢之建築》所列現存漢代石闕一覽表總計有三十四座，頁509，510。

或是後世的房舍而已，但地下應有殘基、殘礎存在，這些都是復原建築物最直接的資料，彌足珍貴。如能與其他古遺址如半坡遺址、秦俑遺址一樣列入保護範圍，則可使古都城或建築遺址永續供研究之用，欣聞大陸已着手進行初步的禁建保護。

二、漢代都城與宮室遺址研究之資料資訊化

以目前海峽西岸的中文系學術界皆孳孳不倦的對中文古文獻之研究，研究成績兩岸各有所長，惟限於資訊化不足，兩岸學界有時對同一問題作同樣探討，浪費很多時間，僅靠出版物之流通或少許學術研討會時效上比較慢，如果在研究上有成果，如能在網路上自由瀏覽，一定可促成兩岸學術進步。例如對漢代長安與洛陽文獻或探查研究報告如能資訊化，使研究成果共享，相信一定有更豐碩成果出現。

三、漢代特殊建築結構建築之復原

漢代之井幹樓高達百米，當時文獻的記錄歷歷在目，沒有人能夠否定其高度之真實性，其高度超過現在世界上最高的木塔山西應縣佛宮寺釋迦塔高度約三分之一，且為日本最高木塔——京都教王護國寺五重塔之兩倍。其結構用井字型的木構架，層與層之間以四立柱支撐，建構百層，每層高五尺（約一點二公尺），柱與井幹梁以卯榫接合，只要柱梁接合牢固其結構是可行的，若能夠縮小比例以百分之一（高度約一點二公尺）的復原做成模型，當可使此古人先進特殊結構雖技術展現於今日。

四、漢代都城宮殿建築之模型之製作，提供文史學術研究

將所研究的都城宮殿（含都城、門闕、道路，庭苑及宮室之殿、閣、樓、臺、庫等建築）之平面、立面、配置、裝修的資料做成模型，如同小人國將各世界著名建築物縮小比例的立體模型，提供研究文史的人士參考，就能使文史研究者對漢代都城宮殿的布局一目了然，不但增添研究興趣，更能對漢代文史研究達到事半功倍的效果。

總之，對包括文學在內的人文科學研究其成果不能比擬自然科學研究的成果，因為前者成果是無形的、非數據的、非立竿見影的形態，但其影響却

是恆久的，後者研究成果可以立即用數據來表明，但其影響則較短暫，舉例言之，李、杜之詩影響超過千年歷久而彌新，但是英國史蒂芬遜（Stephenson,George, 1781～1841）在 1829 年發明的蒸汽火車，當時每小時僅二十公里，速度還比馬車慢，百年後被時速百公里的柴電火車取代，再經三十年，時速三百公里輪軌高速鐵路電車已在日本新幹線出現，再歷五十年後，如今上海磁浮電車已達四百公里以上，蒸汽火車頭更進入了博物館，還有若干人記得起史蒂芬遜呢？但社會上往往認爲人文科學研究未顯出具體成果而不重視，中央研究院許倬雲院士感嘆的說：

> 人文研究用自然科學的標準評鑑，是削足適履，非常不合理，導致
> 研究人文科學的年輕人難以獲得鼓勵。〔註178〕

雖然如此，但孔子也是聖之時者也，利用現代科學技術的方法融入人文學科的研究，使人文科學研究有多重的管道，讓其春華灼灼遍樹，則秋實纍纍滿筐應可預期。

〔註178〕《九十七年七月一日聯合報第九版·大陸國學熱有增無減》，記者陳智華，楊正敏報導，臺北，2008 年 7 月 1 日，頁 A9。

參考文獻

一、古　籍

（一）經　部

1. 《周易正義》，魏王弼，韓康伯注，唐賈公彥正義，新文豐出版公司，臺北，1977 年 1 月。

2. 《尚書正義》，漢孔安國傳，唐賈公彥疏，新文豐出版公司，臺北，1977 年 1 月。

3. 《毛詩注疏》，漢毛氏傳，漢鄭玄箋，唐孔穎達疏，新文豐出版公司，臺北，1977 年 1 月。

4. 《周禮注疏》，漢鄭玄注，唐賈公彥疏，新文豐出版公司，臺北，1977 年 1 月。

5. 《禮記注疏》，漢鄭玄注，唐孔穎達疏，新文豐出版公司，臺北，1977 年 1 月。

6. 《左傳注疏》，晉杜預注，唐孔穎達疏，新文豐出版公司，臺北，1977 年 1 月。

7. 《爾雅注疏》，晉郭璞注，宋邢昺疏，新文豐出版公司，臺北，1977 年 1 月。

8. 《論語注疏》，曹魏何晏集解，宋邢昺疏，新文豐出版公司，臺北，1977 年 1 月。

9. 《孟子注疏》，漢趙歧注，宋孫奭疏，新文豐出版公司，臺北，1977 年 1 月。

10. 《白虎通義》東漢班固撰，清陸費墀等校勘，臺灣商務印書館，臺北，2001

年 4 月。

11. 《白虎通義疏證》東漢班固撰，蕭天佑主編，中國子學名著編印基金會，臺北，1968 年 12 月。

12. 《重校三禮圖》，宋聶崇義撰，臺灣商務印書館，上海粹芬樓景印本，臺北，未具年月。

13. 《儀禮釋宮》，宋李如圭撰，臺灣商務印書館，臺北，1966 年 3 月。

14. 《明堂問》，清毛奇齡撰，臺灣商務印書館，臺北，1966 年 3 月。

15. 《明堂大道錄》，清惠棟撰，清畢沅校刊，臺灣商務印書館，景訓堂叢書景印本，1956 年 4 月。

16. 《觀堂集林・明堂圖廟寢通考》，王國維撰，世界書局，臺北，1965 年 1 月。

17. 《爾雅音訓》，黃侃著，黃焯輯，中華書局，北京，2007 年 7 月。

18. 《段氏說文解字注》，漢許慎撰，清段玉裁注，宏業書局，臺北，1971 年 7 月。

19. 《說文解字義證》，漢許慎撰，清桂馥義證，中華書局，北京，1998 年 11 月。

20. 《廣雅疏證》，曹魏張揖撰，清王念孫疏證，中華書局，北京，2004 年 4 月。

21. 《傳世藏書・釋名疏證補》，東漢劉熙撰，清畢沅疏證，清王先謙講輯，徐復主編，海南國際新聞出版中心，海口，1996 年 11 月。

22. 《傳世藏書・廣韻》，宋陳彭年，丘雍撰，徐復主編，李葆嘉整理，海南國際新聞出版中心，海口，1996 年 11 月。

（二）史 部

1. 《二十五史・史記》，漢司馬遷撰，劉宋裴駰集解，唐司馬貞索隱，唐張守節正義，武英殿刊本，藝文印書館，臺北，1975 年。

2. 《二十五史・漢書補注》，漢班固撰，唐顏師古注，清王先謙補注，武英殿刊本，藝文印書館，臺北，1975 年。

3. 《二十五史・後漢書集解》，劉宋范曄撰，唐李賢注，清王先謙集解，武英殿刊本，藝文印書館，臺北，1975 年。

4. 《二十五史・三國志集解》，晉陳壽撰，劉宋裴松之注，盧弼集解，武英殿刊本，藝文印書館，臺北，1975 年。

5. 《二十五史・晉書斠注》，唐房喬等撰，清吳士鑑，劉承幹同注，盧弼集解，武英殿刊本，藝文印書館，臺北，1975 年。

6. 《二十五史・隋書》，唐魏徵撰，武英殿刊本，藝文印書館，臺北，1975 年。

7. 《二十五史‧五代史記》，宋歐陽修撰，宋徐無黨原注，清彭元瑞補注，武英殿刊本，藝文印書館，臺北，1975 年。

8. 《史記會注考證》，漢司馬遷撰，劉宋裴駰集解，唐司馬貞索隱，唐張守節正義，日本瀧川龜太郎考證，宏業書局，臺北，1972 年 3 月。

9. 《戰國策》，西漢劉向輯，東漢高誘注，臺灣中華書局，臺北，1966 年 3 月。

10. 《國語》，孫吳韋昭注，臺灣中華書局，臺北，1966 年 3 月。

11. 《資治通鑑》，宋司馬光撰，元胡三省註，文化圖書公司，臺北，1971 年 4 月。

12. 《新編古列女傳》，西漢劉向編撰，東晉顧愷之圖畫，新文豐出版公司，臺北，1991 年 7 月。

13. 《三輔黃圖校注》，何清谷校注，三秦出版社，西安，2006 年 1 月。

14. 《永樂大典本水經注》，北魏酈道元撰，臺灣商務印書館影印涵芬樓景印本，臺北，未具出版年月。

15. 《水經注》，北魏酈道元撰，世界書局，臺北，1969 年 5 月。

16. 《水經注校證》，北魏酈道元撰，陳橋驛校證，中華書局，北京，2007 年 7 月。

17. 《水經注圖》，北魏酈道元撰，清汪士鐸圖，陳橋驛校證，山東書報出版社，濟南，2003 年 5 月。

18. 《古本三輔黃圖一卷本‧校正三輔黃圖六卷本》，古本：清孫星衍，莊逢吉校，校正本：張宗祥校，世界書局，臺北，1963 年 11 月。

19. 《三輔舊事‧三輔故事》，清張澍輯，世界書局，臺北，1963 年 11 月。

20. 《三秦記‧關中記輯注》，劉慶柱輯注，三秦出版社，西安，2006 年 1 月。

21. 《關中佚志記輯注》，漢王褒等撰，陳曉捷輯注，三秦出版社，西安，2006 年 1 月。

22. 《洛陽伽藍記校箋》，北魏楊衒之撰，楊勇校箋，中華書局，北京，2006 年 2 月。

23. 《太平寰宇記》，宋樂史撰，文海出版社，臺北，1963 年 4 月。

24. 《游城南記校注》，宋張禮撰，史念海、曹爾琴校注，三秦出版社，西安，2006 年 1 月。

25. 《長安志》，宋宋敏求著，清李荃校，台灣商務印書館景印本，臺北，1986 年 7 月。

26. 《關中勝蹟圖志》，清阮元著，清朱鈴校，台灣商務印書館影印本，臺北，1986 年 7 月。

27. 《唐西京城坊考元河南志》，清徐松輯，世界書局，臺北，1963 年 11 月。

28. 《雍錄》,宋程大昌撰,黃水年點校,中華書局,北京,2005 年 4 月。

29. 《讀史方輿紀要》,清顧祖禹撰,賀次君,施和金點校,中華書局,北京,2006 年 8 月。

30. 《揚州畫舫錄》,清李斗撰,汪北平,涂雨公點校,中華書局,北京,2007 年 10 月

(三) 子 部

1. 《莊子集釋》,戰國莊周撰,東晉郭象注,唐成玄英疏,清郭慶藩編王孝魚整理,萬卷樓圖書公司,臺北,1993 年 3 月。

2. 《管子》,春秋管仲撰,唐房玄齡注,臺灣中華書局,臺北,1966 年 1 月。

3. 《．管子》春秋管仲撰,明凌汝亨輯,蕭天佑主編,中國子學名著編印基金會,臺北,1968 年 12 月。

4. 《尸子》,尸佼撰,清汪繼培輯,蕭天佑主編,中國子學名著編印基金會,臺北,1968 年 12 月。

5. 《墨子閒詁》,墨翟撰,清孫貽讓閒詁,中華書局,北京,2001 年 4 月。

6. 《列子》,列禦寇撰,東晉張湛注,中華書局,中國子學名著集成編印基金會,臺北,1970 年 5 月。

7. 《武經七書》,孫子等撰,明王守仁手批,陸軍指揮參謀大學景印,臺北,1966 年 5 月。

8. 《論衡》東漢王充撰,蕭天佑主編,中國子學名著編印基金會,臺北,1968 年 12 月。

9. 《淮南鴻烈解》,西漢劉安撰,東漢許慎,高誘注,河洛圖書出版社,臺北,1976 年 3 月。

10. 《風俗通義校注》,漢應劭撰,王利器校注,明文書局,臺北,1982 年 4 月。

11. 《初學記》,唐徐堅等著,中華書局,北京,2004 年 2 月。

12. 《太平御覽》,宋李昉等撰,臺灣商務印書館,臺北,1975 年 4 月。

13. 《玉海》,宋王應麟撰,大化書局,臺北,1977 年 12 月。

14. 《李明仲營造法式》,宋李誡撰,陶湘彩繪,聯經出版社,臺北,1974 年 9 月。

15. 《古今圖書集成考工典》,清陳夢雷主編,鼎文書局,臺北,1977 年 4 月。

16. 《本草綱目》,明李時珍著,文光圖書公司,臺北,1968 年 10 月。

17. 《離騷草木疏》,宋吳仁傑著,臺灣商務印書館,臺北,1968 年 6 月。

18. 《園冶注釋》,明計成撰,陳植注釋,明文書局,臺北,19693 月。

19. 《植物名實圖考》,清吳其濬著,臺灣商務印書館,臺北,1968 年 6 月。

（四）集　部

1. 《全上古三代秦漢三國六朝文》，清嚴可均校輯，宏崇書局，臺北，1979年。

2. 《漢魏六朝一百三名家集・蔡中郎集》，明張溥編，新興書局，臺北，1968年3月。

3. 《傳世藏書・樂府詩集》，北宋郭茂倩輯，張撝之主編，海南國際新聞出版中心，海口，1996年11月。

4. 《增補六臣注文選》，蕭梁蕭統撰，唐李善等注，漢京文化事業有限公司，臺北，1983年9月。

5. 《文選》，蕭梁蕭統撰，唐李善注，正中書局，臺北，1971年6月。

6. 《文選李注義疏》，唐李善注，高步瀛疏，中華叢書編審委員會，臺北，1968年5月。

7. 《玉臺新詠箋注》，陳徐陵編，清吳非宜注，清程琰刪補，穆克宏點校，明文書局，臺北，1988年7月。

8. 《藝文類聚》，唐歐陽詢撰，汪紹楹校，上海古籍出版社，上海，2007年8月。

9. 《古唐詩合解》，清王堯衢輯註，李模，李桓同校，上海章福記書局，上海，1916年。

10. 《楚辭補注》，屈原等撰，後漢王逸注，南宋洪興祖補注，長安出版社，臺北，1984年9月。

11. 《山帶閣注楚辭》，屈原等撰，清蔣驥注，長安出版社，臺北，1984年9月。

12. 《文心雕龍》，蕭梁劉勰撰，清何思鈞等校勘，臺灣商務印書館，臺北，2001年4月。

13. 《詩品》，蕭梁鍾嶸撰，清王燕緒等校勘，臺灣商務印書館，臺北，2001年4月。

14. 《升庵集》明楊慎撰，清錢樾等校勘，臺灣商務印書館，臺北，2001年4月。

15. 《梅村集》清吳偉業撰，清陸費墀校，台灣商務印書館景印本，臺北，1986年7月。

16. 《杜工部詩集》，唐杜甫撰，臺灣中華書局，臺北，1966年3月。

17. 《讀杜心解》，清浦起龍撰，古新書局，臺北，1976年2月。

18. 《白香山詩集》，唐白居易撰，臺灣中華書局，臺北，1966年3月。

19. 《東坡七集》北宋蘇軾撰，臺灣中華書局，臺北，1966年3月。

20. 《牧齋初學集》，清錢謙益撰，清錢曾箋注，錢仲聯標校，文海出版社，臺

北，19783 年 4 月。

21. 《唐詩品彙》，明高棅輯，學海出版社，臺北，1983 年 17 月。

22. 《閒情偶寄》，清李漁撰，明文書局，臺北，2002 年 8 月。

二、近代論著

（一）、文學類

1. 《中國文學史》胡雲翼著，莊嚴出版社，臺北，1982 年 2 月。

2. 《中國文學史》柳存仁著，莊嚴出版社，臺北，1982 年 2 月。

3. 《中國文學發展史》劉大杰撰，漢京文化事業公司，臺北，1992 年 6 月。

4. 《中國文學史》葉慶炳著，臺灣學生書局，臺北，1992 年 9 月。

5. 《中國文學史初稿》王忠林等八人合著，萬卷樓圖書公司，臺北，2002 年 10 月。

6. 《文學概論》，王夢鷗著，帕米爾書局，臺北，1964 年 9 月。

7. 《文學概論》，涂公遂著，安邦書局，臺北，1976 年 8 月。

8. 《唐詩鑑賞辭典》，馬茂元等 126 人撰，上海辭書出版社，上海，1986 年 6 月。

9. 《唐詩典故辭典》，李文學撰，陝西人民出版社，西安，1989 年 11 月。

10. 《文選學》，駱鴻凱著，華正書局，臺北，1989 年 9 月。

11. 《唐詩一萬首》，廖仲安，李華，李景華主編，北京燕山出版社，北京，2007 年 7 月。

12. 《昭明文選學術論考》游志誠編著，臺灣學生書局，臺北，1996 年 3 月。

（二）史地類

1. 《中國文化史導論》，錢穆著，臺灣商務印書館，2003 年 9 月。

2. 《中國文明的起源》，夏鼐著，滄浪出版社，未具出版地點及年月。

3. 《中國城池史》，張馭寰著，百花文藝出版社，天津，2003 年 5 月。

4. 《中國度量衡史》吳洛著，台灣商務印書館，臺北，1966 年 3 月。

5. 《洛陽古都史》，蘇健著，博文書社，北京，1989 年 12 月。

6. 《中國歷史地理上冊五大古都，長城與運河》，王恢著，臺灣學生書局，臺北，1976 年 4 月。

7. 《中華五千年史第二冊西周史》，張其昀著，中國文化研究所，台北，1961 年 9 月。

8. 《中華五千年史第九冊西漢史》，張其昀著，中國文化大學出版部，台北，1982 年 11 月。

9. 《長安史蹟研究》，日本足立喜六著，王雙懷等三人譯，三秦出版社，西安，2003 年 1 月。

10. 《一磚一瓦五千年》，蔡宏明，黃麗穎編輯，梵谷圖書出版有限公司，臺北，1981 年 3 月。

11. 《承德風光》，安莉麗等十二編撰，河北美術出版社，石家庄，2002 年 11 月。

12. 《紫禁城》，李夏，張權編著，中國民族藝術出版社，北京，2000 年 1 月。

13. 《大哉黃河》，郭嗣芬撰，錦繡出版社，台北，1985 年 4 月。

14. 《千年古都西安》，張應銘等六人編輯，遠流出版公司，臺北，1987 年 11 月。

15. 《古城平遙》，張成德，范堆相主編，山西人民出版社，太原，1997 年 12 月。

16. 《中華歷史文物》，地球出版社編輯委員會，地球出版社，臺北，1977 年 1 月。

17. 《歷代各族紀年表》陸峻嶺，林幹合編，木鐸出版社，臺北，1982 年 12 月。

18. 《中國天文學史第一冊古代天文史篇》，陳遵嬀著，明文書局，臺北，1985 年 5 月。

19. 《中國天文學史第二冊星象篇》，陳遵嬀著，明文書局，臺北，1987 年 8 月。

20. 《中國天文學史第三冊天象紀事篇》，陳遵嬀著，明文書局，臺北，1987 年 8 月。

21. 《古代天文歷法講座》，張聞玉著，廣西師範大學出版社，桂林，2008 年 1 月。

22. 《陝西省地圖冊》，唐建軍主編，中國地圖出版社，北京，2006 年 1 月。

23. 《河南旅游手冊》，趙曉陽，蔡國才編輯，北岳文藝出版社，太原，2007 年 8 月。

24. 《河南省地圖冊》，河南省測繪局，河南省地圖院編著，中國地圖出版社，北京，2004 年 1 月。

（三）建築類

1. 《中國建築史》，梁思成撰，明文書局，臺北，1981 年 10 月。

2. 《中國建築史》，黃寶瑜編著，國立編譯館，臺北，1973 年 3 月。

3. 《中國建築史》，日本伊東忠太著，陳清泉譯補，臺灣商務印書館，臺北，1965 年 7 月。

4. 《中國建築史》，葉大松編著，信明出版社，臺北，1973 年 8 月。

5. 《中國建築史》，潘谷西編著，六合出版社，臺北，1994 年 8 月。

6. 《中國建築史》，蕭默著，文津出版社，臺北，1994 年 8 月。

7. 《中國古代建築史第一卷原始社會、夏、商、周、秦、漢建築》，劉敘杰主編，中國建築工業出版社，北京，2003 年 7 月。

8. 《中國古代建築史第二卷三國、兩晉、南北朝、隋唐、五代建築》，劉敘杰主編，中國建築工業出版社，北京，2003 年 12 月。

9. 《中國古代建築史第三卷宋、遼、金、西夏建築》，郭黛姮主編，中國建築工業出版社，北京，2003 年 9 月。

10. 《中國古代建築史第四卷元、明建築》，潘谷西主編，中國建築工業出版社，北京，2001 年 3 月。

11. 《中國古代建築史第五卷清代建築》，孫大章主編，中國建築工業出版社，北京，2002 年 11 月。

12. 《中國城池史》，張馭寰著，百花文藝出版社，天津，2003 年 5 月。

13. 《中國宮殿史》，雷從雲等三人合著，文津出版社，臺北，19795 年 8 月。

14. 《河南古代建築史》，鄔學德，劉炎主編，中州古籍出版社，鄭州，2001 年 12 月。

15. 《營造法原》，姚承祖原著，張至剛增編，劉敦楨校閱，中國建築工業出版社，1988 年 7 月。

16. 《營造法式註釋》，梁思成著，中國建築工業出版社，北京，1983 年 9 月。

17. 《清式營造算例及則例》，梁思成等撰，羅曼斯書局，鳳山，1964 年。

18. 《中國古代城市規劃史》，賀業鉅著，中國建築工業出版社，北京，2003 年 7 月。

19. 《中國古代城市規劃建築群佈局及建築設計方法研究》，傅熹年著，中國建築工業出版社，北京，2001 年 9 月。

20. 《中國古代建築藝術》，李甲孚著，北屋出版公司，臺北，1977 年 2 月。

21. 《中國建築臺基》，洪文慶，程里堯主編，錦繡出版公司，新店，2003 年 8 月。

22. 《中國建築禮制與建築》洪文慶，程里堯主編，錦繡出版公司，新店，2003 年 8 月。

23. 《中國的建築與文化》漢寶德著，聯經出版公司，臺北，2004 年 9 月。

24. 《中國古建探微》，王世仁著，天津古籍出版社，天津，2005 年 1 月。

25. 《中國建築史話》，喻維國等編著，明文書局，臺北，1989 年 5 月。

26. 《中國橋樑史話》，茅以昇編著，明文書局，臺北，1987 年 3 月。

27. 《陝西古代景園建築》,佟裕哲編著,陝西科學技術出版社,西安,1998 年 10 月。

28. 《臺灣古厝鑑賞》,高燦榮著,南天書局,臺北 1993 年 1 月。

29. 《中國大百科全書建築園林城市規劃》,中國大百科出版社,北京,上海, 1988 年 5 月。

30. 《中國建築 1 文人園林》王毅等五人撰,錦繡出版公司,新店,2001 年 8 月。

31. 《中國建築 4 風水與建築》艾定增等十人撰,錦繡出版公司,新店,2003 年 8 月。

32. 《中國建築 4 屋頂》樓慶西等八人撰,錦繡出版公司,新店,,2003 年 8 月。

33. 《中國建築 5 門》,侯幼彬等八人撰,錦繡出版公司,新店,2003 年 8 月。

34. 《中國建築 6 臺墓》樓慶西等八人撰,錦繡出版公司,新店,2003 年 8 月。

35. 《傳統建築論文集》,徐伯安,郭黛姮等合撰,丹青圖書有限公司,臺北, 1986 年。

36. 《中國古代陵寢制度史研究》,楊寬著,谷風出版社,中和,1987 年 5 月。

37. 《明堂制度源流考》,張一兵著,人民出版社,北京,2007 年 2 月。

38. 《都市計劃學》,盧毓駿著,臺北工專講義,臺北,1962 年 6 月。

39. 《中國工程師手冊基本類》,工程師手冊編審委員會編,中國工程師學會, 臺北,1963 年 7 月。

40. 《測量學的理論和應用,Surveying Theory and Practice》,大衛(Raymond E, Davis)及霍特(Francis S, Foote, E, M)合著,亞斯班出版業(Aspen publishers),紐約,1953 年 1 月。

41. 《中西建築美學比較論綱》,劉月著,復旦大學出版社,上海,2008 年 9 月。

(四)考古類

1. 《中國大百科全書考古學》,中國大百科出版社,北京,上海,1986 年 8 月。

2. 《中國古建築文獻指南》陳春生、張文輝、徐榮編著,科學出版社,北京, 2000 年 10 月。

3. 《史記都城考》,曲英杰著,商務印書館,北京,2007 年 12 月。

4. 《漢長安城考古與漢文化》,中國社會科學院考古研究所、陝西省考古研 究院、西安市文物保護考古所編,科學出版社,北京,2008 年 5 月。

5. 《西漢禮制建築遺址》,中國社會科學院考古研究所編著,文物出版社,

北京，2003 年 12 月。

6. 《漢長安城》，劉慶柱、李毓芳著，文物出版社，北京，2005 年 7 月。

7. 《漢長安城-武庫》，中國社會科學院考古研究所編著，文物出版社，北京，2005 年 11 月。

8. 《漢魏洛陽故城研究》，洛陽市文物局，洛陽白馬寺漢魏故城保管所編，科學出版社，北京，2000 年 9 月。

9. 《漢魏洛陽城遺址研究》，杜金鵬、錢國祥主編，科學出版社，北京，2007 年 1 月。

10. 《千年閱一城-洛陽漢魏故城與漢魏王朝》，洛陽市文物管璧局，洛陽白馬寺漢魏故城保管所編，中州古籍出版社，洛陽，2005 年 12 月。

11. 《陝西帝王陵》，惠煥章等三人編著，陝西旅遊出版社，西安，2000 年 6 月。

（五）其 他

1. 《堪輿秘笈寶卷》，唐楊筠松等撰，喜年來出版社，中和，1986 年 1 月。

2. 《風水理論研究》，王其亨主編，天津大學出版社，天津，1992 年 8 月。

3. 《中國風水文化》，高友謙著，團結出版社，北京，2004 年 10 月。

4. 《風水與城市》，張覺民著，瑞成書局，臺中，2004 年 9 月。

5. 《風水與開發》，張覺民著，瑞成書局，臺中，2004 年 9 月。

6. 《風水-中國人的環境觀》，劉沛沫著，上海三聯書店，上海，2005 年 9 月。

二、論 文

（一）期刊論文

1. 〈明堂通考〉，楊宗震著，《女師大學術季刊》第二期，1930 年 8 月，頁 1～44。

2. 〈古明堂圖考〉，王夢鷗著，《孔孟學報》第十一期，1966 年 4 月，頁 221～229。

3. 〈關於中國古代宮殿建築群基址規模問題的探討〉，王貴祥撰，《故宮博物院院刊》2005 年第 5 期，北京，頁 46～160。

4. 〈夏小正之天文〉，莊雅州撰，《師大國文研究所中國學術年刊》第六期，1984 年 6 月，台北，頁 41～57。

5. 〈科學與迷信文際～史記天官書今探〉，莊雅州撰，《中正大學中文學術年刊》第六期，2004 年 12 月，嘉義，頁 125～85。

6. 〈漢長安城城門述論〉，李遇春撰，陝西考古研究所，《考古與文物》2005

年第 6 期，西安，頁 54～58。

（二）學位論文

1. 《中國民居建築知識論——明清時期「王匠」興造的理論研究》，盧圓華撰，成功大學建築研究所博士學位論文，臺南，2000 年 7 月。

2. 《從中國博統庭園形式之構成——探討臺灣傳統私家庭園形式之特質》，陳文錦撰，臺灣大學園藝研究所博士學位論文，臺北，2001 年 1 月。

3. 《臺灣博統營造技術的變遷初探之構成——清代至日本時期》，葉乃齊撰，臺灣大學城鄉研究所博士學位論文，臺北，2002 年 6 月。

4. 《明鄭與清領時期下營地區聚落之演變與民宅構成之研究》，黃皎怡撰，以江大學建築研究所博士學位論文，臺北，2004 年 1 月。

5. 《清代官式建築制度研究——以圓明園內工則例爲例》，葉冠國撰，北京清華大學碩士學位論文，北京，2005 年 5 月。

6. 《日本鎌倉與室町時代建築之初探》，葉大松撰，北京清華大學碩士學位論文，北京，2005 年 9 月。

7. 《從皇子賜園到帝君御園——圓明園營建變遷原因探析》，賀艷撰，北京清華大學碩士學位論文，北京，2005 年 11 月。《金門宗廟與居民社會探對》，李永中撰，銘傳大學應用中國文學碩士學位論文，臺北，2005 年 12 月。

附錄一　兩京二都賦全文

一、兩都賦序　班　固

　　或曰：賦者，古詩之流也。昔成康沒而頌聲寢，王澤竭而詩不作。大漢初定，日不暇給。至於武宣之世，乃崇禮官，考文章，內設金馬石渠之署，外興樂府協律之事，以興廢繼絕，潤色鴻業。是以眾庶悅豫，福應尤盛，白麟赤鴈芝房寶鼎之歌，薦於郊廟。神雀五鳳甘露黃龍之瑞，以為年紀。故言語侍從之臣，若司馬相如、虞丘壽王、東方朔、枚皋、王褒、劉向之屬，朝夕論思，日月獻納；而公卿大臣，御史大夫倪寬、太常孔臧、太中大夫董仲舒、宗正劉德、太子太傅蕭望之等，時時間作。或以抒下情而通諷諭，或以宣上德而盡忠孝，雍容揄揚，著於後嗣，抑亦雅頌之亞也。故孝成之世，論而錄之，蓋奏御者千有餘篇，而後大漢之文章，炳焉與三代同風，且夫道有夷隆，學有麤密，因時而建德者，不以遠近易則。故皐陶歌虞，奚斯頌魯，同見采於孔氏，列于詩書，其義一也。稽之上古則如彼，考之漢室又如此。斯事雖細，然先臣之舊式，國家之遺美，不可闕也。臣竊見海內清平，朝廷無事，京師脩宮室，浚城隍，起苑囿，以備制度。西土耆老，咸懷怨思，冀上之睠顧，而盛稱長安舊制，有陋雒洛邑之議。故臣作兩都賦，以極眾人之所眩曜，折以今之法度。其詞曰；

二、西都賦　班　固

　　西都賓問於東都主人曰：「蓋聞皇漢之初經營也，嘗有意乎都河洛矣。輟

而弗康，寔用西遷，作我上都。主人聞其故而睹其制乎？」主人曰：「未也。願賓攄懷舊之蓄念，發思古之幽情。博我以皇道，弘我以漢京。」賓曰：「唯唯。漢之西都，在於雍州，寔曰長安。左據函谷二崤之阻，表以太華終南之山。右界褒斜隴首之險，帶以洪河涇渭之川。眾流之限，汧涌其西。華實之毛，則九州之上腴焉；防禦之阻，則天地之隩區焉。是故橫被六合，三成帝畿。周以龍興，秦以虎視。及至大漢受命而都之也，仰悟東井之精，俯協河圖之靈。奉春建策，留侯演成。天人合應，以發皇明。乃眷西顧，寔惟作京。於是睎秦嶺，睋北阜。挾灃灞，據龍首。圖皇基於億載，度宏規而大起。肇自高而終平，世增飾以崇麗。歷十二之延祚，故窮泰而極侈。建金城而萬雉，呀周池而成淵。披三條之廣路，立十二之通門。內則街衢洞達，閭閻且千。九市開場，貨別隧分。人不得顧，車不得旋。闐城溢郭，旁流百廛。紅塵四合，煙雲相連。於是既庶且富，娛樂無疆。都人士女，殊異乎五方。遊士擬於公侯，列肆侈於姬姜。鄉曲豪舉，遊俠之雄。節慕原嘗，名亞春陵。連交合眾，騁騖乎其中。若乃觀其四郊，浮遊近縣，則南望杜霸，北眺五陵。名都對郭，邑居相承。英俊之域，紱冕所興。冠蓋如雲，七相五公。與乎州郡之豪傑，五都之貨殖。三選七遷，充奉陵邑。蓋以強幹弱枝，隆上都而觀萬國也。封畿之內，厥土千里。逴躒諸夏，兼其所有。其陽則崇山隱天，幽林穹谷。陸海珍藏，藍田美玉。商洛緣其隈，鄠杜濱其足。源泉灌注，陂池交屬。竹林果園，芳草甘木。郊野之富，號爲近蜀。其陰則冠以九嵕，陪以甘泉，乃有靈宮起乎其中。秦漢之所極觀，淵雲之所頌歎，於是乎存焉。下有鄭白之沃，衣食之源。提封五萬，疆場綺分。溝塍刻鏤，原隰龍鱗。決渠降雨，荷插成雲。五穀垂穎，桑麻鋪棻。東郊則有通溝大漕，潰渭洞河。汎舟山東，控引淮湖，與海通波。西郊則有上囿禁苑，林麓藪澤，陂池連乎蜀漢。繚以周墻，四百餘里。離宮別館，三十六所。神池靈沼，往往而在。其中乃有九眞之麟，大宛之馬。黃支之犀，條支之鳥。踰崑崙，越巨海。殊方異類，至於三萬里。「其宮室也，體象乎天地，經緯乎陰陽。據坤靈之正位，倣太紫之圓方。樹中天之華闕，豐冠山之朱堂。因瑰材而究奇，抗應龍之虹梁。列棼橑以布翼，荷棟桴而高驤。雕玉瑱以居楹，裁金璧以飾璫。發五色之渥彩，光燗朗以景彰。於是左墄右平，重軒三階。閨房周通，門闥洞開。列鍾虡於中庭，立金人於端闈。仍增崖而衡閾，臨峻路而啓扉。狥以離宮別寢，承以崇臺閒館。煥若列宿，紫宮是環。清涼宣溫，神仙長年。金華玉堂，白虎麒

麟。區宇若茲，不可殫論。增盤崔嵬，登降炤爛。殊形詭制，每各異觀。乘
茵步輦，惟所息宴。後宮則有掖庭椒房，后妃之室。合歡增城，安處常寧。
茝若椒風，披香發越。蘭林蕙草，鴛鸞飛翔之列。昭陽特盛，隆乎孝成。屋
不呈材，牆不露形。裛以藻繡，絡以綸連。隨侯明月，錯洛其間。金釭銜璧，
是爲列錢。翡翠火齊，流耀含英。懸黎垂棘，夜光在焉。於是玄墀釦砌，玉
階彤庭。礝碅綵緻，琳菧青熒。珊瑚碧樹，周阿而生。紅羅颯纚，綺組繽紛。
精曜華燭，俯仰如神。後宮之號，十有四位。窈窕繁華，更盛迭貴。處乎斯
列者，蓋以百數。左右庭中，朝堂百寮之位。蕭曹魏邴，謀謨乎其上。佐命
則垂統，輔翼則成化。流大漢之愷悌，盪亡秦之毒螫。故令斯人揚樂和之聲，
作畫一之歌。功德著乎祖宗，膏澤洽乎黎庶。又有天祿石渠，典籍之府。命
夫惇誨故老，名儒師傅。講論乎六藝，稽合乎同異。又有承明金馬，著作之
庭。大雅宏達，於茲爲群。元元本本，殫見洽聞。啓發篇章，校理秘文。周
以鉤陳之位，衛以嚴更之署。總禮官之甲科，群百郡之廉孝。虎賁贅衣，闇
尹閽寺。陛戟百重，各有典司。周廬千列，徼道綺錯。輦路經營，脩除飛閣。
自未央而連桂宮，北彌明光而互長樂。凌緊道而超西墉，掍建章而連外屬。
設璧門之鳳闕，上觚稜而棲金爵。內則別風之嶕嶢，眇麗巧而聳擢。張千門
而立萬戶，順陰陽以開闔。爾乃正殿崔嵬，層構厥高，臨乎未央。經駘盪而
出馺娑，洞枍詣以與天梁。上反宇以蓋戴，激日景而納光。神明鬱其特起，
遂偃蹇而上躋。軼雲雨於太半，虹霓迴帶於棼楣。雖輕迅與僄狡，猶襢昢而
不能階。攀井幹而未半，目眴轉而意迷。舍櫺檻而卻倚，若顚墜而復稽。魂
怳怳以失度，巡迴塗而下低。既懲懼於登望，降周流以傍徨。步甬道以縈紆，
又杳窱而不見陽。排飛闥而上出，若遊目於天表，似無依而洋洋。前唐中而
後太液，覽滄海之湯湯。揚波濤於碣石，激神岳之嶈嶈。濫瀛洲與方壺，蓬
萊起乎中央。於是靈草冬榮，神木叢生。巖峻崪崒，金石崢嶸。抗仙掌以承
露，擢雙立之金莖。軼埃塌之混濁，鮮顥氣之清英。騁文成之丕誕，馳五利
之所刑。庶松喬之群類，時遊從乎斯庭。實列仙之攸館，非吾人之所寧。「爾
乃盛娛游之壯觀，奮泰武乎上囿。因茲以威戎誇狄，耀威靈而講武事。命荊
州使起鳥，詔梁野而驅獸。毛群內闐，飛羽上覆。接翼側足，集禁林而屯聚。
水衡虞人，修其營表。種別群分，部曲有署。罘網連紘，籠山絡野。列卒周
匝，星羅雲布。於是乘鑾輿，備法駕，帥群臣。披飛廉，入苑門。遂繞酆鄗，
歷上蘭。六師發逐，百獸駭殫。震震爚爚，雷奔電激。草木塗地，山淵反覆。

蹂躪其十二三，乃拗怒而少息。爾乃期門佽飛，列刃鑽鍭，要趹追蹤。鳥驚觸絲，獸駭值鋒。機不虛掎，弦不再控。矢不單殺，中必疊雙。�颵颵紛紛，矰繳相纏。風毛雨血，灑野蔽天。平原赤，勇士厲，猿狄失木，豺狼懾竄。爾乃移師趨險，並蹈潛穢。窮虎奔突，狂兕觸蹶。許少施巧，秦成力折。掎僄狡，扼猛噬。脫角挫脰，徒搏獨殺。挾師豹，拖熊螭。曳犀犛，頓象羆。超洞壑，越峻崖。蹶嶄巖，鉅石隤。松柏仆，叢林摧。草木無餘，禽獸殄夷。於是天子乃登屬玉之館，歷長楊之榭。覽山川之體勢，觀三軍之殺獲。原野蕭條，目極四裔。禽相鎮壓，獸相枕藉。然後收禽會眾，論功賜胙。陳輕騎以行炰，騰酒車以斟酌。割鮮野食，舉烽命釂。饗賜畢，勞逸齊。大路鳴鑾，容與徘徊。集乎豫章之宇，臨乎昆明之池。左牽牛而右織女，似雲漢之無涯。茂樹蔭蔚，芳草被隄。蘭茝發色，曄曄猗猗。若摛錦布繡，燭燿乎其陂。鳥則玄鶴白鷺，黃鵠鵁鸛。鶬鴰鴇鶂，鳧鷖鴻鴈。朝發河海，夕宿江漢。沈浮往來，雲集霧散。於是後宮乘輚輅，登龍舟，張鳳蓋，建華旗。祛黼帷，鏡清流。靡微風，澹淡浮。權女謳，鼓吹震。聲激越，蔥屬天。鳥群翔，魚窺淵。招白鷳，下雙鵠。揄文竿，出比目。撫鴻罿，御繒繳。方舟並騖，俛仰極樂。遂乃風舉雲搖，浮遊溥覽。前乘秦嶺，後越九嵕。東薄河華，西涉岐雍。宮館所歷，百有餘區，行所朝夕，儲不改供。禮上下而接山川，究休祐之所用。采遊童之讙謠，第從臣之嘉頌。於斯之時，都都相望，邑邑相屬。國藉十世之基，家承百年之業。士食舊德之名氏，農服先疇之畎畝。商循族世之所鬻，工用高曾之規矩。粲乎隱隱，各得其所。「若臣者，徒觀跡於舊墟，聞之乎故老。十分而未得其一端，故不能偏舉也。」

三、東都賦 班　固

　　東都主人喟然而歎曰：「痛乎風俗之移人也！子實秦人，矜夸館室，保界河山，信識昭襄而知始皇矣，烏覩大漢之雲爲乎？」夫大漢之開元也，奮布衣以登皇位，由數朞而創萬代，蓋六籍所不能談，前聖靡得言焉。當此之時，功有橫而當天，討有逆而順民。故婁敬度勢而獻其說，蕭公權宜而拓其制。時豈泰而安之哉？計不得以已也。吾子曾不是睹，顧曜後嗣之末造，不亦暗乎。今將語子以建武之治，永平之事。監于太清，以變子之惑志。往者王莽作逆，漢祚中缺。天人致誅，六合相滅。于時之亂，生民幾亡，鬼神泯絕。

罄無完柩，郛罔遺室。原野厭人之肉，川穀流人之血。秦項之災猶不克半，書契以來未之或紀。故下人號而上訴，上帝懷而降監。乃致命乎聖皇。於是聖皇乃握乾符，闡坤珍。披皇圖，稽帝文。赫然發憤，應若興雲。霆擊昆陽，憑怒雷震。遂超大河，跨北嶽。立號高邑，建都河洛。紹百王之荒屯，因造化之盪滌。體元立制，繼天而作。系唐統，接漢緒。茂育群生，恢復疆宇。勳兼乎在昔，事勤乎三五。豈特方軌並跡，紛綸后辟，治近古之所務，蹈一聖之險易雲爾哉？且夫建武之元，天地革命。四海之內，更造夫婦，肇有父子。君臣初建，人倫寔始。斯乃伏犧氏之所以基皇德也。。分州土，立市朝，作舟輿，造器械，斯乃軒轅氏之所以開帝功也。龔行天罰，應天順人，斯乃湯武之所以昭王業也。遷都改邑，有殷宗中興之則焉；即土之中，有周成隆平之制焉。不階尺土一人之柄，同符乎高祖。克己復禮，以奉終始，允恭乎孝文。憲章稽古，封岱勒成，儀炳乎世宗。案六經而校德，眇古昔而論功，仁聖之事既該，而帝王之道備矣。「至乎永平之際，重熙而累洽。盛三雍之上儀，脩袞龍之法服。鋪鴻藻，信景鑠。揚世廟，正雅樂。人神之和允洽，群臣之序既肅。乃動大輅，遵皇衢。省方巡狩，躬覽萬國之有無。考聲教之所被，散皇明以燭幽。然後增周舊，脩洛邑。扇巍巍，顯翼翼。光漢京于諸夏，總八方而爲之極。於是皇城之內，宮室光明，闕庭神麗。奢不可踰，儉不能侈。外則因原野以作苑，塡流泉而爲沼。發蘋藻以潛魚，豐圃草以毓獸。制同乎梁鄒，誼合乎靈囿。若乃順時節而蒐狩，簡車徒以講武。則必臨之以王制，考之以風雅。歷騶虞，覽駟鐵。嘉車攻，采吉日。禮官整儀，乘輿乃出。於是發鯨魚，鏗華鐘。登玉輅，乘時龍。鳳蓋棽麗，龢鑾玲瓏。天官景從，寖威盛容。山靈護野，屬御方神。雨師汎灑，風伯清塵。千乘雷起，萬騎紛紜。元戎竟野，戈鋋彗雲。羽旄掃霓，旌旗拂天。焱焱炎炎，揚光飛文。吐燗生風，欱野歕山。日月爲之奪明，丘陵爲之搖震。遂集乎中囿，陳師按屯。駢部曲，列校隊。勒三軍，誓將帥。然後舉烽伐鼓，申令三驅。輶車霆激，驍騎電騖。由基發射，范氏施御。弦不睼禽，轡不詭遇。飛者未及翔，走者未及去。指顧倏忽，獲車已實。樂不極盤，殺不盡物。馬踠餘足，士怒未傾。先驅復路，屬車案節。於是薦三犧，效五牲。禮神祇，懷百靈。覲明堂，臨辟雍。揚緝熙，宣皇風。登靈臺，考休徵。俯仰乎乾坤，參象乎聖躬。目中夏而布德，瞰四裔而抗稜。西盪河源，東澹海漘。北動幽崖，南燿朱垠。殊方別區，界絕而不鄰。自孝武之所不征，孝宣之所未臣。莫不陸讋水慄，奔

走而來賓。遂綏哀牢，開永昌。春王三朝，會同漢京。是日也，天子受四海之圖籍，膺萬國之貢珍。內撫諸夏，外綏百蠻。爾乃盛禮興樂，供帳置乎雲龍之庭。陳百寮而贊群后，究皇儀而展帝容。於是庭實千品，旨酒萬鍾。列金罍，班玉觴。嘉珍御，太牢饗。爾乃食舉雍徹，太師奏樂。陳金石，布絲竹。鐘鼓鏗鍧，管絃燁煜。抗五聲，極六律。歌九功，舞八佾。韶武備，泰古畢。四夷間奏，德廣所及。僸佅兜離，罔不具集。萬樂備，百禮暨。皇歡浹，群臣醉。降煙熅，調元氣。然後撞鐘告罷，百寮遂退。「於是聖上睹萬方之歡娛，又沐浴於膏澤，懼其侈心之將萌，而怠於東作也，乃申舊章，下明詔。命有司，班憲度。昭節儉，示太素。去後宮之麗飾，損乘輿之服御。抑工商之淫業，興農桑之盛務。遂令海內棄末而反本，背偽而歸眞。女脩織紝，男務耕耘。器用陶匏，服尙素玄。恥纖靡而不服，賤奇麗而弗珍。捐金於山，沈珠於淵。於是百姓滌瑕盪穢，而鏡至清。形神寂漠，耳目弗營。嗜欲之源滅，廉恥之心生。莫不優游而自得，玉潤而金聲。是以四海以內，學校如林，庠序盈門。獻酬交錯，俎豆莘莘。下舞上歌，蹈德詠仁。登降餞宴之禮既畢，因相與嗟歎玄德，謜言弘說。咸含和而吐氣，頌曰：盛哉乎斯世！「今論者但知誦虞夏之書，詠殷周之詩。講義文之易，論孔氏之春秋。罕能精古今之清濁，究漢德之所由。唯子頗識舊典，又徒馳騁乎末流。溫故知新已難，而知德者鮮矣！且夫僻界西戎，險阻四塞，脩其防禦。孰與處乎土中，平夷洞達，萬方輻湊？秦嶺九嵕，涇渭之川。曷若四瀆五嶽，帶河泝洛，圖書之淵？建章甘泉，館御列仙。孰與靈臺明堂，統和天人？太液昆明，鳥獸之囿。曷若辟雍海流，道德之富？游俠踰侈，犯義侵禮。孰與同履法度，翼翼濟濟；子徒習秦阿房之造天，而不知京洛之有制也；識函谷之可關，而不知王者之無外也。主人之辭未終，西都賓矍然失容。逡巡降階，錯然意下，捧手欲辭。主人曰：「復位，今將授子以五篇之詩。」賓既卒業，乃稱曰：「美哉乎斯詩！義正乎楊雄，事實乎相如。匪唯主人之好學，蓋乃遭遇乎斯時也。小子狂簡，不知所裁。既聞正道，請終身而誦之。」其詩曰：

明堂詩

於昭明堂，明堂孔陽。聖皇宗祀，穆穆煌煌。

上帝宴饗，五位時序。誰其配之，世祖光武。

普天率土，各以其職。猗歟緝熙，允懷多福。

辟雍詩

乃流辟雍，辟雍湯湯。聖皇蒞止，造舟爲梁。

皤皤國老，乃父乃兄。抑抑威儀，孝友光明。

於赫太上，示我漢行。洪化惟神，永觀厥成。

靈臺詩

乃經靈臺，靈臺既崇。帝勤時登，爰考休徵。

三光宣精，五行布序。習習祥風，祁祁甘雨。

百穀蓁蓁，庶草蕃廡。屢惟豐年，於皇樂胥。

寶鼎詩

嶽脩貢兮川效珍，吐金景兮歊浮雲。

寶鼎見兮色紛縕。煥其炳兮被龍文。

登祖廟兮享聖神。昭靈德兮彌億年。

白雉詩

啓靈篇兮披瑞圖，獲白雉兮效素烏。

嘉祥阜兮集皇都。發皓羽兮奮翹英。

彰皇德兮侔周成。永延長兮膺天慶。

四、西京賦　張　衡

有憑虛公子者，心侈體忲，雅好博古，學乎舊史氏，是以多識前代之載。言于安處先生曰：「夫人在陽時則舒，在陰時則慘，此牽乎天者也。處沃土則逸，處瘠土則勞，此繫乎地者也。慘則尠于歡，勞則褊于惠，能違之者寡矣。小必有之，大亦宜然。故帝者因天地以致化，兆民承上教以成俗，化俗之本，有與推移，何以覈諸？秦據雍而強，周即豫而弱，高祖都西而泰，光武處東而約，政之興衰，恒由此作。先生獨不見西京之事歟？請爲吾子陳之。

漢氏初都，在渭之涘，秦裏其朔，寔爲咸陽。左有崤函重險、桃林之塞，綴以二華，巨靈贔屭，高掌遠蹠，以流河曲，厥跡猶存。右有隴坻之隘，隔閡華戎，岐梁汧雍，陳寶鳴雞在焉。於前終南太一，隆崛崔萃，隱轔鬱律，連岡乎嶓冢，抱杜含鄠，欱灃吐鎬，爰有藍田珍玉，是之自出。以後則高陵平原，據渭踞涇，澶漫靡迆，作鎮於近。其遠則九嵕甘泉，涸陰沍寒，日北至而含凍，此爲清暑。爾乃廣衍沃野，厥田上上，實爲地之奧區神皋。昔者，

大帝說繆公而觀之，饗以鈞天廣樂。帝有醉焉，乃爲金策，錫用此土，而翦諸鶉首。是時也，並爲強國者有六，然而四海同宅西秦，豈不詭哉！

自我高祖之始入也，五緯相汁，以旅于東井。婁敬委輅，幹非其議，天啓其心，人慕之謀，及帝圖時，意小有慮乎神祇，宜其可定以爲天邑。豈伊不虔思於天衢？豈伊不懷歸於枌榆？天命不滔，疇敢以渝！

於是量徑輪，考廣袤，經城洫，營郭郛，取殊裁於八都，豈稽度於往舊。爾乃覽秦制，跨周法，狹百堵之側陋，增九筵之迫脅。正紫宮於未央，表嶢闕于閶闔。疏龍首以抗殿，狀巍峨以岌嶫。亙雄虹之長梁，結棼橑以相接。蒂倒茄於藻井，披紅葩之狎獵。飾華榱與璧璫，流景曜之韡曄。雕楹玉磶，繡栭雲楣。三階重軒，鏤檻文㮰。右平左墄，青瑣丹墀。刊層平堂，設切崖隒。坻崿鱗眴，棧齴巉嶮。襄岸夷塗，修路峻險。重門襲固，姦宄是防。仰福帝居，陽曜陰藏。洪鐘萬鈞，猛虡趪趪。負筍業而餘怒，乃奮翅而騰驤。

朝堂承東，溫調延北，西有玉臺，聯以昆德。嵯峨崣嵬，罔識所則。若夫長年神仙，宣室玉堂，麒麟朱鳥，龍興含章，譬眾星之環北極，叛赫戲以輝煌。正殿路寢，用朝羣辟。大夏耽耽，九戶開闢。嘉木樹庭，芳草如積。高門有閌，列坐金狄，內有常侍謁者，奉命當御。蘭臺金馬，遞宿迭居。次有天祿石渠校文之處，重以處威章溝嚴更之署。徼道外周，千廬內附，衛尉八屯，警夜巡晝。植鎩懸瞂，用戒不虞。

後宮則昭陽飛翔，增成合歡，蘭林披香，鳳凰鴛鸞。羣窈窕之華麗，嗟內顧之所觀。故其館室次舍，采飾纖縟。裛以藻繡，文以朱綠，翡翠火齊，絡以美玉。流懸黎之夜光，綴隨珠以爲燭。金釭玉階，彤庭煇煇。珊瑚琳碧，瓀珉璘彬。珍物羅生，煥若崐崘。雖厥裁之不廣，侈靡逾乎至尊。於是鈎陳之外，閣道穹窿，屬長樂與明光，徑北通乎桂宮。命般爾之巧匠，盡變態乎其中。於是後宮不移，樂不徙懸，門衛供帳，官以物辨。恣意所幸，下輦成燕。窮年忘歸，猶弗能徧。瑰異日新，殫所未見。

惟帝王之神麗，懼尊卑之不殊。雖斯宇之既坦，心猶憑而未攄，思比象於紫微，恨阿房之不可廬。覿往昔之遺館。獲林光于秦餘。處甘泉之爽塏，乃隆崇而弘敷。既新作于迎風，增露寒與儲胥。托喬基於山岡，直墆霓以高居。通天訬以竦峙，徑百常而莖擢。上辬華以交紛，下刻陗其若削，翔鶤仰而不逮，況青鳥與黃雀。伏櫺檻而頫聽，聞雷霆之相激。

柏梁既災，越巫陳方。建章是經，用厭火祥。營宇之制，事兼未央。圜

闕竦以造天，若雙碣之相望。鳳騫翥於甍標，鹹遡風甫欲翔。閶闔之內，別風嶕嶢。何工巧之瑰瑋，交綺豁以疏寮。干雲霧而上達，狀亭亭以岩岩。神明崛其特起，井幹疊而百增。跱游極於浮柱，結重欒以相承。累層構而遂隮，望北辰而高興。消雰埃於中宸，集重陽之清澄。瞰宛虹之長鬐，察雲師之所憑。上飛闥而仰眺，正睹瑤光與玉繩。將乍往而未半，休悼慄而聳兢，非都盧之輕趫，孰能超而究升？

駊娑駊盪，薆薱桔桀。枌諧承光，睒眾庨豁。增桴重棼，鍔鍔列列。反宇業業，飛簷轍轍。流景內照，引曜日月。天梁之宮，寔開高闈。旗不脫扃，結駟方蘄。轙輻輕鷥，容於一扉。長廊廣廡，連閣雲蔓。閑庭詭異，門千戶萬。重闈幽闥，轉相逾延。望窈窱以徑延，眇不知其所返。既乃珍臺蹇產以極壯，墱道邐倚以正東。似閬風之遝坂，橫西洫而絕金墉。城尉不弛柝，而內外潛通。

前開唐中，彌望廣潒。顧臨太液，滄池漭沆。漸臺立于中央，赫昈昈以弘敞。清淵洋洋，神山峩峩。列瀛洲與方丈，夾蓬萊而駢羅。上林岑以壘嶵，下崭巖以嵓齬。長風激於別島嶹，起洪濤而揚波。浸石菌於重涯，濯靈芝以朱柯。海若游于玄渚，鯨魚失流而蹉跎。於是采少君之端信，庶欒大之貞固。立脩莖之仙掌，承雲表之清露。屑瓊蕊以朝飱，必性命之可度。美往昔之松喬，要羨門乎天路。想升龍於鼎湖，豈時俗之足慕。若歷世而長存，何遽營乎陵墓！徒觀其城郭之制，則旁開三門，參塗夷庭，方軌十二，街衢相經。廛裏端直，甍宇齊平。北闕甲第，當道直啓。程巧致功，期不陁陊。木衣綈錦，士被朱紫。武庫禁兵，設在蘭錡。匪石匪董，疇能宅此？爾乃廓開九市，通闤帶闠。旗亭五重，俯察百隧。周制大胥，今也惟尉。環貨方至，鳥集鱗萃。鬻者兼贏，求者不匱。爾乃商賈百族，裨販夫婦，蚩眩邊鄙。何必昏于作勞，邪贏優而足恃。彼肆人之男女，麗美奢乎許史。若夫翁伯濁質，張里之家，擊鐘鼎食，連騎相過。東京公侯，壯何能加？都邑遊俠，張趙之倫，齊志無忌，擬跡田文。輕死重氣，結党連羣，寔蕃有徒，其從如雲。茂陵之原，陽陵之朱。趫悍虓豁，如虎如貙。睚眦蠆芥，屍僵路隅。丞相欲以贖子罪，陽石汙而公孫誅。若其五縣遊麗辯論之士，街談巷議，彈射臧否，剖析毫釐，擘肌分理。所好生毛羽，所惡成瘡痏。郊甸之內，鄉邑殷賑。五都貨殖，既遷既引。商旅聯槅，隱隱展展。冠帶交錯，方轅接軫。封畿千里，統以京尹。郡國宮館，百四十五。右機虢屋，並卷鄜鄠。左暨河華，遂至虢土。

上林禁苑，跨穀彌阜。東至鼎湖，斜界細柳。掩長楊而聯五柞，繞黃山而款牛首。繚垣綿聯，四百餘里。植物斯生，動物鬻良雜苦，斯止。眾鳥翩翩，群獸駓駼。散似驚波，聚以京峙，伯益不能名，隸首不能紀。林麓之饒，於何不有？木則樅栝椶楠，梓棫梗楓。嘉卉灌叢，蔚若鄧林。鬱蓊薆薱，櫹爽欀橬。吐葩颺榮，布葉垂陰。草則箴莎菅蒯，薇蕨荔芋，王蒭茵台，戎葵懷羊。莽薄蓬茸，彌皋被岡。筱蕩敷衍，編町成篁。山谷原隰，泱漭無疆。乃有昆明靈沼，黑水玄址，周以金堤，樹以柳杞。豫章珍館，揭焉中峙。牽牛立其左，織女處其右，日月於是乎出入，象扶桑與濛汜。其中則有黿鼉巨鼈，鱣鯉鱮鮦，鮪鯢鱨鯊，修額短項，大口折鼻，詭類殊種。鳥則鷫鵠鴰鶬，駕鵝鴻鶤。上春候來，季秋就溫。南翔衡陽，北棲雁門。奮隼歸鳧，沸卉軿訇。眾形殊聲，不可勝論。於是孟冬作陰，寒風肅殺。雨雪飄飄，冰霜慘烈。百卉具零，剛蟲搏擊。爾乃振天維，衍地絡，蕩川瀆，簸林薄。鳥畢駭，獸咸作，草伏木棲，寓居穴託。起彼集此，霍繹紛泊，在彼靈囿之中，前後無有垠鍔，虞人掌焉，為之營域。焚萊平場，柞木剪棘。結置百里，迒杜蹊塞。麀鹿麌麌，駢田偪仄。天子乃駕雕軫，六駿駮、戴翠帽，倚金較。璿弁玉纓，遺光儵爚。建玄弋，樹招搖。棲鳴鳶，曳雲梢。弧旌枉矢，虹旃蜺旄。華蓋承辰，天畢前驅。千乘雷動，萬騎龍趨。屬車之簉，載獫猲獢。匪唯翫好，迺有秘書。小說九百，本自虞初。從容之求，寔俟寔儲。於是蚩尤秉鉞，奮鬣被般。禁禦不若，以知神姦，魑魅魍魎，莫能逢旃。陳虎旅于飛廉，正壘壁乎上蘭。結部曲，整行伍。燎京薪，駭雷鼓。縱獵徒，赴長莽。迒卒清候，武士赫怒。緹衣韎韐，睢盱拔扈。光炎燭天庭，囂聲震海浦。河渭為之波盪，吳嶽為之陁堵。百禽㥄遽，駭瞿奔觸。喪精亡魂，失歸忘趨。投輪關輻，不邀自遇。飛罕瀟箭，流鏑摲煿。矢不虛舍，鋋不苟躍。當足見蹍，值輪被轢。僵禽斃獸，爛若礦礫。但觀罻羅之所罥結，罜罭之所揵畢，叉簇之所攙挹，徒搏之所撞拯，白日未及移晷，已獮其十七八。若夫游鷁高翬，絕阬逾斥。巉兔聯猭，陵巒超壑。比諸東郭，莫之能獲。乃有迅羽輕足，尋景追括。鳥不暇舉，獸不獷發。青骹擊於轀下，韓盧噬於緤末。及其猛毅鬚鬣，隅目高匡，威慴兕虎，莫之敢伉。乃使中黃之士，育獲之儔，朱鬈髼鬆，植髮如竿。袒裼戟手，奎踽盤桓。鼻赤象，圈巨狿，摣狒猥，拕蚖狨，拽枳落，突棘藩。梗林為之靡拉，朴叢為之摧殘。輕銳僄狡，趫捷之徒，赴洞穴，探封狐。陵重巘，獵崑駼。杪木末，攫獑猢。超殊榛，捎飛鼯。是時，後宮嬖人昭儀之倫，

常亞子乘輿。慕賈氏之如皋，《北風》之同車。盤于游畋，其樂只宜。於是鳥獸殫，目觀窮。遷延邪睨，集乎長楊之宮。息行夫，展車馬。收禽舉胾，數課眾寡。置互擺牲，頒賜獲鹵。割鮮野饗，鎬勤賞功。五軍六師，千列盲重。酒車酌醴，方駕授饔。升觴舉燧，既醮鳴鐘。膳夫馳騎，察貳廉空。炙炰夥，清酤敥。皇恩溥怖，洪德施。徒禦悅，士忘疲。巾車命駕，回斾右移。儵俔乎五柞之館，旋憩乎昆明之池。登豫章，簡矰紅。蒲且發，弋高鴻。掛白鶴，聯飛龍。礛不待絓，往必加雙。於是命舟牧，為水嬉。浮鷁首，翳雲芝。垂翠葆，建羽旗。齊拽女，縱櫂歌。發引和，校鳴葭。奏《淮南》，度《陽阿》。感河馮，懷湘娥。驚魍魎，憚蛟蛇。然後釣魴鱧，纚鰋鮋。摭紫貝，搏耆龜。揠水豹，罟潛牛。澤虞是濫，何有春秋？摘澤澥，搜川瀆。布九罭，設罜麗。攉昆鮞，殄水族。蓬藕拔，蜃蛤剝。逞欲畋斁，效獲寶麛。謬蓼渾浪，乾池滌藪。上無逸飛，下無遺走。攫胎拾卵，蚳蝝盡取。取樂今日，遑恤我後！

既定且寧，焉知傾陁？大駕幸乎平樂，張甲乙而襲翠被。攢珍寶之玩好，紛瑰麗以參靡。臨迴望之廣場，程角觝之妙戲。烏獲扛鼎，都盧尋橦。沖狹燕濯，胸突銛鋒。跳丸劍之揮霍，走索上而相逢。華嶽峨峨，岡巒參差。神木靈草，朱實離離。總會仙倡，戲豹舞羆。白虎鼓瑟，蒼龍吹篪。女娥坐而長歌，聲清暢而蜲蛇，洪涯立而指麾，被毛羽之襳襹。度曲未終，雲起雪飛。初若飄飄，後遂霏霏。複陸重閣，轉石成雷。礔礰激而增響，磅礚象乎天威。巨獸百尋，是為蔓延。神山崔巍，欻從背見。熊虎升而拏攫，猿狖超而高援。怪獸陸梁，大雀踆踆。白象行孕，垂鼻轔囷。海鱗變而成龍，狀蜿蜿以蝹蝹。舍利颬颬，化為仙車，驪駕四鹿，芝蓋九葩。蟾蜍與龜，水人弄蛇。奇幻儵忽，易貌分形。吞刀吐火，雲霧杳冥。畫地成川，流渭通涇。東海黃公，赤刀粵祝。冀厭白虎，卒不能救。挾邪作蠱，於是不售。爾乃建戲車，樹修旃。侲僮程材，上下翩翻。突倒投而跟絓，譬殞絕而複聯。百馬同轡，騁足並馳，撞末之技，態不可彌。彎弓射乎西羌，又顧發乎鮮卑。

於是眾變盡，心醒醉。般樂極，悵懷萃。陰戒期門，微行要屈。降尊就卑，懷璽藏紱。便旋閭閻，周觀郊遂。若神龍之變化，章后皇之為貴。然後歷披庭，適歡館。捐衰色，從嬿婉。促中堂之狹坐，羽觴行而無筭。秘舞更奏，妙材騁技。妖蠱豔大夏姬，美聲暢于虞氏。始徐進而羸形，似不任乎羅綺。嚼清商而卻轉、增嬋娟以此豸。紛縱體而迅赴，若驚鶴之群羆。振朱屣於盤樽，奮長袖之颯纚。要紹修態，麗服颺菁。眠嬲流眄，一顧傾城。展季

桑門，誰能不營？列爵十四，竟媚取榮。盛衰無常，惟愛所丁。衛後興於鬒髮，飛燕寵於體輕。爾乃逞志究欲，窮身極娛。鑒戒《唐詩》，他人是媮。自君作故，何禮之拘？增昭儀于婕妤，賢既公而又侯。許趙氏以無上，思致董于有虞。王閡爭坐於側，漢載妄而不渝。

　　高祖創業，繼體承基。暫勞永逸，無爲而治。耽樂是從，何慮何思？多歷年所，二百餘朞。徒以地沃野豐，百物殷阜，嚴險周固，襟帶易守。得之者彊，據之者久。流長則難竭，柢深則難朽。故奢泰肆情，而馨烈彌茂。鄗生生乎三百之外，傳聞于末聞之者，曾髣髴其若夢，未一隅之能覩。此何與于殷人之屢遷，前八而後五，居相圯耿，不常厥土。盤庚作誥，帥人以苦。方今聖上，同天號於帝皇，掩四海而爲家。富有之業，莫我大也。徒恨不能以靡麗爲國華，獨儉嗇以齟齬。忘《蟋蟀》之謂何？豈欲之而不能，將能之而不欲歟？蒙竊惑焉，願聞所以辯之之說也。

五、東京賦　張　衡

　　安處先生於是似不能言，憮然有閑，乃莞爾而笑曰：「若客所謂末學膚受，貴耳而賤目者也。苟有胸而無心，不能節之以禮，宜其陋今而榮古矣。由余以西戎孤臣，而悝穆公於宮室，如之何其以溫故而知新，研竅是非，近於此惑？周姬之末，不能厥政，政用多僻，始于宮鄰，卒于金虎。嬴氏搏翼，擇肉西邑。是時也，七雄並爭，競相高以奢麗，楚築章華于前，趙建叢台於後。秦政利觜長距，終得擅場，思專其侈，以莫己若。乃構阿房，起甘泉，結雲閣，冠南山，徵稅盡，人力殫。然後收乙太半之賦，威以參夷之刑。其遇民也，若薙氏之芟草，既蘊崇之，又行火焉。悴悴黔首，豈徒踞高天、蹐厚地而已哉！乃救死於其頸，歐以就役，唯力是視。百姓不能忍，是用息肩于大漢，而欣戴高祖。高祖膺籙受圖，順天行誅，杖朱旗而建大號。所推必亡，所存必固。掃項軍於垓下，紲子嬰于軹塗。因秦宮室，據其府庫。作洛之制，我則未暇，是以西匠營宮，目翫阿房，規摹逾溢，不度不臧。損之又損，然尚過於周堂。觀者狹而謂之陋，帝已議其泰而弗康。且高既受命建家，造我區夏矣，文又躬自菲薄，治致升平之德。武有大啓土宇，紀禪肅然之功。宣重威以撫和戎狄，呼韓來享，咸用紀宗存主，饗祀不輟。銘勳彝器，歷世彌光。今舍純懿而論爽德，以《春秋》所諱而爲美談，宜無嫌於往初，故蔽

善而揚惡，祗吾子之不知言也。必以肆奢爲賢，則是黃帝合宮，有虞總期，固不如夏癸之瑤台，殷辛之瓊室也，湯武誰革而用師哉！盍亦覽東京之事以自寤，且夫天子有道，守在海外。守位以仁，不恃隘害。苟民志之不諒，何云巖險與襟帶？秦負阻於二關，卒開項而受沛。彼偏據而規小，豈如宅中而圖大？昔先王之經邑也，掩觀九隩，靡地不營。土圭測景，不縮不盈，總風雨之所交，然後以建王城。審曲面勢，泝洛背河，左伊右瀍，西阻九阿，東門于旋。盟津達其後，太谷通其前。回行道乎伊闕，邪徑捷乎轘轅。太室作鎮，揭以熊耳。底柱輟流，鐔以大伾。溫液湯泉，黑丹石緇。玉鮪岫居，能鼈三趾。虙妃攸館，神用挺紀。龍圖授羲，龜書畀姒。召伯相宅，卜惟洛食。周公初基，其繩則直。蓂弘魏舒，是廓是極。經途九軌，城隅九雉。度堂以筵，度室以几。京邑翼翼，四方所視。漢初弗之宅，故宗緒中圮。巨猾閒釁，竊弄神器，曆載三六，偷安天位。於是蒸民，罔敢或貳，其取威也重矣。我世祖忿之，乃龍飛白水，鳳翔參墟。授鉞四七，共工是除。攙槍旬始，群凶靡餘。區宇乂寧，思和求中。睿哲玄覽，都茲洛宮。曰止曰時，昭明有融。既光厥武，仁洽道豐。登岱勒封，與黃比崇。逮至顯宗，六合殷昌。乃新崇德，遂作德陽。啓南端之特闈，立應門之將將。昭仁惠於崇賢，抗義聲于金商。飛雲龍于春路，屯神虎于秋方。建象魏之兩觀，旌六典之舊章。其內則含德、章臺，天祿、宣明，溫飭、迎春，壽安、永寧。飛閣神行，莫我能形。濯龍芳林，九谷八溪。芙蓉覆水，秋蘭被涯。渚戲躍魚，淵遊龜鱗。永安離宮，脩竹冬青。陰池幽流，玄泉洌清。鵁鶄秋棲，鶻鵃春鳴。睢鳩麗黃，關關嚶嚶。於南則前殿靈臺，蘇歡安福。謻門曲榭，邪阻城洫。奇樹珍果，鉤盾所職。西登少華，亭候脩勑。九龍之內，寔曰嘉德。西南其戶，匪雕匪刻。我后好約，乃宴斯息。于東則洪池清蘌。淥水澹澹。內阜川禽，外豐葭菼。獻鼈蜃與龜魚，供蝸蠯與菱芡。其西則有平樂都場，示遠之觀。龍雀蟠蜿，天馬半漢。瑰異譎詭，粲爛炳煥。奢未及侈，儉而不陋。規遵王度，動中得趣。於是觀禮，禮舉義具。經始勿亟，成之不日。猶謂爲之者勞，居之者逸。慕唐虞之茅茨，思夏後之卑室，乃營三宮，布教頒常。複廟重屋，八達九房。規天矩地，授時順鄉。造舟清池，惟水泱泱。左制辟雍，右立靈臺。因進距衰，表賢簡能。馮相觀祲，祈襖禳災。於是孟春元日，群后旁戾。百僚師師，於斯胥洎。藩國奉聘，要荒來質。具惟帝臣，獻琛執贄。當觀乎殿下者，蓋數萬以二。爾乃九賓重，臚人列，崇牙張，鏞鼓設。郎將司階，虎戟交鏚。

龍輅充庭，雲旗拂霓。夏正三朝，庭燎晢晢，撞洪鐘、伐靈鼓，旁震八鄙，軒礚隱訇，若疾霆轉雷而激迅風也。是時稱警蹕已，下雕輦於東廂。冠通天，佩玉璽，紆皇組，要干將，負斧扆，次席紛純，左右玉几，而南面以聽矣。然後百辟乃入，司儀辨等，尊卑以班。璧蓋皮帛之贄既奠，天子乃以三揖之禮禮之。穆穆焉，皇皇焉，濟濟焉，將將焉，信天下之壯觀也。乃羨公侯卿士，登自東除。訪萬機，詢朝政，勤恤民隱，而除其眚。人或不得其所，若己納之於隍。荷天下之重任，匪怠皇以寧靜。發京倉，散禁財，賚皇寮，逮輿臺。命膳夫以大饗，饔餼浹乎家陪。春醴惟醇，燔炙芬芬。君臣歡康，具醉薰薰。千品萬官，已事而踆。勤屢省，懋乾乾。清風協于玄德，淳化通于自然。憲先靈以齊軌，必三思以顧愆。招有道於仄陋，開敢諫之直言。聘丘園之耿絜，旅束帛之戔戔。上下通情，式宴且盤。及將祀天郊，報地功，祈福乎上玄，思所以爲虔。肅肅之儀盡，穆穆之禮殫，然後以獻精誠，奉禋祀，曰：允矣天子者也。乃整法服，正冕帶，珩紞紘綖，玉笄綦會。火龍黼黻，藻繂鞶厲。結飛雲之袷輅，樹翠羽之高蓋。建辰旒䅿之太常，紛焱悠以容裔。六玄蚪之弈弈，齊騰驤而沛艾。龍輈華轙，金鋄鏤錫。方釳左纛，鉤膺玉瓖。鸞聲噦噦，和鈴鉠鉠。重輪貳轄，疏轂飛軨。羽蓋葳蕤，葩瑵曲莖。順時服而設副，咸龍旂而繁纓。立戈迤㦸，農輿輅木，屬車九九，乘軒並轂。瑸弩重㫄，朱旄青屋。奉引既畢，先輅乃發。鸞旗皮軒，通帛綪斾。雲罕九斿，闟㦸輶輠。髶髦被繡，虎夫戴鶡。駙承華之蒲梢，飛流蘇之騷殺。總輕武于後陳，奏嚴鼓之嘈囐。戎士介而揚揮，戴金鉦而建黃鉞。清道案列，天行星陳。肅肅習習，隱隱轔轔。殿未出乎城闕，斾已迴乎郊畛。盛夏后之致美，爰敬恭於明神。爾乃孤竹之管，雲和之瑟，雷鼓闛鞈鞈，六變既畢，冠華秉翟，列舞八佾。元祀惟稱，羣望咸秩。颺槱燎之炎煬，致高煙乎太一。神歆馨而顧德，祚靈主以元吉。然後宗上帝於明堂，推光武以作配。辯方位而正則，五精帥而來摧。尊赤氏之朱光，四靈懋而允懷。於是春秋改節，四時迭代。蒸蒸之心，感物曾思。躬追養於廟祧，奉蒸嘗與禴祠。物牲辯省，設其楅衡。毛炰豚胉，亦有和羹。滌濯靜嘉，禮儀孔明。萬舞奕奕，鐘鼓喤喤。靈祖皇考，來顧來饗。神具醉止，降福穰穰。及至農祥晨正，土膏脈起，乘鑾輅而駕蒼龍，介馭間以剗耜。躬三推于天田，修帝籍之千畝。供禘郊之粢盛，必致思乎勤己。兆民勸於疆場，感懋力以耘耔。春日載陽，合射辟雍。設業設虡，宮懸金鏞。鼖鼓路鼗，樹羽幢幢。於是備物，物有其容。伯夷起而相儀，

後夔坐而爲工。張大侯，制五正，設三乏，厞司旌。并夾既設，儲乎廣庭。於是皇輿夙駕，軽於東階以須。消啓明，掃朝霞，登天光於扶桑。天子乃撫玉輅，時乘六龍。發鯨魚，鏗華鐘。大丙弭節，風後陪乘。攝提運衡，徐至於射宮。禮事展，樂物具。《王夏》闋，《騶虞》奏，決拾既次，雕弓斯彀。達餘萌於暮春，昭誠心以遠喻。進明德而崇業，滌饕餮之貪欲。仁風衍而外流，誼方激而遐騖。日月會於龍狵，恤民事之勞疚。因休力以息勤，政歡忻於春酒。執鑾刀以袒割，奉觴豆於國叟。降至尊以訓恭，送迎拜乎三壽。敬慎威儀，示民不偷，我有嘉賓，其樂愉愉。聲教布護，盈溢天區。文德既昭，武節是宣。三農之隙，曜威中原。歲惟仲冬，大閱西園。虞人掌焉，先期戒事。悉率百禽，鳩諸靈囿。獸之所同，是謂告備。乃御小戎，撫輕軒，中畋四牡，既佶且閑。戈矛若林，牙旗繽紛。迄上林，結徒爲營。次和樹表，司鐸受鉦。坐作進退，節以軍聲。三令五申，示戮斬牲，陳師鞠旅，教達禁成。火列具舉，武士星敷。鵝鸛魚麗，箕張翼舒。軌塵掩迒，匪疾匪徐。馭不詭遇，射不翦毛。升獻六禽，時膳四膏。馬足未極，輿徒不勞。成禮三驅，解罘放麟。不窮樂以訓儉，不殫物以昭仁。慕天乙之弛罟，因教祝以懷民。儀姬伯之渭陽，失熊羆而獲人。澤浸昆蟲，威振八宇。好樂無荒，允文允武。薄狩于敖，既瑣瑣焉，岐陽之蒐，又何足數。爾乃卒歲大儺，毆除羣癘。方相秉鉞，巫覡操茢。侲子萬童，丹首玄制。桃弧棘矢，所發無臬。飛礫雨散，剛癉必斃。煌火馳而星流，逐赤疫於四裔。然後淩天池，絕飛梁，捎魑魅，斮獝狂，斬蝼蛇，腦方良。囚耕父于清泠，溺女魃於神潢。殘夔魖與罔象，殪野仲而殲遊光。八靈爲之震慴，況鬾蜮與畢方。度朔作梗，守以鬱壘，神荼副焉，對操索葦。目察區陬，司執遺鬼。京室密清，罔有不韙。於是陰陽交和，庶物時育。卜征考祥，終然允淑。乘輿巡乎岱嶽，勸稼穡於原陸。同衡律而一軌量，齊急舒於寒燠。省幽明以黜陟，及反旆而迴復。望先帝之舊墟，慨長思而懷古。俟閶風而西遐，致恭祀於高祖。既春遊以發生，啓諸蟄於潛戶。度秋豫以收成，觀豐年之多稌。嘉田畯之匪懈，勤致賚于九扈。左瞰暘谷，右睨玄圃。眇天末以遠期，規萬世而大摹，且歸來以釋勞，膺多福以安悆。總集瑞命，備致嘉祥。圉林氏之騶虞，擾澤馬與騰黃。鳴女床之鸞鳥，舞丹穴之鳳皇。植華平於春圃，豐朱草于中唐。惠風廣被，澤洎幽荒。北燮丁令，南諧越裳，西包大秦，東過樂浪。重舌之人九譯，僉稽首而來王。是以論其遷邑易京，則同規乎殷盤。改奢即儉，則合美乎〈斯干〉。登封降禪，則齊德

乎黃軒。爲無爲，事無事，永有民以孔安。遵節儉，尚素樸，思仲尼之克己，履老氏之常足。將使心不亂其所在，目不見其可欲。賤犀象，簡珠玉，藏金於山，抵璧於谷。翡翠不裂，璿瑁不蔟。所貴惟賢，所寶惟穀。民去末而反本，感懷忠而抱愨。於斯之時，海內同悅，曰：「吁！漢帝之德，侯其褘而。蓋蓂莢爲難蒔也，故曠世而不覿。惟我後后殖之，以至和平，方將數諸朝階。然則道胡不懷，化胡不柔！聲與風翔，澤從雲遊。萬物我賴，亦又何求？德宇天覆，輝烈光燭。狹三王之趦趄，軼五帝之長驅。踔二皇之遐武，誰謂駕遲而不能屬？東京之懿未罄，值余有犬馬之疾，不能究其精詳，故粗爲賓言，其梗概如此。若乃流遁忘反，放心不覺，樂而無節，後離其戚，一言幾於喪國，我未之學也。且夫挈缾之智，守不假器。況纂帝業而輕天位？瞻仰二祖，厥庸孔肆。常魃魃以危懼，若乘奔而無轡。白龍魚服，見困豫且。雖萬乘之無懼，猶怵惕於一夫。終日不離於輜重，獨微行其焉如？夫君人者，黈纊塞耳，車中不內顧。佩以制容，鑾以節塗，行不變玉，駕不亂步。卻走馬以糞車，何惜騕褭與飛兔？方其用財取物，常畏生類之殄也。賦政任役，常畏人力之盡也。取之以道，用之以時。山無槎枿，畋不麛胎，草木繁廡，鳥獸阜滋。民忘其勞，樂輸其財。百姓同於饒衍，上下共其雍熙。洪恩素蓄，民心固結。執義顧主，夫懷貞節。忿姦宄之幹命，怨皇統之見替，玄謀設而陰行，合二九而成譎。登聖皇於天階，章漢祚之有秩。若此，故王業可樂焉。今公子苟好勤民以媮樂，忘民怨之爲仇也，好殫物以窮寵，忽下叛而生憂也。夫水所以載舟，亦所以覆舟。堅冰作於履霜，尋木起於蘗栽。昧旦丕顯，後世猶怠。況初制於甚泰，服者焉能改裁？故相如壯上林之觀，揚雄騁羽獵之辭，雖係以頹牆塡塹，亂以收罝解罘，卒無補於風規，衹以昭其愆尤。臣濟蔘以陵君，忘經國之長基。故函谷擊柝於東西，朝廷顛覆而莫持。凡人心是所學，體安所習。鮑肆不知其臭，翫其所以先入。《咸池》不齊度於《韶咬》，而眾聽或疑。能不惑者，其唯子野乎！客既醉于大道，飽於文義，勸德畏戒，喜懼交爭。罔然若醒，朝罷夕倦，奪氣褫魄之爲者也，忘其所以爲談，失其所以爲夸。良久乃言曰：「鄙哉予乎！予習非而遂迷也，幸見指南於吾子。若僕所聞，華而不實。先生之言，信而有徵。鄙夫寡識，而今而後，乃知大漢之德馨，咸在於此。昔常恨《三墳》《五典》既泯，仰不覿炎帝帝魁之美，得聞先生之餘論，則大庭氏何以尚茲！走雖不敏，庶斯達矣！」

附錄二　兩京二都賦建築名辭釋義

　　建築名辭的分類最早的是李誠《營造法式》,在其看詳、總釋、壕寨、石作、大木作、小木作、雕作、旋作、鋸作、竹作、瓦作、泥作、彩畫作、塼作、窯作等十五篇中,對二百三十五種建築名辭詳釋其義、考證異名,且對其制度、功限、料例、結構等亦抗詳述,並佐以圖樣,爲古代建築著作之圭臬。

　　本章對〈兩都二京賦〉建築名辭釋義分類,依照《古今圖書集成‧考工典‧考工總部》分成規矩準繩、度量權衡、城池、橋梁等四部及〈宮室總部〉所列舉攸關建築名辭的分類,計分門戶、梁柱、階砌等三部〔註1〕,再加上筆者所擬的闕,屋頂、市井、房屋、通道五部合計十二部、現按各部分別釋之。

一、規矩準繩部

（一）土　圭

　　如《文選‧東京賦》云:「土圭測景,不盈不縮。」〔註2〕

　　依《薛綜注》引鄭玄（127～200）曰:「土,度也;縮,短也;盈,長也;圭長一尺五寸,夏至之日豎八尺表,日中而度之,圭影正等,天當中也;若影長於圭,則太近北,圭長於影,則太近南。」〔註3〕再依《周禮‧地官‧大司徒》「以土圭之法,測土深,正日景,以求地中,日南則景短多暑,日北則

〔註1〕　《古今圖書集成‧考工典上‧考工總部‧宮室總部》,清‧陳夢雷主編,鼎文書局,臺北,頁首。

〔註2〕　《增補六臣注文選卷三‧東京賦》梁‧蕭統撰,唐‧李善等六人註,漢京文化事業公司,臺北,1983年9月,頁63。

〔註3〕　同註2。

長多寒。……日至之影，尺有五寸。」〔註4〕日至之影尺五寸指夏至日而言。
賈公彥疏「土圭尺有五寸，周公攝政四年（前1112），欲求土中而營王城，度
土之深，深謂日景長短之深也。」〔註5〕夏至日陽光直射北回歸線，正午時太
陽角度爲零度，亦即北緯二十三度二七分之表無影。鄭玄稱夏至日中（正午）
土圭與影長皆等於一尺五寸，由此可計算出周公所測的地中在北緯三十四度
四分〔註6〕，此值接近洛陽附近登封縣南方告成鎮的周公測景臺緯度三十四度
二十四分〔註7〕。賈公彥所稱周公欲求土中亦即測量周朝領土的地理中心，也
是鄭玄所稱圭影正等，正是天當中，其正下方的地面也是在登封縣的周公測
景臺，周公也選在附近地位適中的洛陽營建洛邑。鄭玄所稱「影長於圭，則
太近北：圭長於影，則太近南。」，前者如影長二尺，則位在北緯三十七度二
十九分之處〔註8〕，正位於唐國都城晉陽附近；如影長一尺，亦即在北緯三十
度三十五分之處〔註9〕，即位於楚國都城郢都附近；一則太北，一則太南，均
非天下之地中，故曰：「土圭測景，不盈不縮。」

附圖1-1　土圭測景法（左，中），河南登封周公測景臺（右）

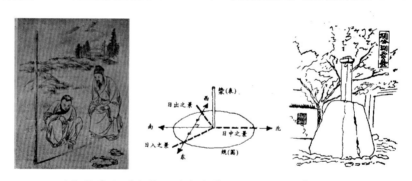

引自張其昀《中華五千年史第二冊・西周史》頁67。

〔註4〕　《周禮注疏・地官・大司徒》頁153。
〔註5〕　同註4。
〔註6〕　假定正午時太陽角度爲 θ，圭長八尺，則正切值 $\tan\theta=1.5／8=0.1875$，得知太陽角度 $\theta=10$ 度37分，由此可知周公所測的地中在北緯23度27分＋10度37分＝34度4分。
〔註7〕　由《百萬分之一中國輿圖・NI49 西安》量得，內政部地政司，臺北，1989年6月。
〔註8〕　如影長二尺，則正切值 $\tan\theta=2／8=0.25$，得知太陽角度 $\theta=14$ 度2分，亦即北緯37度29分之處。
〔註9〕　如影長一尺，則正切值 $\tan\theta=1／8=0.125$，得知太陽角度 $\theta=7$ 度8分，亦即在北緯30度35分之處。

　　此外，土圭測景也可測量眞正南北方向，如陳遵嬀《中國天文學史》引《詩經・公劉篇》「既景乃岡」云：

　　鄭玄釋爲以日影定其經界於山之脊，據《毛傳》這是召康公以公劉的功績告誠周成王的詩，如果認爲召康公所說的是信史，而且鄭玄的解釋是正確的話，則在公劉時代（約西元前 1400 年）周代的祖先，已經知道觀測日影以正南北了。〔註 10〕

其方法即於上下午觀測立表上的日影，取最短的日影與表之延長線即正南北向，如附圖 1-1 中所示。文師以「周人已知以營室星定正南，北極星定正北，並適時以日出、日入定東西。」〔註 11〕考《周禮・考工記・輈人》云：「龜蛇四斿以象營室」〔註 12〕鄭玄注：「營室，玄武宿，與東壁連體而四星」〔註 13〕《詩經・鄘風》:「定之方中」〔註 14〕鄭玄箋：「定星昏中而正，謂小雪時其體與東壁連，正四方。」〔註 15〕營室與東壁連成口字形，亦即《爾雅》所云：「娵觜之口，營室東壁也。」〔註 16〕小雪屬建亥之月即夏正十月（約陽曆十一月二十二日）或周正十二月也，鄭玄以是日黃昏時，營室星出現在南中天，即可定出正南方向。查室宿之營室二星即是西洋星圖上之飛馬座之爾發（α 星）及倍塔（β 星）二星〔註 17〕，近代觀測其南中時間爲十月二十五日〔註 18〕，此日的節氣約在霜降。再以《禮記・月令》:「仲冬之月，……昏，東壁中」〔註 19〕仲冬正是小雪之月，該月黃昏南中是東壁（在壁宿）而非營室，鄭玄之說有待商榷。依《爾雅》所云：「北極謂之北辰」〔註 20〕北極星即北辰，孔子曰：「爲政以德，譬如北辰居其所，而眾星拱之。」〔註 21〕亦即《史記・天

〔註 10〕陳遵嬀《中國天文學史第一冊・中國古代天文學篇》〈夏商周天文學〉頁 197 註 3。
〔註 11〕依據文幸福教授對本論文初審修改意見第三點。
〔註 12〕《周禮注疏・考工記・輈人》，頁 614。
〔註 13〕《周禮注疏・考工記・輈人》，頁 614。
〔註 14〕《毛詩注疏・鄘風・定之方中》頁 114。
〔註 15〕同註 14。
〔註 16〕《爾雅注疏卷十六・釋天》頁 98。
〔註 17〕依據陳遵嬀《中國天文學史第二冊・星象篇》之〈西中星名對照表〉頁 414。
〔註 18〕依據陳遵嬀《中國天文學史第二冊・星象篇》之〈八十八星座總表〉頁 286。
〔註 19〕《禮記注疏卷十七・月令》漢・鄭玄注，唐・孔穎達疏，頁 344。。
〔註 20〕《爾雅注疏卷十六・釋天》頁 98。
〔註 21〕《論語注疏卷二・爲政篇》何晏集解，邢昺疏，新文豐出版公司，臺北，1977 年 1 月，頁 16。

官書》所云：「中宮天極星」〔註22〕，《史記索隱》云：「中宮大帝，其精北極星……陽泉《物理論》云：『北極，天之中。』」〔註23〕據《中國天文學史‧星象篇》云周公時代之北極星爲紫微垣北極星座之帝星（即小熊座 β 星），現在去極度 15 度，而現在之北極星爲紫微垣勾陳星座之勾陳一星（即小熊座 α 星），去極度 6.5 度〔註24〕。確定北極星後，用覘管觀測其北中天之時刻之位置，即得知正北方向，現代天文測量亦用此法觀測北極星來測量當地的緯度及眞正南北方向線——子午線。至於「適時以日出、日入定東西」方面，因每日之日出、日落僅是東西方概略之方泣，在秋分（陽曆九月二十二日）以後之半年日出、日落方向偏南，春分（陽曆三月二十二日）以後之半年日出、日落方向偏北，正確東西方向應在春分日及秋分日所觀測的日出、日落方位，亦即《淮南子‧天文篇》所云：「至春秋分，日出東中，入西中。」〔註25〕

　　冬至日爲古代天文學象觀測天文以制定曆法的標準日子，夏至日是古今求地理中心的根據日子，確定這兩個日子正確時間相當重要。至於觀測日影以決定冬至與夏至的方法，「要先知節氣的大概日期，還要在它前後觀測幾天」〔註26〕，可取多至日前後約十日，每天觀測正午時分日影長度，其最長的影長即爲多至：同理在夏至日前後觀測正午時分日影長度，其最短的影長即爲夏至，而多至日的日影長度載於《周禮‧春官‧馮相氏》之鄭玄注：「冬至，日在牽牛，景丈三尺」，亦即以八尺之表，日影長一丈三尺。相傳周公土圭測景之地，依張聞玉云：

　　　　告成鎮的周公測景臺，……至今還有公元七二四年唐代所立的石

　　　『表』，上面刻有『周公測景臺』五字。〔註27〕

該石表如附圖 1-1 右所示。

二、度量權衡部

（一）筵與几、步、尋

〔註22〕《史記卷二十七‧天官書》頁 509。

〔註23〕同註 22。

〔註24〕依據陳遵嬀《中國天文學史第二冊‧星象篇‧紫微垣》表 9 北極星表，頁 37。

〔註25〕《淮南鴻烈解卷三‧天文篇》頁 31。

〔註26〕《中國天文學史第一冊‧中國古代天文學篇》〈夏商周天文學〉頁 198，註 1。

〔註27〕《古代天文曆法講座‧二十四節氣‧土圭測景》張聞玉著，廣西師範大學出版社，桂林，2008 年 1 月，頁 114。

《文選·東京賦》云:「度堂以筵,度室以几。」〔註28〕,其注云:「(薛)綜曰:『堂,明堂也;筵,席也,長九尺;几,俎也,長七尺。』(李)善(630~689)曰:『《周禮》曰:室中度以几,堂上度以筵。』」〔註29〕

再依《周禮·考工記·匠人》:「室中度以几,堂上度以筵,宮中度以尋,野度以步,涂度以軌。」〔註30〕,賈公彥《疏》云:

> 釋曰:云周文者各因物宜為之數者對殷以上質,夏度以步,殷度以尋,無異稱也;因物宜者謂室中坐時馮几、堂上行禮用筵,宮中合院之內無几無筵,故用手之尋也,在野論至數皆以步,故用步,涂有三道,車從中央,故用車之軌,是因物所宜也。〔註31〕

度堂以筵載於《周禮·冬官·考工記》:「周人明堂,度九尺之筵,東西九筵,南北一筵,堂崇一筵,五室,凡室二筵。」〔註32〕很明確以筵做為明堂尺寸的度量標準,筵長九尺,以周尺一尺為 19.91 公分〔註33〕計,一筵為179.19 公分。

至於度室以几,薛綜注稱「几」為長七尺的俎几,據《三禮圖》云:「阮氏(諶)云:『几長五尺、高尺二寸,廣二尺。』」〔註34〕,據此,几長有七尺、五尺之說,薛綜所引者如係先秦舊藉之說,几長按周制,為 139.37 公分〔註35〕,阮諶為晉人,几長按晉制,晉尺長 24.12 公分〔註36〕,五尺几長為 120.6 公分,則几長隨時代不同略有差距。

「尋」以《考工記》所云「宮中度以尋,野度以步,涂度以軌。」,宮度以尋,即如賈公彥所謂「宮中合院之內無几無筵,故用手之尋也」,也就是撐開雙手之長度,倚靠宮牆雙手伸直次第量度。「尋」依據《詩經·魯頌》云:「是斷是度,是尋是尺。」〔註37〕鄭玄箋:「八尺為尋。」〔註38〕《說文》亦

〔註28〕《增補六臣注文選卷三·東京賦》頁 64。
〔註29〕同註 28。
〔註30〕《周禮注疏·冬官·考工記·匠人》頁 644。
〔註31〕同註 30。
〔註32〕同註 30。
〔註33〕《中國度量衡史》第十五表,吳洛著,(臺北,世界書局,1966 年 3 月)頁 64。
〔註34〕《重校三禮圖卷八·几部》,宋·聶崇義撰,臺灣商務印書館涵芬樓景印,頁 7。
〔註35〕19.91 公分／尺×7 尺＝139.37 公分
〔註36〕《中國度量衡史》第十五表,吳洛著,世界書局,臺北,1966 年 3 月,頁 64。
〔註37〕《毛詩注疏卷二十·魯頌·閟宮》頁 783。
〔註38〕同註 37。

謂：「度人之兩臂是謂尋，八尺也。」〔註 39〕則八尺爲「尋」，似已是定認。以周制一尺長 19.91 公分，則一尋長 159.28 公分，大約爲通常人的高度或雙臂伸出的長度

「步」依據《揚州畫舫錄》引《司馬法》云：「一舉足曰跬，跬三尺；再舉足曰步，步六尺。」〔註 40〕則步爲左右足跨出去的長度，爲最方便的長度丈量標準，惟人足步距不一，規定一個相當於步長的尺數實爲必要。如《禮記・王制》云：「古者以周尺八尺爲步，今以周尺六尺四寸爲步。」〔註 41〕〈王制篇〉所云古今步尺之差，其因鄭玄云：「按《禮》制，周猶以十寸爲尺，蓋六國時多變亂法度，或言周尺八寸，則步更爲八八六十四寸。」〔註 42〕，則知西周的八尺爲步即 159.28 公分，戰國時六尺四寸之步爲 127.42 公分。《史記・秦始皇本紀》：「數以六爲紀……六尺爲步。」〔註 43〕又《史記索隱》：「《管子・司馬法》皆云六尺爲步，非獨秦制。」〔註 44〕以秦尺合今尺 27.65 公分〔註 45〕，則秦步爲 165.9 公尺，漢代亦以六尺爲步〔註 46〕，步長隨尺而變，西漢步同秦步，東漢尺爲 23.04 公分〔註 47〕，則東漢步爲 138.24 公分。漢至隋步尺制不變，唐以後改五尺爲步，一直沿用到清末〔註 48〕，民國十八年度量衡法實施〔註 49〕，三千多年來的長度計量單位的步里制遂進入歷史。

以量度建築物標準而言，筵長九尺，尋長八尺，步長六尺，則剩下的几長則爲七尺，應合《考工記》的原義，《考工記》所謂室度以几，因古人在室內几前踞座之習慣，故賈公彥謂「室中坐時馮几」，故室之大小以几數爲度量依據；然堂度以筵，則因堂爲宴會時擺設筵席之所，宮度以尋，即如賈公彥所謂「宮中合院之內無几無筵，故用手之尋也」，也就是撐開雙手之長度，倚

〔註 39〕 《段氏說文解字注・寸部》頁 89。
〔註 40〕 《揚州畫舫錄卷一・草河錄》中華書局，北京，2007 年 10 月，頁 8。。
〔註 41〕 《禮記注疏卷十三・王制》頁 268。
〔註 42〕 《禮記注疏卷十三・王制》頁 268。
〔註 43〕 《史記卷六・秦始皇本紀》，頁 120。
〔註 44〕 同註 43。
〔註 45〕 《中國度量衡史》第十五表，吳洛著，臺北，世界書局，臺北，1966 年 3 月，頁 64。
〔註 46〕 《漢書卷六・秦始皇本紀》，頁 120。
〔註 47〕 《中國度量衡史》第十五表，吳洛著，臺北，世界書局，1966 年 3 月，頁 64。
〔註 48〕 《中國度量衡史・長度之命名》，吳洛著，臺北，世界書局，1966 年 3 月，頁 75，91。
〔註 49〕 民國十八年二月十六日國民政府公布實施〈度量衡法〉採用國際單位制。

靠宮牆雙手伸直次第量度；至於野度以步，則在郊野同用步測法量度距離。

（二）雉

《文選·西都賦》云：「建金城而萬雉」〔註50〕

李善注云：「《周禮注》曰：『雉長三丈，高一丈』」〔註51〕《禮記·坊記》曰：「故制國不過千乘，都城不過百雉。」〔註52〕鄭玄注：「雉，度名也；長三丈，高一丈爲雉；百雉長三百丈。」〔註53〕則鄭玄以雉爲長度的計量單位。明楊慎（1488～1559）亦有同樣見解，並認爲雉冲飛達丈而得名，如《升庵集·尋常丈尺》所云：

> 禽經云：「雛上無尋，鷃上無常，雉上有丈，鴳上有赤。」上，言飛而上也，雛之上不能尋，鷃之上不能常，鷃，雉子也……雉上能丈，故計丈曰雉。《左傳》：「都城百雉。」是也〔註54〕

但依《左傳·隱公元年》：「祭仲曰：『都城過百雉，國之害也。』」〔註55〕杜預（222～284）注：「方丈曰堵，三堵曰雉，一雉之牆，長三丈，高一丈。」〔註56〕杜預顯係認爲雉是面積的計量單位。由李善所引的《周禮注》，「長三丈，高一丈」顯然〈雉〉是城牆面積計量單位，也就是三平方丈的城牆面積；而杜預以『方丈曰堵，三堵曰雉。』則堵爲一平方丈，雉爲三平方丈，與其所稱「一雉之牆，長三丈，高一丈」相符。

鄭玄雖稱雉「長三丈，高一丈」，則當面積計量，但卻也稱「雉，度名也……百雉長三百丈。」卻也把雉當做長度計量解，就是把百雉當做長度三百丈，也就是一雉長度三丈，鄭玄之說法顯然認爲雉可同時當作面積及長度計量單位；然筆者認爲〈西都賦〉所云之萬雉之「雉」爲面積單位，因爲如爲長度單位，則長安城長共計三萬丈，一里180丈計算，得長安城周166.7里，與今本《三輔黃圖》所載周回六十五里差距過大。故以杜預及李善所稱雉爲三方丈即城牆面積爲三平方丈爲是。

茲再校核《文選·西都賦》長安都城「建金城而萬雉……」之辭，以一

〔註50〕《增補六臣注文選卷一·西都賦》頁23。
〔註51〕同註51。
〔註52〕《禮記注疏卷三十·坊記》，864。
〔註53〕同註52。
〔註54〕《欽定四庫全書集部六·別集類五·升庵集卷八十一》明·楊慎撰，清·錢樾等校，臺灣商務印書館，景印文淵閣本，頁1270-821～822。
〔註55〕《左傳注疏·隱公元年》頁35。
〔註56〕同註55。

雉之城牆面積爲三平方丈計，則萬雉爲三萬平方丈，長安城牆尺度依據今本《三輔黃圖》云：「長安故城，……高三丈五尺……周回六十五里。」〔註57〕漢里每里爲一千八百尺即一百八十丈〔註58〕，試依此計算出長安城牆面積約四萬餘平方丈亦即 萬二千餘雉〔註59〕，故班固在〈西都賦〉文稱長安城牆面積爲萬雉雖係概數，但也相差無幾。

（三）堵

《文選·西京賦》云：「狹百堵之側陋。」〔註60〕薛綜注云：「《詩》曰『築室百堵，今以爲陋。』」〔註61〕《左傳》杜預注：「方丈曰堵，三堵曰雉，一雉之牆，長三丈，高一丈。」〔註62〕

「堵」出自《詩經》，如《詩，小雅·斯干》：「築室百堵，西南其戶。」〔註63〕孔穎達疏：「築居室百堵皆起，或西其戶，或南其戶，言路寢群室皆作之也。」〔註64〕《詩·大雅·緜》亦云：「百堵皆興，鼛鼓弗勝。」〔註65〕鄭玄箋：「五版爲堵。」〔註66〕《公羊傳·定公十二年》「雉者何？五板而堵，五堵而雉，百雉而城。」〔註67〕《禮記·儒行》：「儒有一畝之宮，環堵之室。」〔註68〕鄭玄注：「環堵，面一堵也。按，一版（板）之長爲多少，諸說不一，一般謂長高各一丈爲一堵。」〔註69〕《說文解字》云：「堵，垣也，五版爲堵。」〔註70〕

〔註57〕《三輔黃圖卷一·漢長安故城》世界書局，臺北，1963 年 11 月，頁 7。

〔註58〕《中國度量衡史第四章·長度之命名》云：「自漢代以下，度制自尺之單位以上，均止於丈，……命里一百八十丈，……民國十八年度量衡法刪去步之名，改里之進位爲一百五十丈。」吳洛著，世界書局，臺北，1966 年 3 月，頁 91。

〔註59〕長安城牆面積＝180 丈×3.5 丈×65＝40,950 平方丈＝40,950 平方丈÷3 平方丈／雉＝13,650 雉

〔註60〕《增補六臣注文選卷二·西京賦》頁 44。

〔註61〕同註 60。

〔註62〕《左傳注疏·隱公元年》頁 35。

〔註63〕《毛詩注疏·小雅·斯干》頁 293。

〔註64〕同註 63。

〔註65〕《毛詩注疏·大雅·緜》頁 549。

〔註66〕同註 65。

〔註67〕《公羊傳注疏·定公十二年》，漢·何休解詁，唐·徐彥疏，新文豐出版公司，臺北，1977 年 1 月，頁 332。

〔註68〕《禮記注疏·儒行》頁 976。

〔註69〕同註 68。

〔註70〕《段氏說文解字注第十三篇下·土部》漢·許慎撰，清·段玉裁注，宏業書局，臺北，1971 年 7 月，頁 44。

段玉裁（1735～1815）曾對「板、堵」古今不同解釋提出意見：

玉裁按鄭駁異義，取古《周禮》《春秋》說：「一丈爲板」計之適合，未嘗自立說六尺爲板也，迨箋詩則主用古說，參以《公羊傳》「五板而堵，五堵而雉」而定爲板長六尺，鄭意五板而堵者高一丈也，五堵而雉長廣三丈也；何注《公羊》取《韓詩》說八尺爲板，五板而堵爲四十尺，五堵而雉爲二百尺；說各乖異，似古《周禮》、《春秋》、《毛詩》說爲善，高一丈廣三丈爲雉，不必板定六尺也，許君《異義》未詳其於古今孰從？此云五板爲堵，古今說所同也；蓋言板廣二尺，五板積高一丈爲堵而已！其長幾尺爲板？幾尺爲雉？皆於古今說未敢定。〔註71〕

板、堵、雉正確尺度若干？自東漢許愼（30～124）鄭玄（127～200）至清段玉裁（1735～1815）一千七百年來研究學者除五板爲堵，板廣二尺、積五板高一丈有共識外，其餘異論紛紛，如有謂板長有六尺、八尺、一丈之說，堵有長丈高丈或長四十尺之說，雉有長三丈高一丈或長二十丈、三堵、五堵之說；上述鄭玄以板長六尺之說是囿於引鄭國大都城規模爲國都三分之一即五百步等於百雉之說，但祭仲所稱百雉都城是否等同於大都呢？且〈儒行〉所謂《環堵之室》則每面牆高一丈、寬僅一堵即十尺可以容納得下像九尺身高的孔子嗎？故十尺之長度說不可行。

板的尺度之說亦須釐清，許愼《五經異義》謂八尺爲板，板廣二尺，積五板高爲一丈，其中板廣二尺，積五板高爲一丈，也就是**板高為二尺**，群書皆無異義，按周尺長 19.91 公分、東漢尺長 23.04 公分〔註72〕，以周代言之則一板高二尺即約 39.82 公分，以東漢而言，一板高二尺即約 46.08 公分。但板長方面，《五經異義》所稱板長八尺，以周制板長一丈，寬二尺而言，**則周代板長一丈即199.1 公分**，**東漢板長八尺等於 184.32 公分**，長度差別不大；《五經異義》似以東漢尺丈量板長而得，既然板長六尺、八尺不合周制，則板長一丈合乎古制；版築土牆做法雙面各以五板固定，中間夯築泥土，所築土牆高寬皆爲一丈，即所謂五板一堵。《五經異義》以板長八尺爲準，而推論堵長四十尺，雉長二百尺之長度單位說更不合適。。

故堵、雉皆可做爲長度及面積之量度單位，但隨朝代不同。以周代而言，

〔註71〕《段氏說文解字注第十三篇下・土部》頁 44。
〔註72〕《中國度量衡史》表十五，吳洛著，臺北，臺灣商務印書館，1966 年 3 月。

長度一丈（約今 1.991 公尺）爲堵，面積一平方丈（約今 3.96 平方公尺）爲一堵。然雉在周代，以《公羊傳》之五堵而雉而言，五堵即五平方丈，一雉的長度爲五丈（約今 9.96 公尺），面積爲五平方丈（約 19.8 平方公尺）；以漢代以後而言，鄭玄、杜預皆以長高各一丈爲一堵，亦即方丈曰堵，而三堵曰雉即長三丈高一丈爲雉，而後漢丈以 2.304 公尺計算，漢以後長、高度量皆不同，以度而言，一堵的長度及高度皆爲一丈（約今 2.304 公尺）、面積爲一平方丈（約今 5.31 平方公尺）。後漢一雉之長爲三丈（約今 6.91 公尺），一雉之高一丈，一雉面積三平方丈（約今 15.93 平方公尺）。

舉例而言，《詩，小雅・斯干》：「築室百堵，西南其戶。」其面積究竟若干？如何布局？以一版之長，五版之高，其長高皆一丈稱爲堵而言，築室百堵則築牆百方丈，以房屋牆高爲周尺一丈五尺（今尺約三公尺）而言，百堵牆長六十七丈，每棟燕寢以長十丈寬六丈（即約二百四十平方公尺或臺坪七十二坪）計算，百堵可作二棟燕寢，南向燕寢南其戶，東向燕寢西其戶。

（四）軌

《文選・西京賦》云「徒觀其城郭之制，則旁開三門，參塗夷庭，方軌十二，街衢相經。」[註73] 薛綜注曰：「一面三門，門三道，故云三塗，塗容四軌，故方十二軌。軌，車轍也。」[註74]《文選・東京賦》云「經涂九軌，城隅九雉。」[註75]

軌做道路寬度的度量單位，如《周禮・冬官・考工記・匠人》：「國中九經九緯，經涂九軌……涂度以軌……環涂七軌，野涂七軌。」[註76]，鄭玄注曰：「軌謂轍廣，乘車六尺六寸，旁加七寸，凡八尺，是謂轍廣，九軌積七十二尺……環涂謂環城之道……」[註77] 孔穎達疏：「野涂，國外謂之野。」[註78] 則周代道路寬度分爲經涂（含緯涂）、環涂、野涂三級猶如今日國道、省道、縣道。

周代都城道路九軌計七十二尺，如依周尺爲零點一九九一公尺計，即路寬十四點三三公尺，軌數與車道寬度成比例。而漢代都城每塗四軌計 32 尺，

〔註73〕《增補六臣注文選卷二・西京賦》頁 49。
〔註74〕同註 73。
〔註75〕《增補六臣注文選卷三・東京賦》》頁 64。
〔註76〕《周禮注疏・冬官考工記・匠人》頁 644。
〔註77〕同註 76。
〔註78〕同註 76。

以後漢尺 0.2375 公尺計，即七點六公尺，三塗十二軌 96 尺，寬合 22.8 公尺之道路，爲周代都城道路寬度的一倍半。而涂度以軌，則道路寬度用乘車軌距數目作爲量度標準，猶爲今日道路寬度以車道數目而區分之雙線道，四線道。

（五）常

《文選·西京賦》云「通天訬以竦峙，徑百常而茎擢。」〔註 79〕薛綜注曰：「倍尋曰常。」〔註 80〕

《說文》亦謂：「度人之兩臂是謂尋，八尺也。」〔註 81〕即八尺曰：「尋」，而常爲倍尋即一丈六尺，這種尺度的產生推測與人高及室高有關係，以周制一尺長 19.91 公分，一尋高約 159.28 公分，一常高約 318.56 公分，約等於室高。通天臺適用漢制，西漢制一尺長約 27.65 公分〔註 82〕，一常約爲 442.4 公分，百常約四百四十二公尺，〈西京賦〉所云應是由甘泉山下起算的高度。尋常原是度量身高及室高之最基準尺度，尺度不大，故《左傳·成公十二年》云：「爭尋常以盡其民。」〔註 83〕身、家之度實爲平常之事，故尋常引伸爲平常、普通之意，如杜甫《曲江詩》：「酒債尋常行處有。」〔註 84〕，劉禹錫《烏衣巷詩》：「飛入尋常百姓家。」〔註 85〕皆是。

三、城池部

（一）金城周池

《文選·西都賦》云「建金城之萬雉，呀周池而成淵。」〔註 86〕

李善注云；「《鐵鹽論》曰：『秦四塞以爲國，金城千里』『金城，言堅固也。』《周禮注》曰：『雉長三丈，高一丈』《說文》曰：『城有水曰池』」〔註 87〕呂向注：「言立城基固如金；呀，大也，言城下池周繞而大，乃成深淵。」

〔註 79〕《增補六臣注文選卷二·西京賦》頁 49。
〔註 80〕同註 79。
〔註 81〕《段氏說文解字注·寸部》頁 89。
〔註 82〕《毛詩注疏·魯頌·閟宮》頁 783。
〔註 83〕《左傳注疏·成公十二年》，晉·杜預注，唐·孔穎達疏，頁 459。
〔註 84〕《古唐詩合解卷九·七律上》清·王堯衢輯註，清·李模、李桓校，上海，章福記書局，1916 年，頁 6。
〔註 85〕《古唐詩合解卷六·七絕》，頁 3。
〔註 86〕《增補六臣注文選卷一·西都賦》頁 23。
〔註 87〕同註 87。

〔註 88〕金城依《管子・度地》：「城外爲之郭，郭外爲之土閬，地高則溝之，下者堤之，命之曰金城，樹以荊棘，上相穚著者，所以爲固也。」〔註 89〕

　　周池即爲四周的護城河。《初學記》引《五經異義》曰：「天子之城高九仞。」〔註 90〕亦即七丈二尺，但今本《三輔黃圖》載長安城高三丈五尺加上雉堞高三坂（六尺）合計四丈一尺〔註 91〕，城高小於周制。云：「誃門曲榭，邪阻城洫。」〔註 92〕李善注：「洫，城池也；《周禮》曰：『廣八尺，深八尺，謂之洫。』《公羊傳》曰：『郭者何？，城外大郭也。』」〔註 93〕則郭指外城。薛綜注：「誃門，冰室門也。臺有木曰：榭。阻，依也。洫，城下池。冰室門及榭皆屈曲邪行，依城池爲道也。」〔註 94〕因冰室在洛陽城內東南角隅，兩面倚靠城牆，形成屈尺形平面，立面呈層樓臺榭，故稱誃門曲榭，距津門很近，臨洛水亦不遠，多日取河冰方便，故作爲冰室。漢劉熙《釋名・釋宮室》：「城，盛也，盛受國都也；郭，廓也，廓落在城外也。」〔註 95〕依《孟子・公孫丑篇下》云；「三里之城，七里之郭，環而攻之，而不勝夫。」〔註 96〕顯然郭指外城，但《文選・西京賦》所云之「營郭郛」之郭則指內城，郭郛亦稱郛郭則指內外城，如顏延年（384～456）《還梁城作》：「故國多喬木，空城凝寒雲，丘隴填郛郭，銘誌滅無文。」〔註 97〕則指梁城〔註 98〕殘破的內外城。

（二）城洫郭郛

　　《文選・西京賦》云：「經城洫、營郭郛。」〔註 99〕《文選・東京賦》

〔註 88〕同註 87。
〔註 89〕《管子卷十八・雜篇八・度地第五十七》臺灣中華書局，臺北，1966 年 3 月，頁 5。
〔註 90〕《初學記卷二十四・城郭第二》唐・徐堅等著，中華書局，北京，2004 年 2月，頁 565。
〔註 91〕《今本三輔黃圖卷一・漢長安故城》世界書局，臺北，1963 年 11 月，頁 12。
〔註 92〕《增補六臣注文選卷三・東京賦》頁 66。
〔註 93〕同註 94。
〔註 94〕同註 95。
〔註 95〕《釋名疏證補卷五・釋宮室》，東漢・劉熙撰，清・畢沅疏證，清・王先謙講輯，徐復主編，海南國際新聞出版中心，海口，1996 年 11 月，頁 90。
〔註 96〕《孟子注疏卷四・公孫丑下》，東漢・趙歧注，宋・孫奭疏，新文豐出版公司，臺北，1977 年 1 月，頁 72。
〔註 97〕《增補六臣注文選卷二十七・行旅下・還至梁城作》頁 500。
〔註 98〕《中國古今地名大辭典・梁部》云：「梁城縣，後魏置，當在今安徽舊潁州府境。」頁 814。
〔註 99〕《文選・西京賦》頁 19。

附圖 1-2　金城周池──城牆及護城河，城上的雉堞

雉堞

山西平遙古城之城牆及護城河（引自《古城平遙》）上
城上的雉堞（引自《中國建築·明代抗倭城堡》）下。

　　據今本《三輔黃圖》及考古發掘報告漢長安城單重並無城外大郭，也就
是有郭無郛。油由上述可知係護城河，至於其廣深是如《周禮》所稱皆為八
尺？另今本《三輔黃圖》稱長安故城：「城下有池，周繞，廣三丈、深二丈。」

〔註100〕但依考古發掘報告：「（漢長安城牆）牆外有濠溝，經發掘，寬約八米，深約三米。」〔註101〕以一西漢尺等於二十七點六五公分計〔註102〕，化成漢尺廣約 2.89 丈，深約 1.08 丈，則知廣與文獻記載大致相符，深有差距，其因濠溝之溝底有推測今本《三輔黃圖》所云深二丈爲城濠爲水溝深，但因溝底須有坡度。通常爲百分之一，以長安城周 25.7 公里〔註103〕計，溝尾比溝頭深 257公分，《今本三輔黃圖》與考古發掘報告資料相差 0.92 丈即 254 公分，與推測深度差相近，故可推斷前者爲濠溝尾閭的深度，後者爲濠溝頭的深度。

四、橋樑部

（一）造　舟

《文選‧東都賦》云：「造舟爲梁」〔註104〕，《文選‧東京賦》云：「造舟清池」〔註105〕。

薛綜注：「《毛詩》曰：『造舟爲梁』，造舟；以舟相比次爲橋也。」〔註106〕，造舟最早出現於《詩經》，如《詩經‧大雅‧大明》云：「親迎于渭，造舟爲梁。」〔註107〕孔穎達《疏》釋爲：「造舟者比船於水，加板於上，即今之浮橋也。」〔註108〕

又稱橋航，如《水經注‧漸江》云：「《山海經》謂之浙江也。……有東渡西渡焉，東南兩渡通臨海，並泛單舫爲浮航，西渡通東陽，併二十五船爲橋航。」〔註109〕漸江上游爲新安江〔註110〕，下游稱錢塘江。單舫泛渡之浮航爲浮橋之濫觴，據《中國古橋技術史》引許讚曾《滇行紀程》云：「盤江，水出烏蠻，……江廣三十餘丈，水深無底，左右石崖，廉利如劍戟，自昔濟此者，用渡船行駛波車，一不成輒葬魚腹。古法必樹杙於兩崖，貫之以索，憑

〔註100〕《三輔黃圖卷一‧漢長安故城》臺北，世界書局，1963 年 11 月，頁 7。

〔註101〕《大百科全書‧考古學‧漢長安城遺址》，頁 160。

〔註102〕《中國度量衡史》表十五，吳洛著，臺北，臺灣商務印書館，1966 年 3 月。

〔註103〕《三輔黃圖卷一‧漢長安故城》註六，西安，三秦出版社，2006 年 1 月，頁 77。

〔註104〕《增補六臣注文選卷一‧東都賦》頁 40。

〔註105〕《增補六臣注文選卷三‧東京賦》頁 46。

〔註106〕同註 105。

〔註107〕《毛詩注疏‧大雅‧大明》頁 541。

〔註108〕同註 107。。

〔註109〕《水經注卷四十‧漸江水》頁 502。

〔註110〕新安江上游已建成水庫，稱爲千島湖。

索曳舟，乃得橫渡。」〔註111〕憑索曳舟，舟才不致被急流冲出航道。此即《水經注・漸江》所謂泛單舩爲浮航也，滇黔公路之盤江上現已建成無橋墩的綱纜懸橋，已無浮航。

　　另稱舟梁，如《國語・周語中》云：「澤不陂障，川無舟梁，是廢先王之教也。」〔註112〕韋昭注：「舟梁，以舟爲梁也。」〔註113〕

　　或稱舟橋，如《續資治通鑑・宋理宗紹定五年》云：「金主聞之，從六七騎出端門，至舟橋。」〔註114〕造舟今稱浮橋。

　　浮橋之等級以船數爲準，《毛傳》：「天子造舟，諸侯維舟，大夫方舟，士特舟。」〔註115〕孔穎達疏「李巡曰：『比其舟而度曰造舟；中央左右相維持曰維舟；併兩舩曰方舟，一舟曰特舟。孫炎曰：『造舟，比舟爲梁也；維舟，連四舟也；然則造舟者比舩於水，加板於其上，即今之浮橋。』」〔註116〕又據《爾雅・釋水》：「天子造舟，諸侯維舟，大夫方舟，士特舟，士人乘泭。」〔註117〕郭璞注云：「造舟；比舩爲橋。維舟；連四舩。方舟；併兩舩。特舟；舩。乘泭；併木以渡。」〔註118〕可見舟楫渡河亦分等級，造舟爲最高等級之浮橋，造舟僅是天子的權利。

　　由以上文獻而研判，造舟之船數可以不限，但應將河渠排滿橫列的船而無間隙，若其船數多於維舟，則至少應有五船以上相比次連結，中央不留間隙，其上再鋪板爲橋。但後代建浮橋技術水準提高，大江河上亦可建浮橋，船數已不再有所限制，爲節省經費，兩船中間亦留有安全間隙，鋪板跨過其間隙即可，如圖2-3。

〔註111〕《中國古橋技術史第五章・浮橋》，茅以昇主編，明文書籍，臺北，1991年4月，頁142。

〔註112〕《國語卷二・周語中・單襄公之論陳必亡》，春秋・左丘明撰，孫吳・韋昭注，臺灣中華書局，臺北，1966年3月，頁9。

〔註113〕同註112。

〔註114〕《續資治通鑑卷一百六十六・宋理宗紹定五年》，清・畢沅撰，文光出版社，臺北，1975年10月，頁4518。

〔註115〕《毛詩注疏・大雅・大明》頁542。

〔註116〕同註115。

〔註117〕《爾雅注疏卷七・釋水》，晉・郭璞注，宋・邢昺疏，頁120。

〔註118〕同117。

附圖 2-3　造舟為梁——粵北韶關浮橋

取自《大哉中華二》，新晨出版社，台北，1979.1，頁 183。

五、門戶部

（一）金馬門

《文選·兩都賦序》云：「內設金馬石渠之署。」〔註119〕

李善注引《史記》曰：「金馬門者，宦者署門，旁有銅馬，故謂之金馬門。」〔註120〕其由來依據今本《三輔黃圖·未央宮》：「金馬門者宦者署，武帝得大宛馬，以銅鑄像，立於署門，因以爲名。東方朔、主父偃、嚴安、徐樂，皆待詔金馬門，即此。」〔註121〕

則知金馬門位在未央宮中，爲文武官員之待詔處。其鑄馬銅像之事則依《初學記》引張瑩《漢南紀》曰：「馬援奏曰：『武帝時，善相馬者，鑄作銅馬法獻之，有詔立於魯班門外，則更名曰：金馬門。』」〔註122〕由此可知未央

〔註119〕《增補六臣注文選卷一·兩都賦序》梁·蕭統撰，唐·李善等六人註，漢京文化事業公司，臺北，1983 年 9 月，頁 21。

〔註120〕同註 108。

〔註121〕《三輔黃圖校注卷三·未央宮》頁 207。

〔註122〕《初學記卷二十四·門第十》唐·徐堅等著，中華書局，北京，2004 年 2 月，

宮之金馬門原名魯班門。1981 年，在武帝茂陵東側大墓的從葬坑出土通高六十二公分，長七十六公分鎏金銅馬，其形式風格：「昂首翹尾，肌筋勁健，耳削鬃齊，四蹄直立，靜穆中蘊含勁勢……據考證係根據大宛良馬形象鑄造。」〔註123〕此馬約眞馬二分之一，馬形應以武帝夢寐以求的大宛汗血馬爲本，推測金馬門所立銅馬其形狀、材料與此馬相似，但係依眞馬全身比例鑄造。（附圖 2-4）

附圖 2-4 金馬門之金馬模型 ——西漢鎏金銅馬

茂陵東側大墓出土錄自《彩色版中國通史》，頁 97。

附圖 2-5 三禮圖中之周王城圖

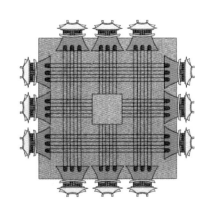

取自中國建築（禮制與建築），頁 9。

（二）十二通門

《文選・西都賦》云「立十二之通門。」〔註124〕

李善注：「《周禮》曰：『匠人營國，方九里，旁三門。』鄭玄曰：『天子十二門，通十二子也。』」〔註125〕

依據今本《三輔黃圖・長安故城》云：

　　長安城東出南頭第一門霸城門……東出第二門曰清明門……東出北
　　頭第一門曰宣平門……南出東頭第一門覆盎門……南出第二門曰安

　　　　頁 583。
〔註123〕《彩圖版中國通史》，戴逸、龔書鐸主篇，海燕出版社，鄭州，2003 年 3 月，
　　　　頁 97。
〔註124〕《增補六臣注文選卷一・西都賦》頁 24。
〔註125〕同註 124。

門……南出第三門曰西安門……西出南頭第一門章城門……西出第
二門直城門……西出北頭第一門曰雍門……北出東頭第一門曰洛城
門……北第二門曰廚城門……北出西頭第一門曰橫門……《三輔決
錄》曰：「長安城面三門，四面十二門。」〔註126〕

考長安城十二城門除霸城門與直城門外並不相對，且各不相通，各面城門距
離又不相等，可以推測並非計畫型城門，長安城闢開十二門的來源應與《周
禮‧考工記》所云之「匠人營國，旁三門。」有關。

（三）閭　閻

《文選‧西都賦》云「街衢洞達，閭閻且千。」〔註127〕

李善注：「《字林》曰：閭，里門也；閻，里中門也。」〔註128〕，閭閻之
分別，前者爲坊里外門，後者爲坊里中門。里有門頗早，依《尚書‧武成》
云：「式商容閭。」〔註129〕，則殷商時已有里門，。

孔穎達疏引《說文》：「閭，族居里門也。」〔註130〕《荀子‧儒效》云：
「雖隱於窮閻漏屋，人莫不貴之。」〔註131〕

里巷中有門曰閻，故窮閻另有陋巷之意。閭閻合稱則爲坊里之意，閭閻
且千引申爲長安的坊里幾達千個，王勃〈滕王閣記〉：「閭閻撲地，鐘鳴鼎食
之家。」〔註132〕亦有相同景觀，閭閻今名「街廓」〔註133〕，也是日人所稱的
「町」。

（四）閨、闈、闥

《文選‧西都賦》云：「閨房周通，門闥洞開……立金人於端闈。」〔註134〕
李善注引《爾雅》曰「宮中門謂之闈，小者謂之閨。」《毛傳》曰「闥，門內也。」

〔註126〕《三輔黃圖卷一‧都城十二門》，世界書局，臺北，1963 年 11 月，頁 8～11。

〔註127〕《增補六臣注文選卷一‧西都賦》頁 24。

〔註128〕同註 127。

〔註129〕《尚書注疏卷十一‧武成》，漢‧孔安國傳，唐‧孔穎達疏，新文豐出版公司，
臺北，1977 年 1 月，頁 162。

〔註130〕《尚書注疏卷十一‧武成》頁 162。

〔註131〕《荀子卷四‧儒效》，戰國‧荀況撰，唐‧楊倞注，臺灣中華書局，臺北，1966
年 3 月，頁 2。

〔註132〕《古今圖書集成七十七‧考工典上卷一百‧閣部藝文一》清‧陳夢雷編，鼎
文書局，臺北，頁 936。

〔註133〕〈臺北市建築管理規則第十條〉臺北市政　，臺北，1974 年 2 月，頁 33。

〔註134〕《增補六臣注文選卷一‧西都賦》頁 26。

〔註 135〕

附圖 2-6　閭閻且千

安徽黟縣西遞村民居之閭閻　　　　　安徽黟縣盧村民居坊里中閭

錄自王其鈞《中國傳統民居》，頁 28。　　錄自單德啓《中國傳統民居圖
　　　　　　　　　　　　　　　　　　　說》，頁 89。

　　閨見於《公羊傳・宣公六年》：「有人荷畚，自閨而出者。」〔註 136〕何休
注：「宮中之門謂之闈，其小者謂之閨。」〔註 137〕因閨爲宮中小門，故借爲婦
女的臥室，如曹植〈雜詩之三〉：「妾身守空閨，良人行從軍。」〔註 138〕而閨
房更是正指，如《漢書・張敞傳》：「臣聞閨房之內，夫婦之私，有過於畫眉
者。」〔註 139〕

　　闥見於《詩經，齊風・東方之日》：「彼姝者子，在我闥兮！」〔註 140〕孔
穎達疏：「闥字從門，故知門內也。」〔註 141〕王先謙集疏：「切言之闥爲小門，

〔註 135〕同註 123。
〔註 136〕《公羊傳注疏・宣公六年》，漢・何休解詁，唐・徐彥疏，新文豐出版公司，
　　　　　臺北，1977 年 1 月，頁 192。
〔註 137〕同註 125。
〔註 138〕《增補六臣注文選卷二十九・雜詩六首之三》頁 536。
〔註 139〕《漢書補注卷十六・張敞傳》頁 1420。
〔註 140〕《毛詩注疏・齊風・東方之日》頁 191。
〔註 141〕同註 140。

渾言之門內皆爲闈，故〈毛傳〉但云闈，門內也。」〔註142〕

但由《史記・樊噲列傳》云：「噲乃排闥而入。」〔註143〕司馬貞《索隱》：「闥，宮中小門。」〔註144〕見解與孔、王不同。

如由〈西都賦〉所云：「排飛闥而上出。」則以司馬貞釋爲宮中小門爲宜。《說文》云；「闥，樓上戶也。」〔註145〕段玉裁注：「許書無闥，闥即今闥字。」〔註146〕可知闥爲闥字漢後通字。〈西都賦〉又云：「閨房周通，門闥洞開。」〔註147〕《毛傳》謂闈爲門內，門內爲庭，言「洞開」非庭可知，應釋爲內門，《說文》釋爲樓上戶亦僅用於漢宮之飛闥之專釋耳！

闈見於《周禮・地官・保氏》：「使其屬守王闈。」〔註148〕，鄭玄注；「闈，宮中之巷門。」〔註149〕

另見於《考工記・匠人》：「廟門容大扃七个，闈門容大扃三个。」〔註150〕鄭玄注；「廟中之門曰闈。」〔註151〕

又見於《左傳・哀公十四年》：「子我歸，使徒，攻闈與大門，皆不勝，乃出，陳氏追之。」〔註152〕杜預注：「闈，宮中小門。」〔註153〕孔穎達疏；「宮中之門曰闈。」〔註154〕

由上各家注釋可知，先秦時代王宮門曰廟門或曰大門，其小者爲闈門，至漢代宮中門曰闥門，小者爲閨門。《毛傳》謂闈爲門內，門內爲庭，言洞開非庭可知，應釋爲內門。

〔註142〕同註140。

〔註143〕《史記會注考證卷九十五・樊酈滕灌列傳》，漢・司馬遷撰，劉宋・裴駰集解，唐・司馬貞索隱，唐・張守節正義，日本・瀧川龜太郎考證，宏業書局，臺北，1972年3月，頁1087。

〔註144〕同註143。

〔註145〕《說文解字注》漢，許慎撰，清・段玉裁注，宏業書局，臺北，1971年7月，頁419。

〔註146〕同註145。

〔註147〕《增補六臣注文選卷一・西都賦》頁24。

〔註148〕《周禮注疏・地官・保氏》頁213。

〔註149〕同註148。

〔註150〕《周禮注疏・冬官・考工記・匠人》頁644。

〔註151〕同註139。

〔註152〕《左傳注疏・哀公十四年》，晉・杜預注，唐・孔穎達疏，新文豐出版公司，臺北，1977年1月，頁1032。

〔註153〕同註152。

〔註154〕同註152。

附圖 2-7　瀋陽故宮太廟之闈闔門　　附圖 2-8　北京故宮景祺閣之
　　　　　　　　　　　　　　　　　　　　　　　　　　闈門

錄自《中國建築（門）》，頁 7。　　　　錄自《紫禁城》，頁 88。

（五）閾、扉

《文選・西都賦》云：「乃增崖而衡閾，臨峻路而啓扉。」〔註 155〕

李善注：「孔安國〈論語注〉曰：『閾，門限也。』」《爾雅》：『閾謂之扉。』」
〔註 156〕《儀禮・士冠禮》：「布席于門中，闑西閾外西面。」〔註 157〕鄭玄注：
「閾，闑也。」〔註 158〕賈公彥疏曰：「閾，門限，與闑一也。」〔註 159〕扉依
《左傳・襄公二十八年》：「子尾抽桷擊扉三。」〔註 160〕杜預注：「扉，門扇也。」
〔註 161〕子尾可以抽取屋簷之椽木，可見簷邊不超過二公尺。

由上可知閾為門限，又稱門檻。扉即門扇，今名亦然。（附圖 2-9）

〔註 155〕《增補六臣注文選卷一・西都賦》頁 26。
〔註 156〕同註 155。
〔註 157〕：《儀禮注疏・士冠禮》，漢・鄭玄注，唐・賈公彥疏，新文豐出版公司，臺
　　　　　北，1977 年 1 月，頁 5。
〔註 158〕《儀禮注疏・士冠禮》頁 5。
〔註 159〕同註 158。
〔註 160〕《左傳注疏・襄公二十八年》頁 655。
〔註 161〕：同註 160。

附圖 2-9　清福陵西紅門之闕扉

林修杰繪，錄自《中國建築（門）》頁 9

（六）千門萬戶

《文選·西都賦》云：「張千門而立萬戶，順陰陽以開闔。」〔註 162〕

《文選·西京賦》云：「閈庭詭異，門千戶萬。」〔註 163〕

李善注引《漢書》曰：「建章宮度爲千門萬戶。」〔註 164〕，張銑注云：「閈隔也，言隔一門自有一庭，門千戶萬言多。」〔註 165〕

千門萬戶原指長安三大宮殿門戶之多，到唐代逐漸成爲宮門之通名，常爲唐詩吟咏的對象。千門如《資治通鑑·唐文宗開成元年》胡三省注：「漢武帝起建章宮，度爲千門萬戶，後世遂謂宮門爲千門。」〔註 166〕，又如杜甫〈哀江頭詩〉：「春日潛行曲江曲，江頭宮殿鎖千門。」〔註 167〕

而萬戶亦指宮中門戶，如岑參〈和賈舍人早朝詩〉：「金闕曉鐘開萬戶，玉堦仙仗擁千官。」〔註 168〕

千門萬戶泛指宮中門戶眾多，如駱賓王〈帝京篇詩〉：「三條九陌麗城隈，

〔註 162〕《增補六臣注文選卷一·西都賦》頁 29。

〔註 163〕《增補六臣注文選卷二·西京賦》頁 48。

〔註 164〕同註 162。

〔註 165〕同註 163。

〔註 166〕《資治通鑑卷二百四十五·唐紀六十一》云：「流血千門」注，宋·司馬光撰，元·胡三省注，文化圖書公司，臺北，1983 年 9 月，頁 1688。

〔註 167〕《唐詩一萬首》廖仲安，李華，李景華等三人主編，北京燕山出版社，北京，2007 年 7 月，頁 216。

〔註 168〕《韻對千家詩》宋·劉克莊編，宋·謝枋得選，明·王相選註，文化書局，臺北，1958 年 11 月，頁 82。

萬戶千門平旦開。」〔註169〕千門萬戶在平旦齊開，應指宮闈而非尋常百姓家。
開闔的闔此處應作關閉解，如《易經・繫辭上》：「一闔一闢謂之變。」〔註170〕
將門戶晨開昏闔，以順應晝夜之變化。

（七）飛　闥

《文選・西都賦》云：「排飛闥而上出，若遊目於天表。」〔註171〕李善
注引《廣雅》曰：「闥，門闥也。」〔註172〕

附圖2-10　北京故宮之千門萬戶

錄自《紫禁城》封背，因漢代宮已無存，以北京宮殿示其意。

劉良注云：「排，推也。闥，門也。飛闥言臨空如飛也。表，外也，言自
閣道排門出望，若目見天外。」〔註173〕

排飛闥而上出，是由攀井幹、步甬道，縈紆而上直達樓頂，推開闥門而
望天表，因目眴轉而意迷，魂悅悅以失度，故覺闥門若飛出雲表，產生飛闥
的現象純粹是因懼高的心理作用。

〔註169〕《唐詩一萬首》頁19。
〔註170〕《周易正義・繫辭下》，曹魏・韓康伯注，唐・孔穎達正義，新文豐出版公司，
　　　　　臺北，1977年1月，頁156。
〔註171〕《增補六臣注文選卷一・西都賦》頁29。
〔註172〕同註171。
〔註173〕同註171。

（八）閶 闔

《文選・西京賦》云：「正紫宮於未央，表嶢闕於閶闔。」〔註174〕

薛綜注：「天有紫薇宮，王者象之，紫薇宮門名曰閶闔，宮門立闕以為表。」〔註175〕李善注引《三秦記》曰：「未央宮一名紫薇宮，然未央為總稱，紫宮其中別名。」〔註176〕

閶闔出於《楚辭・離騷》：「吾令帝閽開關兮，倚閶闔而望予。」〔註177〕《補注》引《說文》云：「閶，天門也，闔，門扇也。楚人名門曰閶闔。」〔註178〕

《淮南子・原道》亦云：「排閶闔，淪天門。」〔註179〕高誘注：「閶闔，始升天之門也。天門，上帝紫微宮門也。」〔註180〕

又依今本《三輔黃圖》：「帝於是作建章宮……宮之正門曰閶闔，高二十五丈，亦曰璧門。」〔註181〕

再依《水經注・渭水二》：「（建章宮）南有璧門，三層，高三十餘丈，中殿十二間，階陛咸以玉為之……樓屋上椽首薄以玉璧，因曰璧玉門也。」〔註182〕

班固與李善認為閶闔門在紫微宮即未央宮，但今本《三輔黃圖》及《水經注》記載閶闔門係建章宮正門，且依《漢書・高帝紀》：「高祖七年二月至長安，蕭何治未央宮，立東闕、北闕。」〔註183〕顏師古注曰：「未央宮雖南嚮，而上書謁見之徒皆詣北闕……是以北闕為正門。」〔註184〕則未央宮正門為北闕而非閶闔門。

閶闔門高度以今本《三輔黃圖》二十五丈計之，達六十九公尺高，約中

〔註174〕《增補六臣注文選卷二・西京賦》頁44。

〔註175〕同註174。

〔註176〕同註174。

〔註177〕《楚辭補注・離騷》，東漢・王逸注，宋・洪興祖補注，長安出版社，臺北，1984年9月，頁29。

〔註178〕《楚辭補注・離騷》頁29，30。

〔註179〕《淮南鴻烈解卷一・原道篇》漢・劉安撰，漢・高誘注，河洛圖書出版社，臺北，1987年3月，頁4。

〔註180〕同註168。

〔註181〕《三輔黃圖卷二・漢宮》世界書局，臺北，1963年11月，頁15。

〔註182〕《水校注校證卷十九・渭水》頁451。

〔註183〕《漢書補注卷一下・高帝紀》漢・班固撰，唐・顏師古注，清・王先謙補注，臺北，藝文印書館，頁52。

〔註184〕《漢書補注卷一下・高帝紀》頁52。

正紀念堂的高度，但高僅三層，每層高達二十三公尺，非用井幹結構無法營造。

而璧者依《爾雅・釋器》：「肉倍好，謂之璧。」也就是中央孔徑爲璧肉之半的玉器。屋簷瓦當下之橡首嵌飾以玉璧，臺階、堂陛咸以玉鋪砌，這是閶闔門別稱璧門的原因，其建材玉質推測應如今北京故宮鉤欄、龍墀、丹墀、露臺、須彌座等皆以漢白玉鋪砌相類似。

（九）高　門

《文選・西京賦》云：「高門有閌，列坐金狄。」〔註185〕

薛綜注引《毛詩》曰：「皋門有伉，與閌同，鄭玄《禮記注》曰：『皋之言高也。』」〔註186〕

另《詩經・大雅・緜》云：「迺立皋門，皋門有伉。」〔註187〕鄭玄注：「王之郭門曰皋門，王之正門曰應門。」〔註188〕

另《禮記・明堂位》云：「大廟，天子明堂；庫門，天子皋門；雉門，天子應門。」〔註189〕鄭玄注：「言廟及門，天子之制也；天子五門，皋、庫、雉、應、路。」〔註190〕故皋門爲天子五門之外門，猶如北京之永定門。

至於列坐金狄的高門究竟何指？《三輔舊事》云：「秦始皇聚天下兵器，鑄銅人十二，各重二十四萬斤，漢世在長樂宮門。」〔註191〕《玉海》云「漢徙金狄置長樂宮大夏殿前。」〔註192〕惟據《水經注・渭水》云：「魏明帝景初元年，徙長安金狄，重不可致，因留霸城南。」〔註193〕，霸城門距霸城較近，故高門應指長安的霸城門。

（十）南端，應門

《文選・東京賦》云：「逮至顯宗，六合殷昌，乃新崇德，遂作德陽，啓

〔註185〕《增補六臣注文選卷二・西京賦》頁45。
〔註186〕同註185。
〔註187〕《毛詩注疏・大雅・緜》頁549。
〔註188〕同註187。
〔註189〕《禮記注疏卷三十一・明堂位》頁579。
〔註190〕同註189。
〔註191〕《三輔舊事》清・張澍輯，世界書局，臺北，1963年11月，頁10。
〔註192〕《玉海六卷一百五十五・宮室・漢長樂宮》宋・王應麟撰，大化書局，台北，1977年12月，頁2946。
〔註193〕《水校注校證卷十九・渭水》頁458。

南端之特闈，立應門之將將。」〔註194〕

薛綜注：「啓，開也；端門，南方正門；應門，中門也。」〔註195〕李善注引《爾雅》曰：「宮中門謂之闈。」〔註196〕又引《洛陽宮舍記》曰：「宮中門謂之闈。」〔註197〕

另《禮記・明堂位》云：「大廟，天子明堂；庫門，天子皋門；雉門，天子應門。」〔註198〕鄭玄注：「言廟及門，天子之制也。」〔註199〕

天子五門之次序爲皋、庫、雉、應、路，應門爲五門中第四道門。故應門爲天子五門之次內門，猶如北京之午門。

崇德及德陽乃是北宮之殿名，北宮建於顯宗明帝時代，依據《元河南志・後漢東都城圖》北宮南方正門爲朱雀門，其內有司馬門，再次爲端門，薛綜稱南方正門爲端門，可能係受「南端之特闈」辭句之影響，其實，「南端之特闈」應指朱雀門，端門只是北宮之應門。

（十一）崇賢、金商、雲龍、神虎

《文選・東京賦》云：「昭仁惠於崇賢，抗義聲於金商；飛雲龍於春路，屯神虎於秋方。」〔註200〕薛綜注：「崇賢，東門名也；金商，西門名也……德陽殿東門稱雲龍門，德陽殿西門稱神虎門。」〔註201〕

李善注引《漢書》曰：「東宮蒼龍，又曰：東方於時爲春，《宮殿簿》北宮有雲龍門。王逸《楚辭注》曰：『屯，陳也。』《漢書》曰：『西宮白虎，又曰：西方於時爲秋』，《宮殿簿》北宮有神虎門。」〔註202〕

薛綜以雲龍及神虎門爲德陽殿東西門，而德陽殿南正門可由《元河南志・後漢東都城圖》得知爲德陽門。而崇賢及金商兩門薛綜只提及是東西門，其位置究在何處？《元河南志》載崇賢門在雲龍門內，金商門在神虎門內〔註203〕，

〔註194〕《增補六臣注文選卷三・東京賦》頁 65。

〔註195〕：同註 194。

〔註196〕同註 194。

〔註197〕同註 194。

〔註198〕《禮記注疏卷三十一・明堂位》頁 579。

〔註199〕同註 198。

〔註200〕《增補六臣注文選卷三・東京賦》頁 65。

〔註201〕同註 200。

〔註202〕同註 200。

〔註203〕《元河南志卷二・後漢城闕宮殿古蹟》，臺北，世界書局，1963 年 11 月。

並在《元河南志‧後漢東都城圖》標示其位置。

（十二）青瑣丹墀

《文選‧西京賦》云：「右平左墄，**青瑣丹墀**。」〔註 204〕

李善注云：《漢書》：『有赤壁青瑣。』《音義》：『以青畫戶邊，鏤中。』《楚辭注》曰：『文如連瑣』《漢官典職》：『丹漆地，故稱丹墀』』〔註 205〕呂向注：「青瑣，窗也，以青飾之。丹墀，階也，以丹漆塗之』」〔註 206〕

青瑣是青色鏤空的連瑣紋雕飾，窗戶皆有之，即青瑣紋格子門窗，宮殿常用之，如今本《三輔黃圖》載未央宮有青瑣門〔註 207〕。

丹墀是指宮廷殿堂前的露臺，漆成紅色，亦即《文選‧西都賦》所云：「玄墀釦砌，玉階彤庭。」〔註 208〕的**彤庭**，漢宮殿的彤庭作法如李善注云：「《漢書》：『昭陽舍中庭彤朱而殿上髹漆。』」〔註 209〕以及《漢書‧梅福傳》所云：「故願壹登文石之陛，涉赤墀之塗。」〔註 210〕

外戚權臣五侯中之王根亦有僭用者，如《漢書‧元后傳》所云：「曲陽侯根驕奢僭上，赤墀青瑣。」〔註 211〕孟康注曰：「以青畫戶邊，鏤中，天子制也。」〔註 212〕如淳注曰：「門楣格再重，如人衣領再重，裡者青，名曰青瑣，天子門制也。」〔註 213〕顏師古注曰：「孟說是，青瑣者刻爲連環文而青塗之也。」〔註 214〕青瑣到唐代宮殿亦沿用之，如杜甫〈秋興詩其五〉云：「蓬萊宮闕對南山……幾回青瑣點朝班。」〔註 215〕就是說明唐代長安南對終南山的大明宮含元殿尚沿用青瑣門窗。

〔註 204〕《增補六臣注文選卷二‧西京賦》頁 45。

〔註 205〕同註 204。

〔註 206〕同註 204。

〔註 207〕同註 204。

〔註 208〕《今本三輔黃圖卷二‧漢宮》世界書局，漢京文化事業公司，臺北，1963 年
　　　　　11 月，頁 15。

〔註 209〕《增補六臣注文選卷一‧西都賦》頁 27。

〔註 210〕《漢書補注二卷六十七‧梅福傳》頁 1320。

〔註 211〕《漢書補注二卷九十八‧元后傳》頁 1707。

〔註 212〕同註 211。

〔註 213〕同註 211。

〔註 214〕同註 211。

〔註 215〕《古唐詩合解卷九‧七律中》清‧王堯衢輯註，清‧李模、李桓校，章福記
　　　　　書局，上海，1916 年，頁 2。

六、梁柱部

（一）虹梁、棼橑

《文選・西都賦》：「因壤材而究奇，抗應龍之**虹梁**；列**棼橑**以布翼，荷**棟桴**而高驤」〔註216〕《文選・西京賦》云：「亘雄**虹**之長梁，結**棼橑**以相接。」〔註217〕

李善注：「應龍虹梁，梁形似龍，而屈如虹也。《廣雅》曰：『有翼曰應龍。』《說文》曰：『棼，複屋棟也；橑，椽也；翼，屋榮也。』《爾雅》曰：『棟謂之桴』」〔註218〕

李誡云：「〈西都賦〉：『列棼橑以布翼，荷棟桴而高驤』，棼、桴皆棟也。……《義訓》：『屋棟謂之甍』。……揚雄《方言》：『甍謂之霤』」〔註219〕則棼、桴、甍、霤皆是屋棟。

薛綜注：「亘，徑度也；虹，蝃蝀也；謂殿梁皆徑度，朱畫五色如綴蝀；雄者，色鮮好也。」〔註220〕

《營造法式・看詳・諸作異名》曰：

> 棟，其名有九，一曰棟，二曰桴……四曰棼……七曰槫……八曰檁……。椽，其名有四，一曰桷，二曰椽，三曰榱，四曰橑……。
>
> 搏風，其名有二，一曰榮，二曰搏風。〔註221〕

應龍虹梁如李善注梁形似龍並屈捲如虹的形狀，其彎曲度並非如虹半圓形狀，亦非如薛綜所謂長梁朱畫五色如虹，應是中央稍有拱曲並雕成翼龍形狀的梁；虹梁現名爲月梁（附圖2-11）。

其中「棼」爲屋「棟」或屋架最上層的「檁木」現稱爲「脊槫」；「桴」爲屋架中下層的「檁木」現稱爲「平槫、簷槫」。「橑」是屋簷的椽木及翼角的桷木；《說文》謂「翼」爲「屋榮」亦即爲歇山屋頂的「搏風」，現名「博風」，日本人稱「破風」。

〔註216〕《增補六臣注文選卷一・西都賦》頁26。
〔註217〕《增補六臣注文選卷二・西京賦》頁44。
〔註218〕同註216。
〔註219〕《營造法式卷二・總釋下・棟》宋・李誡撰，臺灣商務印書館，臺北，1956年4月，頁25。
〔註220〕同註217。
〔註221〕《李明仲營造法式・看詳・諸作異名》宋・李誡撰，聯經出版公司，臺北，1974年9月，頁11。

「列棼橑以布翼，荷棟桴而高驤。」其實就是「博風面安裝成列槫木及椽木，以推舉高聳的歇山屋頂。」（附圖 2-12）（圖 1-11）。

附圖 2-11　虹梁圖──蘇州保聖寺大殿徹上明造之月梁

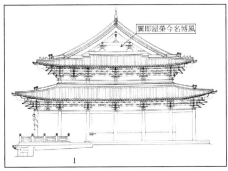

錄自《梁思成全集第七卷上冊》，頁 128（左）。山西晉祠聖母殿側立面圖之翼，頁 176

附圖 2-12　荷棟桴而高驤──山西晉祠聖母殿斷面圖

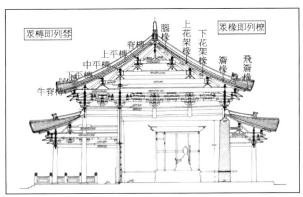

引自晉祠文物透視，頁 176。

（二）棼　楣

《文選・西都賦》：「虹霓迴帶於棼楣風」〔註222〕，李善注：「《說文》曰：『棼，複屋棟也。』《爾雅》曰：『楣謂之梁。』」〔註223〕

《營造法式・看詳・諸作異名》曰：「檐，其名有十四，一曰宇，二曰檐……四曰楣……」〔註224〕《儀禮・鄉射禮》：「序，則物當棟；堂，則物當楣。」

〔註222〕《增補六臣注文選卷一・西都賦》頁 29。
〔註223〕同註 222。
〔註224〕《營造法式・看詳・諸作異名》頁 39。

〔註225〕鄭玄注「是制五架之屋也，正中曰棟，次曰楣。」〔註226〕南宋李如圭（約1193左右）《儀禮釋宮》：「堂之屋，南北五架，中脊之架曰棟，次棟之架曰楣。」〔註227〕

鄭玄與李如圭認五架堂屋次棟之架爲楣，非也，蓋次棟之架爲次架桁或次架榑，最下架榑方稱簷榑或楣榑，簡稱簷或楣，而棼爲屋頂上棟榑，楣爲屋頂下簷榑。

由以上文獻，而棼引中爲屋棟側是屋頂的上層屋脊部，楣應是屋頂下層的的屋簷部，「棼楣」一辭應指整個屋頂，「虹霓迴帶於棼楣」則指虹霓縈迴於宮室屋頂上。

（三）重欒浮柱

《文選‧西京賦》云：「跱遊極於浮柱，結重欒以相承。〔註228〕」

薛綜注：「跱猶置也，三輔名梁爲極，作遊梁置浮柱上；欒，柱上曲木，兩頭受櫨者。《廣雅》曰：曲枅曰欒。」〔註229〕（圖2-13左）

浮柱依《營造法式‧看詳‧諸作異名》：「侏儒柱其名有六，一曰梲，二曰侏儒柱，三曰浮柱……六曰蜀柱；栱其名有六。……四曰曲枅，五曰欒，六曰栱。」〔註230〕則浮柱即宋代的侏儒柱，今名蜀柱，臺灣土名瓜筒。欒即斗栱的栱木，此句可解譯爲：「將梁置於蜀柱上，並組構多踩斗栱來荷承」。

（四）櫓栌重棼

《文選‧西京賦》云：「櫓栌重棼，鍔鍔列列。」〔註231〕

李善注：「鍔鍔、列列，皆高貌。」〔註232〕櫓依《說文》從立部：「竲，北地高樓無屋者。」〔註233〕栌依《說文》：「栌，屋棟也。」〔註234〕《禮記‧

〔註225〕《儀禮注疏卷十三‧鄉射禮》頁148。

〔註226〕同註225。

〔註227〕《儀禮釋宮》宋‧李如圭撰，臺灣商務印書館，臺北1966年3月，頁2。

〔註228〕《增補六臣注文選卷二‧西京賦》頁47。

〔註229〕同註228。

〔註230〕《李明仲營造法式‧看詳‧諸作異名》頁11。

〔註231〕《增補六臣注文選卷二‧西京賦》頁48。

〔註232〕同註231。

〔註233〕《段氏說文解字注第六篇上‧立部》漢‧許慎撰，清‧段玉裁注，宏業書局，臺北，1971年7月，頁358。

〔註234〕《段氏說文解字注第六篇上‧木部》，頁181。

禮運》所云的：「昔者先王未有宮室，冬則居營窟，夏則居橧巢。」〔註 235〕
鄭玄注：「暑則聚薪柴，居其上。橧本又作增，又作曾。」〔註 236〕，故橧即增
即層也，橧桴即層棟，亦即層樓也。橧桴並非架木聚薪爲巢居的橧巢，而是
疊而百增的層樓。

　　另《營造法式・看詳・諸作異名》曰：「棟，其名有九，一曰棟，二曰桴……
四曰梦」〔註 237〕，則桴梦皆屋棟也。橧桴即樓臺屋棟，重梦爲數重屋脊，「橧
桴重梦，鍔鍔列列」即樓臺重簷，高高在上。（圖 2-13 右）

附圖 2-13　西方寺之浮柱重欒，飛雲樓之橧桴重梦

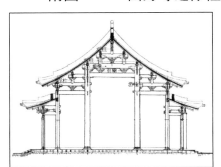

揚州西方寺大殿縱剖面之棟與欒，錄自《中國古代城市規劃建築群布局及建築
設計方法研究》頁 172（左），山西萬榮縣飛雲樓上部之重欒（右）

（五）玉瑱、居楹、華榱、璧璫、雕楹、玉碣、繡栭、雲楣

　　《文選・西都賦》云：「雕玉瑱以居楹，裁金以飾璫。」〔註 238〕《文選・
西京賦》云：「飾華榱之璧璫……雕楹玉碣，繡栭雲楣。」〔註 239〕

　　李善注：「言雕刻玉碣以居楹柱也。《廣雅》曰：『瑱，碣也。』《說文》
曰：『楹，柱也』。

　　另〈上林賦〉曰：『華榱璧璫。』韋昭注曰：『裁金爲璧，以當榱頭。』
王褒《甘泉頌》曰：『采雲氣以爲楣。』」〔註 240〕

　　薛綜注：「華榱，畫其榱也。栭，斗也；楣，梁也；皆雲氣畫如繡也。《廣

〔註 235〕《禮記注疏卷二十一・禮運》頁 417。
〔註 236〕同註 235。
〔註 237〕《李明仲營造法式・看詳・諸作異名》頁 11。
〔註 238〕《增補六臣注文選卷一・西都賦》頁 26。
〔註 239〕《增補六臣注文選卷二・西京賦》頁 44。
〔註 240〕《增補六臣注文選卷一・西都賦》頁 26。

雅》曰：「瑱，礩也。」《說文》曰：「楶，柱也。」〔註241〕

玉瑱就是玉做的礩，依《淮南子・說林篇》「山雲蒸，柱礎潤。」〔註242〕高誘注「礎，柱下石，礩也。」〔註243〕

換言之，瑱就是柱礎石，柱礎常用漢白玉石雕龍、華之紋，故曰「雕玉瑱」，而柱礎中央鑿方孔以容納木柱之凸榫，故謂「居楶」，其作用係增加柱子抵抗風力及地震力之強度。

榱是椽子，華榱是椽子有彩畫，璧璫依韋昭之見爲榱頭的銅質璧形飾物。又依《史記・司馬相如列傳》：「華榱璧璫，輦道纚屬。」〔註244〕司馬貞《史記索隱》引司馬彪曰：「以璧爲瓦之當也。」〔註245〕

則裁金以**飾璫**應爲榱頭銅瓦當，通常榱頭常用陶瓦當做裝飾，如漢宮遺址所發現的「長樂未央、長生無極、益壽延年……」陶質瓦當，銅質璧形瓦當考古尚未發現，可能係因銅金屬較昂貴，易被變賣，不易留在遺址上。

七、階砌部

（一）左墄右平

《文選・西都賦》云「左墄右平，重軒三階。〔註246〕」《文選・西京賦》云：「左墄右平，三階重軒，鏤檻文棍。」〔註247〕，李善注云：

《七略》曰：「王者宮中必左墄而右平。摯虞《決疑要注》曰：『凡太極乃有陛，堂則有階無陛也；左墄右平，平者以文磚相亞次也，墄者爲階級也，言階級勒墄然。』王逸《楚辭注》曰：『軒，樓板也。』《周禮》：『夏后氏世室，九階。』鄭玄注曰：『南面三，三面各二也。』……王褒〈甘泉頌〉曰：『編蟲瑁之木毘』《聲類》曰；『棍，屋連綿貌也。』」〔註248〕

薛綜注云：

檻，闌也，皆刻畫。"又注曰："墄，限也，謂階齒也，天子殿高

〔註241〕《增補六臣注文選卷二・西京賦》頁44。
〔註242〕《淮南鴻烈解卷十七・說林篇》頁18。
〔註243〕同註242。
〔註244〕《史記二卷一百十七・司馬相如列傳》頁1237。
〔註245〕同註244。
〔註246〕《增補六臣注文選卷一・西都賦》頁26。
〔註247〕《增補六臣注文選卷二・西京賦》頁44。
〔註248〕同註246。

九尺，階九齒，各有九級；其側階各中分左右，左有齒，右則滂池
平之，另輦車得上。〔註249〕

《營造法式卷第二・總釋下》引《義訓》曰：「階下齒謂之城。」〔註250〕
今日的臺階漢代僅稱"階"，宋代亦然（如《營造法式卷二・總釋卜》）。

漢宮之臺階形式爲「左城右平」，城在唐代稱陛級，常漆成丹紅色，故稱
丹陛，如岑參〈寄左省杜拾遺詩〉：「聯步趨丹陛，分曹限紫微，曉隨天仗人，
暮惹御香歸。」〔註251〕

〈古詩十九首〉第五首「西北有高樓……阿閣三重階。」〔註252〕則顯然
是指三層有欄杆的臺階，猶如今日中正紀念堂之三層臺階。

宋代稱陛級爲踏道〔註253〕，清代以後通稱踏跺〔註254〕，現稱爲「梯級」
〔註255〕。

「平」並非平路，而是斜坡路，漢代以文磚相疊砌成鋸齒形，以供車馬
上下；唐代稱爲「砌道」〔註256〕，而大明宮含元殿斜坡砌道長達八十公尺，
由平地緩坡而上直達丹墀，遠望如龍尾，特稱「龍尾道」〔註257〕。宋代稱爲
「慢道」〔註258〕；清代稱爲「蹉蹼」〔註259〕，現稱爲「坡道」〔註260〕。

（二）重軒三埒

李善注認爲賦文所云漢宮三階正如鄭玄所說天子四面九階中之南面之三
座臺階，薛綜注認爲漢宮三階，係中央之城階計陛級九級，兩旁二側階左城右
平，以漢宮廣袤之偉，應以李善所稱四面九階始能方便上下臺基，惟兩注皆

〔註249〕同註247。
〔註250〕《李明仲營造法式卷二・總釋下・階》頁11。
〔註251〕《唐詩一千首・寄左省杜拾遺》廖仲安，李華，李景華主編，北京燕山出版
　　　　社，北京，2007年7月，頁195。
〔註252〕《增補六臣注文選卷二十九・古詩十九首其三》頁536。
〔註253〕《李明仲營造法式卷三・石作制度・踏道》頁7。
〔註254〕《清式營造算例第七章・石作作法・臺階》頁46。
〔註255〕《建築技術規則・施工篇・第三十三條》，內政部制定，營建雜誌社，臺北，
　　　　1995年1月，頁25。
〔註256〕《兩京新記輯校卷一・西京・大明宮》云：「左右有砌道盤上，謂之龍尾道。」
　　　　唐・韋述撰，辛德勇輯校，三秦出版社，西安，頁6。
〔註257〕同註256。
〔註258〕《李明仲營造法式卷十五・塼作制度・慢道》頁3。
〔註259〕同註254。
〔註260〕《建築技術規則・施工篇・第三十九條》，頁26。

未提及每座臺階的層數，以考古調查未央前殿臺基高達十五公尺〔註261〕，非薛綜注所稱殿高九尺而已，重軒三塝每座臺階應有三層，就如〈古詩十九首〉第五首「西北有高樓……阿閣三重階。」〔註262〕則顯然是指三層有欄杆的臺階，猶如今日中正紀念堂之三層臺階。

八、闕 部

闕名稱的來源據《釋名》曰：「闕，闕也。在門兩旁，中央闕然爲道也。」〔註263〕

（一）華闕

《文選・西都賦》云「樹中天之華闕，豐冠山之朱堂。」〔註264〕《漢書》曰：「蕭何作未央宮，立東闕、北闕。」〔註265〕華闕亦即指東闕、北闕。

今本《三輔黃圖・漢宮・未央宮》其注曰：

> 闕，門觀也；劉熙《釋名》曰：「闕在門兩旁，中央闕然爲道也，門闕天子號令賞罰所由出也。」未央宮雖南向，而上書。謁見、奏事之徒，皆在北闕焉，是則以北闕爲正門，而又有東闕、東門，至於西南兩面，無門闕矣，蓋蕭何立未央宮以厭勝之術然乎？〔註266〕

闕得名的來源就是立於門的兩旁，中間空缺沒有門戶及建築物，可以做爲通道。闕在周代稱爲象魏或觀，如《藝文類聚》云：「《周官》曰：『太宰以正月懸治法於象魏。』象魏，門闕也，法令懸之，故謂其書爲象魏。《禮記》曰：『昔者仲尼與於蜡賓，事畢，遊于觀之上喟然而嘆。』鄭言：『觀，闕也。』」〔註267〕

《三輔故事》：「未央宮東有蒼闕，北有玄武闕。」〔註268〕《史記・高祖本紀》：「八年……蕭相國作未央宮，立東闕、北闕。」〔註269〕張守節《正義》

〔註261〕《三輔黃圖校注卷之二・漢宮・未央宮》注二，頁136。
〔註262〕《增補六臣注文選卷二十九・古詩十九首其三》頁536。
〔註263〕《傳世藏書・釋名疏證補》，東漢・劉熙撰，清・畢沅疏證，清・王先謙講輯，徐復主編，海南國際新聞出版中心，海口，1996年11月，頁93。
〔註264〕《瀅書補注卷一下・高帝賦》頁52。
〔註265〕《增補六臣注文選卷一・西都賦》頁26。
〔註266〕《三輔黃圖卷二・漢宮・未央宮》頁14。
〔註267〕《藝文類聚卷六十二・居處部二・闕》頁1115。
〔註268〕《三輔故事》清・張澍輯，世界書局，臺北，1963年11月，頁6。
〔註269〕《史記一卷八・高祖本紀》頁177。

云：「蓋北闕爲正者，蓋象秦作前殿，渡渭水屬之咸陽，象天極閣道絕漢抵營室。」〔註270〕司馬貞《索隱》云：「東闕名蒼龍，北闕名玄武，無西南二闕，蓋蕭何以厭勝之法，故不立……秦家舊宮皆在渭北，而立東闕、北闕蓋取其便。」〔註271〕

可知蕭何"樹中天之**華闕**"即營建未央宮之東闕與北闕，亦即蒼龍闕與玄武闕，其高度文獻不載，惟賦文稱其有中天之高。至於蕭何爲何只立東闕與北闕，而不立西闕與南闕？《三輔黃圖注》稱蕭何係考慮厭勝之術，張守節以爲從天文觀點以北闕象天極（即《史記索隱》所稱中宮大帝其精北極星〔註272〕）閣道（在奎宿即仙女座ψ星）跨過銀河到達營室（在室宿即飛馬座α與β星）。司馬貞認爲了便利到渭北的秦代舊宮而營建東闕與北闕。

從天文觀點而言，秦阿房宮周馳爲閣道，自殿下抵南山，終南山之顛立表以爲闕，並築建複道，自阿房宮北渡渭河，直達咸陽宮，以象徵天極閣道，渡過天漢抵達營室星。因漢長安在渭南，並無如秦咸陽渭水貫都，不適用此天文之象。且秦爲水德之始〔註273〕，漢爲土德，立東闕與北闕，依五行思想；東屬木，北屬水，水雖生木，但土克水、木克土，不利於土德，不符蕭何厭勝之說。若以秦代舊宮如《三輔黃圖・咸陽故城》「興樂宮，秦始皇造，漢修飾之……漢太后常居之。」〔註274〕所言之興樂宮即漢長樂宮，在未央宮東面；另北面之宮室即《史記・秦始皇本紀》載「秦每破諸侯，寫倣其宮室，作之咸陽北阪上。〔註275〕」由考古發掘證實，在渭水北面的咸陽城內發現八處宮殿遺址，估計爲秦咸陽宮所在〔註276〕，故未央宮僅立東闕與北闕，應是司馬貞所稱方便利用北面及東面秦代舊宮之因素。

（二）鳳闕、圓闕

《文選・西都賦》云「設璧門之鳳闕，上觚稜而棲金爵。」〔註277〕《文選・西京賦》云：「**圓闕**竦以造天，若雙碣之相望；鳳騫翥於甍標，咸遡風而

〔註270〕《史記一卷八・高祖本紀》頁177。
〔註271〕《史記一卷八・高祖本紀》頁177。
〔註272〕《史記一卷二十七・天官書》頁509。
〔註273〕《史記一卷六・秦始皇本紀》頁120。
〔註274〕《今本三輔黃圖卷一・秦宮》頁5。
〔註275〕《史記一卷六・秦始皇本紀》頁121。
〔註276〕《中國古代建築史第一卷》頁300～301。
〔註277〕《增補六臣注文選卷一・西都賦》頁28。

欲翔。」〔註278〕李善注：

> 《字書》曰：「圖字，亦圜字也。」……孔安國《尚書傳》曰：「造，
> 至也。」又曰：「碣石，海畔山也。」……《漢書音義》曰：「觚，
> 八觚，有隅者也。」……《說文》曰：「稜，柧也，柧與觚同；鶱，
> 飛貌。」《楚辭》曰：「鳳鶱翥而飛。」〔註279〕

鳳闕因屋頂上棲置銅鳳而得名，圜闕推測因其平面爲圓形而得名。

薛綜注：「甍，棟也；標，末也；遡，向也；謂作鐵鳳凰，令張兩翼，舉頭敷尾，以甍屋上，居棟中央，下有轉樞，常向風，如將飛者。」〔註280〕李周翰注：「言闕，上竦若至天，如碣石之山相望。」〔註281〕

《史記・孝武本紀》：「於是作建章宮……其東則鳳闕，高二十餘丈。」〔註282〕，《漢書・武帝紀》：「太初元年（前104）……二月起建章宮。」〔註283〕今本《三輔黃圖》曰：

> （建章宮）宮之正門曰閶闔，高二十五丈，亦曰璧門。左鳳闕，高
> 二十五丈，右神明臺，門內北起別風闕。」其注曰：「闕上有金鳳，
> 高丈餘，今長安故城西，俗呼貞女樓，即建章闕也。」《三輔舊事》
> 云：『建章宮……東起別風闕，高二十五丈，乘高以望遠……又於宮
> 門北起圓闕，高二十五丈，有銅鳳凰，赤眉賊壞之，《西京賦》云：
> 「圜闕竦以造天，若雙碣之相望；設璧門之鳳闕，上觚稜而棲金爵
> 是也。」〔註284〕

《三輔故事》曰：「建章宮闕上有銅鳳凰；建章宮東有折風闕。〔註285〕」張澍注：

> 《漢書注》：『建章宮，其闕圓，上有銅鳳凰。《宮殿疏》云：「建章宮東
> 有鳳闕，高二十五餘丈。」《關中記》：「折風闕一名別風闕，即鳳凰闕，一名
> 礁嶢闕，以其出宮垣，識風從何處來？以爲闕名也。』〔註286〕

〔註278〕《增補六臣注文選卷二・西京賦》頁28，47。
〔註279〕《增補六臣注文選卷一・西都賦》頁28。
〔註280〕《增補六臣注文選卷二・西京賦》頁47。
〔註281〕同註280。
〔註282〕《史記一卷十二・孝武本紀》頁218。
〔註283〕《漢書補注一卷六・孝武本紀》頁99。
〔註284〕《三輔黃圖卷二・漢宮・未央宮》頁15，16。
〔註285〕《三輔故事》頁5。
〔註286〕《三輔故事》頁5。

《關中記》張澍所引《關中記》將別風闕、礁嶢闕當做同一闕，顯然有誤。

《水經注》曰：

> 沇水又北逕鳳闕東，《三輔黃圖》曰：「建章宮，漢武帝造……其東鳳闕，高七丈五尺，俗言貞女樓」，非也，《漢武帝故事》云：「闕高二十丈」《關中記》曰：「建章宮圓闕，臨北道，有金鳳在闕，上高丈餘，故號鳳闕也。」故繁欽（？～218）〈建章鳳闕賦〉曰「秦漢規模，廓然泯滅，惟建章凰闕，歸然獨存，雖非象魏之制，亦一代之巨構也。」〔註287〕

《水經注》所引《關中記》又將圓闕、鳳闕當做同一闕，顯然有誤。

桂馥（1736～1805）《說文解字義證》引繁欽〈建章鳳闕賦〉曰：「上規圓以穹窿，下矩折而繩直，長楹森以駢停，修桷揭以舒翼。」〔註288〕

由「圓闕竦以造天，若雙碣之相望。」建章宮圓闕應有雙闕相對，此雙闕在甍標上皆有銅鳳，今本《三輔黃圖》載古歌云：「長安城西有雙闕，上有雙銅雀，一鳴五穀生，再鳴五穀熟。」即指此雙闕：鳳闕高依武帝時代《史記》稱爲二十餘丈，今本《三輔黃圖》載爲二十五丈，別風闕高亦爲二十五丈，其闕身之形式依繁欽所云「上規圓以穹窿，下矩折而繩直。」可知立面係上圓下方，下方代表用井幹結構，上圓應是最上層用圓形列柱結構，結構堅固歷數百年而不倒，而瓠稜的就是兩闕攢尖屋頂的「垂脊」，因瓠八稜，屋頂應爲八角攢尖屋頂，如今日中正紀念堂之屋頂；兩闕正脊中央有金爵之雕飾物，金爵即銅鳳，猶如今日本京都金閣寺屋頂上的銅鳳，銅鳳高丈餘，其下有插在甍棟中央的轉樞，銅鳳隨風轉向，彷如今日氣象臺之風向計，故《關中記》稱人出宮垣，識風從何處來？故以爲闕名也。建章宮之鳳闕經歷赤眉的戰火，僅銅鳳受毀，闕樓歷三百年歲月仍然存在，此即東漢末年繁欽〈建章鳳闕賦序〉所謂：「秦漢規模，廓然泯滅，惟建章凰闕，歸然獨存。」〔註289〕銅鳳又稱銅雀或雲雀，如左思〈魏都賦〉「雲雀踉甍而矯首，壯翼摛鏤於青霄。」〔註290〕則是指曹操（155～220）鄴都銅雀臺屋頂上之銅雀。

〔註287〕《水經注卷十九・渭水》頁239。

〔註288〕《說文解字義證》，漢許慎撰，清・桂馥義證，北京，中華書局，1998年11月，頁1037～1038。

〔註289〕《三輔黃圖校注卷二・建章宮》頁152。

〔註290〕《增補六臣注文選卷六・魏都賦》頁124。

（二）別風闕，嶕嶤闕

《文選·西都賦》云：「內則別風之嶕嶤，眇麗巧而聳張。」〔註291〕《文選·西京賦》云：「閶闔之內，別風嶕嶤；何工巧之瑰瑋；交綺豁以疏寮。」〔註292〕

李善注：

> 《關中記》曰：「折風亦名別風」《三輔故事》曰：「建章宮東有折風闕。」《廣雅》：『交結綺文，豁然穿以爲寮也。豁，空也。』」《說文》曰：「綺，文繒也」。《蒼頡篇》曰：「寮，小窗也。」《古詩》曰：「交疏結綺窗」〔註293〕

薛綜注：「瑰瑋，奇好也；疏，刻穿之也。」〔註294〕折風闕的窗戶亦用漢代斜交的孔洞紋窗，其位置在建章宮東面。嶕嶤闕依《長安志》引《廟記》曰：「建章宮內有嶕嶤闕」薛綜注曰：「次門，女闕也，在圓闕內二百步。」〔註295〕，今本《三輔黃圖》謂圓闕在建章宮南面璧門之北，則知嶕嶤闕位在兩者之間。

（三）兩　觀

《文選·東京賦》云：「建象魏之**兩觀**，旌六典之舊章。」〔註296〕

薛綜注：「象魏，闕也，一名觀也。旌，表也。言所以立兩觀者，欲表明六典舊章之法，謂懸書于象魏，浹日而斂之。」〔註297〕象魏名稱據《藝文類聚》云：「《左傳》曰：『哀公三年，司鐸火，踰公宮，季子至，命藏象魏，曰：舊章不可忘。』象魏，門闕也，法令懸之，故謂其書爲象魏。」〔註298〕筆者認爲魏同巍，意爲高處，懸象法於高處故稱**象魏**。但《白虎通疏證》引《禮緯》曰：「天子外闕兩觀，諸侯內闕一觀。」〔註299〕但周天子以周公功大而賜魯國比照天子之禮，故象魏仍有**兩觀**，如《左傳·定公二年》：「五月壬辰，

〔註291〕《增補六臣注文選卷一·西都賦》頁29。

〔註292〕《增補六臣注文選卷二·西京賦》頁47。

〔註293〕同註291。

〔註294〕同註292。

〔註295〕《史部十一·長安志卷三·建章宮·嶕嶤闕》引薛綜注，四庫全書景印本，頁597-96。

〔註296〕《增補六臣注文選卷二·東京賦》頁65。

〔註297〕同註296。

〔註298〕《藝文類聚卷六十二·居處部二·闕》頁1115。

〔註299〕《中國子學名著集成，白虎通疏證卷十二·雜錄》漢·班固撰，蕭天石主編，頁705。

雉門及兩觀災。」〔註300〕象魏時有火災，可見是用木構造；其內有梯可登臨遠觀，如《左傳・僖公五年》：「公既視朝，遂登觀臺以望。」〔註301〕

《周禮・天官・大宰》「正月之吉……乃懸治象之法于象魏。」〔註302〕《周禮・地官・大司徒》「正月之吉……乃懸教象之法于象魏。」〔註303〕鄭玄注：「象魏，闕也。」〔註304〕《說文》「闕，門觀也。」〔註305〕段玉裁注云：

> 《釋宮》曰：「觀，謂之闕，此觀上必加門者，觀有不在門上者也。」
>
> 凡觀與臺在於平地，則四方而高者曰臺，不必四方者曰觀，其在門上者則中央闕然左右爲觀曰兩觀，《周禮》之象魏，《春秋》之兩觀，《左傳》僖五年之觀臺也……此云「闕，門觀也」者，門上有兩觀者稱闕。」〔註306〕

桂馥《義證》：

> 〈六書故〉曰：「宮城上爲樓觀，缺然爲道也，觀者於上觀望也。」
> 孫炎曰：「宮門雙闕，舊章懸焉，使民觀之，因謂之觀。」《古今注》曰：「闕，觀也；古每門樹兩觀於其前，所以表宮門也；其上可居、登也，則可以遠觀，故謂之觀；人臣將至此，則視其所闕，故謂之闕；其上丹堊，其下皆畫雲氣，仙靈、奇禽、怪獸以昭示四方焉。」〔註307〕

是則宮闕、門闕及城闕之功用有懸法、瞭望甚至可供居住，其建築如樓閣，有梯可登，但陵闕、墓闕只有立旌章名之功用，常爲實心且無梯。

（四）闕的種類

闕有四種，其一爲城闕，建於城門上，如《詩經・鄭風・子衿》：「挑兮，達兮，在城闕兮；一日不見，如三月兮。」〔註308〕孔穎達正義：「在城闕兮，

〔註300〕《左傳注疏・定公二年》頁943。
〔註301〕《左傳注疏・僖公五年》頁205。
〔註302〕《周禮注疏・天官・大宰》頁33。
〔註303〕《周禮注疏・地官・大司徒》頁159。
〔註304〕同註303。
〔註305〕《段氏說文解字注第十二篇上・門部・闕》漢・許慎撰，清・段玉裁注，宏業書局，臺北，1971年7月，頁419。
〔註306〕《段氏說文解字注第十二篇上・門部・闕》頁419。
〔註307〕《說文解字義證卷三十七・門部・闕》頁1038。
〔註308〕《毛詩注疏・鄭風・子衿》頁180。

謂城之上別有高闕而非宮闕也。」〔註309〕，周代城闕常爲雙闕立於城外，唐代城闕則建在城上當城樓使用，故孔穎達有是說，如王勃〈杜少府之任蜀州詩〉所云：「城闕輔三秦，風烟望五津。」〔註310〕（附圖1-13左）

其二爲宮闕，立闕於宮前，如《史記·高祖本紀》：「蕭丞相營作未央宮，立東闕、北闕、前殿、武庫、太倉，高祖還，見宮闕壯甚。」〔註311〕司馬貞《索隱》：「東闕名蒼龍，北闕名玄武。」〔註312〕岳飛〈滿江紅詞〉：「待從頭收拾舊山河，朝天闕。」〔註313〕則指汴京五鳳樓宮闕。

其三爲門闕，立闕於門前，如《易·說卦》：「爲小石，爲門闕。」〔註314〕高亨注：「門之兩旁築臺，其臺謂之闕，亦謂之觀；艮爲山，門闕高崇，似兩山對峙，故艮爲門闕。」〔註315〕《白虎通》：「門必有闕者何？所以飾門，別尊卑也。」〔註316〕周代門旁皆有闕如《左傳·定公二年》：「五月壬辰，雉門及兩觀災。」〔註317〕杜頂注：「兩觀；闕也。」〔註318〕漢代的畫像塼、石在莊園及第宅前常有門闕，有梯可置，除章顯門第外，應有瞭望警視作用。（附圖1-13中）

其四爲陵闕，即陵墓前所立的闕，除漢代常用外，亦沿用至後代，如晉謝混〈游西池詩〉「迴阡被陵闕，高臺眺飛霞。」〔註319〕唐李白〈憶秦娥詞〉「⋯⋯西風殘照，漢家陵闕⋯⋯」〔註320〕亦稱墓闕，如〈五代史記·張全義傳〉：「初，莊宗欲掘梁太祖墓⋯⋯全義以謂梁雖仇敵，今已屠滅其家⋯⋯剖棺之戮非王者以大度示天下⋯⋯莊宗以爲然，鏟去墓闕而已。」〔註321〕（圖

〔註309〕同註309。
〔註310〕《古唐詩合解卷七·五言律》，清·王堯衢輯註，李模，李桓校，章福記書局，上海，1916年，頁1。
〔註311〕《史記一卷八·高祖本紀》頁177。
〔註312〕同註312。
〔註313〕《宋詞三百首·五言律》頁275。
〔註314〕《周易注疏·說卦》186。
〔註315〕同註315。
〔註316〕《中國子學名著集成，白虎通疏證卷十二·雜錄》漢·班固撰，蕭天石主編，頁705。
〔註317〕《左傳注疏·定公二年》頁943。
〔註318〕同註318。
〔註319〕《增補六臣注文選卷二十二·游西池詩》頁403。
〔註320〕《中國文學史初探·唐五代詞》王忠林等八人合著，萬卷樓圖書公司，臺北，2002年10月，頁610。
〔註321〕《五代史記卷四十五·雜傳·張全義傳》歐陽修撰，徐無黨，彭元瑞注，藝

2-13 右）

　　闕今日除代表性的建築物如臺北歷史博物館大門柱尚有應用子母雙闕外，已相當罕用，惟日本人在寺廟內常用闕作為鐘樓使用，如奈良東大寺鎌倉時代（1192～1333）的鐘樓，臺北市日據時代人正年間（1912～1925）的束和禪寺鐘樓（位在仁愛路與林森南路口）。

附圖 2-14　城闕，門闕，墓闕

唐墓室壁畫，錄自《Great Architecture of the World》頁 14

門闕，四川漢墓畫象磚門闕，林修杰繪，錄自《中國建築-牌坊》頁 12

漢墓闕之子闕，攝自徐州漢畫象石博物館

文印書館，臺北，1975 年，頁 656。

九、屋頂部

（一）反宇、飛檐

《文選・西都賦》云：「上反宇以蓋戴，激日景而納光。」〔註322〕

李善注：「《爾雅》曰：『蓋戴，覆也。』激日景而納光，言宮殿光輝外激於日，日景下照，而反納其光也。」〔註323〕呂延濟注：「言宮殿光色與日景相激射而入宮室。」〔註324〕李善與呂延濟之釋意以「激」爲「激發」，李善以宮殿本身的光輝與日光相激發，日影籠罩下而使日光反射入殿內，呂延濟以宮殿光色與日影相激而產生之輝曜進入殿內。但筆者認爲激爲阻擋之意，如「激濁揚清」之激，景作「影」解，言反宇使屋簷上翻，可以擋掉日影，增加殿內的直接採光量。

《文選・西京賦》云：「反宇業業，飛檐轍轍；流景內照，引曜日月。」〔註325〕薛綜注：「凡屋宇皆垂下向，而好大屋飛邊，頭瓦皆微使反上，其形業業然，檐板承落也；轍轍，高貌。言皆朱畫華彩，流引日月之光，曜於宇內。」〔註326〕呂向注：「轍轍，偃起貌。流景內照，言日月之光，含采飾之曜，相引而入宇內也。」〔註327〕飛檐轍轍爲宮殿翼角向上翻起，彩畫無法直按反射光線，只能與光線相輝曜，呂向解釋較爲正確。反宇業業薛綜注釋則非常明確。至於流景內照，引曜日月應是日月移動之光影反射入殿內，蓋爲間接採光。

飛檐成爲後代建築術語，如宋・蘇軾〈過木櫪觀〉詩：「石壁高千尺，微蹤遠欲無，飛簷如劍寺，古柏似仙都。」〔註328〕及清・李斗《楊州畫舫錄・草河錄》「香亭三間五座，三面飛檐，上鋪各色竹瓦，龍溝鳳滴，頂中一層，用黃琉璃。」〔註329〕香亭三面飛檐，乃因另一面爲牆垣所致，香亭用黃琉璃瓦，推測應是乾隆南巡時的特許。

反宇是因屋頂坡度上陡下緩使殿宇的屋簷向上翻起，亦即如《周禮・考

〔註322〕《增補六臣注文選卷一・西都賦》頁 29。
〔註323〕《增補六臣注文選卷一・西都賦》頁 29。
〔註324〕《增補六臣注文選卷一・西都賦》頁 29。
〔註325〕《增補六臣注文選卷二・西京賦》頁 48。
〔註326〕《增補六臣注文選卷二・西京賦》頁 48。
〔註327〕《增補六臣注文選卷二・西京賦》頁 48。
〔註328〕《東坡七集卷二・律詩，過木櫪觀》蘇軾撰，臺灣中華書局，臺北，1966 年 3 月，頁 2。
〔註329〕《楊州畫舫錄・草河錄》清・李斗撰，中華書局，北京，2007 年 10 月，頁 20。

工記・輪人》所云：「輪人爲蓋，……上欲尊而宇欲卑，上尊而宇卑，則吐水疾而霤遠。」〔註340〕反宇目的使雨水吐水疾而霤遠，以防木構潮濕易腐，且兼有自然採光面較大的因素；而飛簷則是殿宇屋簷角隅翹起，這成美麗的飛簷曲線，屋簷往左右屋角翹起，使屋簷角隅如欲飛起之狀，使更多陽光投射入屋內以利採光，還可反照耀殿內梁、柱、門、牖、牆垣，使宮殿增輝。亦即《詩經・小雅・斯干》所稱的「如鳥斯革，如翬斯飛。」〔註341〕之狀，亦稱翼角起翹，反宇與飛簷也是中國宮殿式建築屋頂重要的特徵。

附圖 2-15　頤和園配亭之反宇　　　　附圖 2-16　岳陽樓彔頂之飛檐

取自《頤和園畫刊》

取自《大江南北》頁 69 錦繡出版社

（二）甍　宇

《文選・西京賦》云：「廛里端直，甍宇齊平。」〔註342〕

李善注：引《周禮》曰「以廛任國中之地。」〔註343〕薛綜注：「都邑之空地曰廛，甍，棟也。」〔註344〕呂延濟注：「廛里，猶邑里也；甍，棟宇也。」〔註345〕《說文》：「甍，屋棟也。」〔註346〕段玉裁注：「棟者極也，屋之高處

〔註340〕《周禮注疏・考工記・輪人》頁 603。
〔註341〕《毛詩注疏》新文豐出版公司頁 386。
〔註342〕《增補六臣注文選卷二・西京賦》頁 49。
〔註343〕《增補六臣注文選卷二・西京賦》頁 49。
〔註344〕《增補六臣注文選卷二・西京賦》，頁 49。
〔註345〕《增補六臣注文選卷二・西京賦》，頁 49。
〔註346〕《段氏說文解字注第十二篇下・瓦部》頁 455。

也……棟，自屋中言之故從木；甍，自屋表言之故從瓦。《釋名》曰:『甍，
蒙也。在上覆蒙屋也』」〔註347〕《左傳‧襄公二十八年》「解其左肩，猶援廟
桷，動於甍。」〔註348〕是指慶舍左肩被砍後，尚能以右手攀著廟宇屋簷的椽
子，使屋頂震動，即可知該廟屋簷較低，簷椽與屋頂棟木結構相連結。甍雖
指屋棟，但是應指屋頂上端的屋脊部，宇應指屋頂下端的屋簷部，「甍宇」即
指屋頂上棟下宇，合指整個屋頂或屋宇，如唐楊炯（650～693？）〈菊庭賦〉:
「甍宇連接，洞門相向，每罷朝之後，未嘗不遊於斯，詠於折，覽叢菊於斯。」
〔註349〕

附圖 2-17　甍宇齊平，旗亭五重——山西平遙南大街及市樓

山西平遙南大街甍之宇，錄自（平遙古城）山西人民出版社 1997.11（左）
山西平遙古城闤闠與市樓，錄自（平遙古城）（右）

（三）觚稜

〔註347〕《段氏說文解字注第十二篇下‧瓦部》頁 455。
〔註348〕《左傳注疏‧襄公二十八》周‧左丘明撰，晉‧杜預注，唐‧孔穎達疏，新
　　　　文豐出版公司，臺北，1977 年 1 月，頁 33。
〔註349〕《初唐四傑集卷十‧菊庭賦》王勃等初唐四傑撰，臺灣中華書局，臺北，1066
　　　　年 1 月，頁 9。

《文選·西都賦》云：「設璧門之鳳闕，上觚稜而棲金爵。」〔註 350〕

李善注：「《音義》應劭曰：『觚：八觚，有隅者。』」〔註 351〕呂向注曰「觚：闕角也。」〔註 352〕另《史記·酷吏列傳》云：「漢興，破觚而為圜，斲雕而為朴。」〔註 353〕《索隱》引應劭云：「觚，八稜而有隅者。」〔註 354〕鳳闕的屋頂象八稜之觚，如今日中正紀念堂之八角攢尖式屋頂，有八道垂脊。然鳳闕觚稜之輻輳點安置銅鳳，中正紀念堂則安放寶瓶。觚稜今稱之垂脊。

十、市井部

（一）九　市

《文選·西都賦》云：「九市開場，貨別隧分，人不得顧，車不得旋。」〔註 355〕《文選·西京賦》云：「爾乃廓開九市，通闤帶閬。」〔註 356〕

李善注：「《漢宮闕疏》曰：『長安立九市，其六市在道西，三市在道東。』《周禮注》曰：『黃金曰貨。』」〔註 357〕薛綜注曰：「隧，列肆道也。廓，大也；闤，市營也；閬，中隔門也。崔豹《古今注》曰：『市牆曰闤，市門曰閬。』又曰：『旗亭，市樓也。』」〔註 358〕李周翰注：「五重，三累積五重也；隧，市大也。」〔註 359〕依《說文》「閬，市外門也。」〔註 360〕《廣韻》：「闤，市垣也；閬，市門也。」〔註 361〕

九市在《今本三輔黃圖》載有柳市、東市、西市、直市等四市〔註 362〕，另《長安志·八街九陌》另增四市即交門市、孝里市、交通亭市、四市等四

〔註 350〕《增補六臣注文選卷一·西都賦》頁 28。
〔註 351〕《增補六臣注文選卷一·西都賦》頁 28。
〔註 352〕《增補六臣注文選卷一·西都賦》頁 28。
〔註 353〕《史記卷一百二十二·酷吏列傳》頁 1279。
〔註 354〕《史記卷一百二十二·酷吏列傳》頁 1279。
〔註 355〕《增補六臣注文選卷一·西都賦》頁 24。
〔註 356〕《增補六臣注文選卷二·西京賦》頁 49。
〔註 357〕同註 347。
〔註 358〕同註 348。
〔註 359〕同註 348。
〔註 360〕《段氏說文解字注第十二篇上·門部》頁 419。
〔註 361〕《傳世藏書·廣韻上平聲卷第一》宋·陳彭年，丘雍撰，徐復主編，李葆嘉整理，海口，1996 年 11 月，頁 121。
〔註 362〕《三輔黃圖校注卷之二·長安九市》頁 113，114。

市〔註363〕。薛綜以闤爲市營，營依《說文》爲市居〔註364〕，九市開場應與市居無涉，故闤非市營可知；市場內有牆垣也不利買賣人潮通行，闤亦非《廣韻》所稱之市垣及《古今注》所稱之市牆，當如今之山西平遙市場內之牌樓門，闤如依《說文》所云之市外門爲是，則闤應爲市內門，隧就是市場攤鋪之通道。

（二）旗　亭

《文選・西京賦》云：「旗亭五重，俯察百隧，周制大胥，今也惟尉。」〔註365〕另《今本三輔黃圖・長安九市》載「又有柳市、西市、東市，當市樓有令者，以察商賈、貨財、買賣、貿易之事，三輔都尉掌之。」〔註366〕漢時有市樓，供市吏候望以察商賈、貨財、買賣、貿易之事的亭樓，考古發現長安西市與東市共用一處旗亭，在橫門大街中央〔註367〕。

　　旗亭又稱思次或市亭或市樓，起源甚早，據《周禮・地官・司市》：「上旌于思次以令市。」〔註368〕鄭玄注：「思次，若今市亭也。」〔註369〕因爲樓高可當旗桿座以掛旌旗，故稱旗亭。復因爲目標顯著，常爲朋友會面之所，如《史記・三代世家表》載：「褚先生曰：『臣爲郎時，與方士考功會旗亭下。』」〔註370〕張守節《正義》云；「薛綜曰：『旗亭，市樓也。立旗於其上，故取名焉。』」〔註371〕則爲市樓又名旗亭的來源。旗亭因居市場的中心或在闤闠路口，人潮極多，到唐代時兼作酒樓之用，如《唐才子傳》載王之渙（688～742）、王昌齡（690～756？）、高適（700？～765）等三人「嘗共詣旗亭觀梨園諸伶謳詩定甲乙，三子酣醉終日。」〔註372〕又李賀（701～817）〈開愁歌〉云：「旗

〔註363〕《四庫全書・史部十一・地理類七・長安志卷五》頁 587-110。
〔註364〕《段氏說文解字注第七篇下・呂部》頁 244。
〔註365〕《增補六臣注文選卷二・西京賦》頁 49。
〔註366〕《三輔黃圖校注卷之二・長安九市》頁 113。
〔註367〕何歲利〈漢唐長安市場探析〉收錄於《漢長安考古與漢文化》論文集，中國社會科學院考古研究所，陝西省考古研究所，西安市文物保護考古所合編，科學出版社，2008 年 5 月，頁 234。
〔註368〕《周禮注疏・地官・司市》頁 219。
〔註369〕同註 360。
〔註370〕《史記卷十三・三代世表》頁 226。
〔註371〕同註 362。
〔註372〕《唐才子傳上卷三・王之渙》元・辛文房撰，李立朴注，台灣古籍出版社，臺北，1997 年 11 月，頁 168。

亭下馬解秋衣，請貰宜陽一壺酒。」〔註373〕可知，旗亭一直流傳至明清時代，如今山西省平遙古城市樓。

一、房屋部

（一）宮、寢、臺、館

1、宮

如《文選・西都賦》云：「徇以離宮別寢，承以崇臺閒館。」〔註374〕

《詩・召南・采蘩》云：「于以用之，公侯之宮。」〔註375〕，毛傳：「宮，廟也。」〔註376〕；《爾雅・釋宮》云：「宮謂之室。」〔註377〕郭璞注：「皆所以通古之異語，明同實而兩名」〔註378〕邢昺疏：「……古者貴賤所居皆得稱宮，如《禮記》曰：『士命以上，父子皆異宮。』至秦漢以來乃定爲至尊所屋之稱。」〔註379〕《釋名》云：「宮，穹也；言屋見於垣上穹崇然也。」〔註380〕

邢昺疏所謂古者貴賤所居皆得稱宮，則非但諸侯，而且士人之家亦可稱爲宮，宮與室可互用，秦以後宮僅用於皇帝之宮殿。貴者如《詩・采蘩》所云公侯之宮，古之燕寢有四宮之多〔註381〕。士人之宮則如《禮記・儒行》：「儒有一畝之宮，環堵之室。」〔註382〕因百步爲畝，六尺爲步，一畝方十步即六丈見方，以周尺爲二十公分計，一畝之宮面積爲十二公尺見方（約四十三坪）。「宮」是因有高聳的屋頂置於牆上而得名，這是木架構造宣洩雨水之必要部份。

〔註373〕《唐詩一萬首》廖仲安，李華，李景華等三人主編，北京燕山出版社，北京，2007 年 7 月，頁 445。

〔註374〕《文選卷一・西都賦》頁 5。

〔註375〕《毛詩注疏卷一・召南・采蘩》頁 47。

〔註376〕同註 367。

〔註377〕《爾雅注疏卷五・釋宮》，郭璞注，邢昺疏，新文豐出版公司，臺北，1977 年 1 月，頁 72。

〔註378〕《爾雅注疏卷五・釋宮》頁 72。

〔註379〕同註 355。

〔註380〕《傳世藏書・釋各疏證補卷五，釋宮室》東漢・劉熙撰，清・畢沅疏證，清・王先謙講輯，徐復主編，海南國際新聞出版中心，海口，1996 年 11 月，頁 89。

〔註381〕《觀堂集林卷三》頁 138。

〔註382〕《禮記注疏卷五十九・儒行》，頁 976。

2、寢

寢依《說文》：「寢，臥也。」〔註383〕《釋名》云：「寢，寢也；所寢息也。」〔註384〕，故寢原意爲臥息也，寢出自《詩·魯頌·閟宮》：「路寢孔碩，新廟奕奕。」〔註385〕《毛傳》：「路寢，正寢也。」〔註386〕《文選·西京賦》亦云：「正殿路寢，用朝群辟。」〔註387〕按《三禮圖卷四·宮寢制》：「王六寢，正寢在前，五在後，通名燕寢。」〔註388〕閟宮前有路寢後有新廟，此爲居廟制，如《詩·大雅·崧高》：「有俶其成，寢廟既成。」〔註389〕孔穎達疏：「寢，人所處；廟，神亦有寢；但此宜摠據人神，不應獨言廟事，故以爲人寢也。」〔註390〕亦即此制，但西漢未央宮之正殿爲前殿，另建朝堂、玉臺、昆德、長年、神仙、溫室、清涼、玉堂、麒麟、朱鳥、龍興、含章、溫調等十三殿拱衛正殿，猶如藩臣拱極之天文布局，已非古天子正殿六寢之制。惟亦有純宗廟之**寢廟制**，《詩·小雅·巧言》：「奕奕寢廟，君子作之。」〔註391〕孔穎達疏：「《正義》曰：『連言寢廟者，前曰廟，後曰寢，則寢廟一物，先寢後廟便文耳。』」〔註392〕此即爲宗廟之**寢廟制**。但寢與廟亦有區分，如《爾雅·釋宮》：「室有東西廂曰廟，無東西廂有室曰寢。」〔註393〕王國維則認爲：

> 明堂之制，太室之外，四堂之外，四堂各有一室，故爲五室，宗廟之制亦然。……路寢之制，亦有東西南北四屋。……古之燕寢，有東宮、有西宮、有南宮、有北宮。〔註394〕

則以宗廟有五室；寢無太室，只有四室或四宮，其布局相同，少太室則配置中庭。

3、臺

〔註383〕《段氏說文解字注第七篇下·四部》頁242。

〔註384〕《傳世藏書·釋各疏證補卷五，釋宮室》，頁90。

〔註385〕《毛詩注疏卷一·魯頌·閟宮》頁783。

〔註386〕同註377。

〔註387〕《增補六臣注文選卷二·西京賦》頁45。

〔註388〕《重校三禮圖》卷四，宋·聶崇義撰，臺灣商務印書館，臺北，未具印行年月，頁1。

〔註389〕《毛詩注疏卷十八·大雅·崧高》頁672。

〔註390〕同註381。

〔註391〕《毛詩注疏卷十二·小雅·巧言》頁424。

〔註392〕《毛詩注疏卷十二·小雅·巧言》頁425。

〔註393〕《爾雅注疏卷五·明堂寢廟通考》頁75。

〔註394〕《觀堂集林卷三》頁138。

《文選・東京賦》云：「左制辟雍，右立靈臺。」〔註395〕臺依《爾雅・釋宮》云：「臺，闍謂之臺。」〔註396〕郭璞注：「積土四方。」〔註397〕邢昺疏：「積土四方而高者名臺」〔註398〕《初學記・釋名》云：「臺，持也，言築土堅高，能自勝持也。」〔註399〕古代水災頻繁，築臺以避水患，如啓有璿臺，紂有鹿臺，文王有靈臺，楚有章華臺，燕有黃金臺等等。臺上面四方而平，適應土壤安息角關係，通常下闊上窄，呈截頭角錐形狀，施工時先在四面用板築夯土側牆，形成擋土牆，中間再填土夯實。

4、館

《文選・西京賦》云：「郡國公館，百四十五。」〔註400〕館依《說文》：「館，客舍也。《周禮》：『五十里有市，市有館，館有積，以待朝聘之客。』」〔註401〕則作客舍旅館解。另作官廨衙第解，如《詩・大雅・公劉》：「于豳斯館」〔註402〕，公劉營豳，並建造豳邑館舍，以便辦公。《後漢書・宦者傳序》云：「府署第館，棊列於都鄙。」〔註403〕此即〈西都賦〉所云即離宮的辦公廳。

（二）堂、室、殿、廬

1、堂

《文選・西都賦》云：「樹中天之華闕，豐冠山之朱堂」〔註404〕」《文選・西京賦》云：「朝堂承東，溫調延北。」〔註405〕《文選・西京賦》云：「度堂以筵，度室以几。」〔註406〕，朱堂、朝堂專指未央宮堂名。

《詩・齊風・還》云：「俟我於堂乎而」〔註407〕《說文》：「堂，殿也。」

〔註395〕《增補六臣注文選卷三・東京賦》頁66。
〔註396〕《爾雅注疏卷五》頁73。
〔註397〕同註387。
〔註398〕同註387。
〔註399〕《初學記卷二十四，臺》唐・徐堅等著，中華書局，北京，2005年1月，頁574。
〔註400〕《增補六臣注文選卷二・西京賦》頁51。
〔註401〕《段氏說文解字注第五篇下，食部》頁159。
〔註402〕《毛詩注疏卷十七・大雅・公劉》頁618。
〔註403〕《後漢書集解二卷七十八・宦者傳序》頁897。
〔註404〕《增補六臣注文選卷一・西都賦》頁26。
〔註405〕　《增補六臣注文選卷二・西京賦》頁45。
〔註406〕　《增補六臣注文選卷二・東京賦》頁64。
〔註407〕《毛詩注疏卷五・齊風・還》頁190。

〔註408〕段玉裁注:「堂之所以稱殿者,正謂前有陛,四緣皆高起。」〔註409〕《儀禮·釋宮》云:「堂之上,東西有楹。」〔註410〕其注云:「楹,柱也;古之築室者,以垣牆爲基,而屋其上,惟堂上有兩楹而已!」〔註411〕則堂前有陛即臺階,堂應高於堂地面,所謂「堯堂三尺,土階三等」是也;堂位於殿室前,登堂可以入室,另三面或無壁或有壁,無壁者僅見兩楹支撐屋頂,如臺基狀,其欄杆不高,爲防墜落,所謂千金之子坐不垂堂是也;堂三面有牆有門者即爲殿或前殿,如阿房前殿、未央前殿是也。

2、室

《文選·西都賦》云:「其宮室也,體象乎天地……。」〔註412〕」《文選·東京賦》云:「度室以几。」〔註413〕」

《詩·召南·采蘋》云;「于以奠之,宗室牖下。」〔註414〕《爾雅·釋宮》云;「室謂之宮。」〔註415〕邢昺疏:「《釋名》云:『室,實也;言人物實滿其中也。』是所從言異之耳,《詩》云:『依于楚宮,又曰:『入此室處』是也。」〔註416〕王先謙引《曲禮正義》云:「因其財物充實曰室,室之言實也。」〔註417〕

以《禮記·儒行》云;「儒有一畝之宮,環堵之室,篳門圭窬,蓬戶甕牖。」〔註418〕,而一丈爲堵,環堵者一丈見方,亦即二公尺見方(約四平方公尺或一點二坪),《論語·雍也》云;「伯牛有疾,子問之,自牖執其手,曰:『亡之,命也夫!斯人也有斯疾』。」〔註419〕伯牛所住的臥室無法容納孔子進入室內看病,伯牛因病重可能無法舉手,孔子只得在窗外拉起伯牛的手,由孔子的身高九尺約180公分,肩膀高約150公分,如臥室床高三尺約60公分,則

〔註408〕《段氏説文解字注》頁285。
〔註409〕同註398。
〔註410〕《儀禮釋宮》,宋·李如圭撰,臺灣商務印書館,臺北,1966年3月,頁4。
〔註411〕《儀禮釋宮》,頁4。
〔註412〕《增補六臣注文選卷一·西都賦》頁26。
〔註413〕《文選卷三·東京賦》頁64。
〔註414〕《毛詩注疏卷一·召南·采蘋》頁52。
〔註415〕《爾雅注疏卷五》頁72。
〔註416〕同註405。
〔註417〕同註405。。
〔註418〕《禮記注疏卷五十九·儒行》,頁976。
〔註419〕《論語注疏卷六·雍也》,頁52。

臥室牖高則在 100 公分（五尺）以下，孔子才能垃到伯牛的手，可知古代儒士臥室很小，窗臺也不高。至於帝王及權貴之臥室當然大得多，如《詩，小雅・斯干》載宣王考室之「築室百堵」〔註 420〕，其室面積之大爲儒士百倍。

室中之各方位各有專名，依劉熙《釋名》云：

> 室中西南隅曰奧，不見戶名，所在秘奧也；西北隅曰屋漏，禮每有親死者，輒徹屋西北隅，薪以爨灶煮沐，供諸喪用，時若值雨則漏，遂以名之也；東南隅曰窔，窔，幽也，亦取幽冥也；東北隅曰宧，宧，養也，東北陽氣始出，布養物也；中央曰中霤，古者復穴，后屋之霤當今之棟下，直室之中，古者霤厂之處也。〔註 421〕

古者未有居室，居往陶復陶穴，今黃土高原地穴式窰洞，中央天井採光，雨水流下；早晨陽光先照到東北面處設客廳；西北面置灶燃薪，設有通氣孔，遇雨則漏：東南面有臥室，無窗戶而幽暗；西南面隱蔽之處供神龕，即可佐證室方位之取名。

3、殿

《文選・西京賦》云：「疏龍首以抗殿。」〔註 422〕

殿，依《初學記・殿》云：「《蒼頡篇》曰：『殿，大堂也。』商周以前，其名不載，按《史記・秦始皇本紀》始曰：作前殿。」〔註 423〕《後漢書・蔡茂傳》云：「夢作大殿」〔註 424〕李賢注曰；「屋之大者，古通呼爲殿也。」〔註 425〕故大屋稱殿，只限於帝王及諸侯之居，如未央前殿、魯靈光殿等。

4、廬

《文選・西都賦》云：「豐冠山之朱堂……周廬千列。」〔註 426〕廬依《釋名》；「寄止曰廬，廬，慮也，取自覆慮也。」〔註 427〕畢沅疏：「覆慮猶如覆露也，慮、露古同音。」〔註 428〕故廬除供止宿外，尚有覆蓋外露的屋頂。廬出

〔註 420〕《毛詩注疏・小雅・斯干》頁 293。
〔註 421〕《傳世藏書・釋各疏證補卷五，釋宮室》，頁 89。
〔註 422〕《文選卷二・西京賦》頁 19。
〔註 423〕《初學記卷二十四，臺》頁 574。
〔註 424〕《後漢書一卷二十六・蔡茂傳》頁 335。
〔註 425〕同註 416。
〔註 426〕《文選卷一・西都賦》頁 5，7。
〔註 427〕《傳世藏書・釋名疏證補卷五・釋宮室十七》頁 94。
〔註 428〕同註 419。

於《詩·大雅·公劉》：「于時廬旅」〔註429〕公劉興建廬旅賓館，以接待遠到賓客，則亦客舍也。但此處爲宿舍之意，亦即《雍錄》引張晏所云：「承明廬在石渠閣外，直宿所止曰廬。」〔註430〕周廬爲宮廷游徼巡禁者之宿舍。

（三）廊、廡

1、廊

《文選·西京賦》云：「長廊廣廡，連閣雲蔓。」〔註431〕李善注云；「許慎《淮南子》注：『廊，屋也。』」〔註432〕許慎注爲概釋，未說明其結構，依《史記·竇嬰列傳》：「所賜金陳之廊廡下，軍吏過，則令財取爲用，金無入家者。」〔註433〕軍吏可在廊下取用，而無需入家，則廊有蓋無牆可知，廊在轉折處稱爲「廊腰」，如杜牧阿房宮賦：「廊腰縵廻，簷牙高啄。」〔註434〕廊腰的平面爲方形，需有四注式的頂蓋，亦即如《史記·司馬相如列傳》：「高廊四注，重作曲閣」〔註435〕所述。廊出於《孫子·九地篇》：「屬於廟廊之上，以誅其事。」〔註436〕廟廊即廟周之走廊。

2、廡

《文選·西京賦》云：「長廊廣廡，連閣雲蔓。」〔註437〕廡，依《說文》云：「廡，堂周屋也。」〔註438〕另《釋名》云：「大屋曰廡。廡，幠也，幠，覆也，并、冀人謂之庌。庌，正也，屋之正大者也。」〔註439〕《說文》以廡爲堂周邊的房屋，如今孔廟之東廡、西廡。《釋名》稱廡爲覆，也就是有頂蓋的房屋，尚屬通釋，而其言并、冀人所稱方正而大的房屋爲庌即廡，應爲地區性之特稱。

〔註429〕《毛詩注疏卷十七·大雅·公劉》，頁618。

〔註430〕《雍錄卷二·說金馬門》，宋·程大昌撰，黃永年點校，中華書局，北京，2005年4月，頁35。

〔註431〕《增補六臣注文選卷二·西京賦》頁48。

〔註432〕同註423。

〔註433〕《史記二卷107·竇嬰列傳》頁1159。

〔註434〕《古今圖書集成77卷47·考工典·宮殿部藝文·阿房宮賦》頁477。

〔註435〕《史記二卷117·司馬相如列傳》頁1237。

〔註436〕《武經七書卷一·孫武子·九地篇第十一》頁136。

〔註437〕《增補六臣注文選卷二·西京賦》頁48。

〔註438〕《段氏說文解字注第九篇下》頁317。

〔註439〕《傳世藏書·釋名疏證補》，東漢·劉熙撰，清·畢沅疏證，頁94。

十二、通道部

（一）徼道、輦路

《文選·西都賦》云：「周廬千列，**徼道**綺錯。」〔註440〕

李善注：「《漢書》曰：『中尉掌徼，循京師。』如淳曰：『所謂游徼循禁，備盜賊也。』」〔註441〕，李周翰注曰：「周廬，設卒周衛以直宿也，徼道，循禁道也。」〔註442〕則徼道別為京師衛戍軍巡邏警戒用的道路，後來也用於一般官署巡邏道路，如錢謙益（1582～1664）〈獄中雜詩第十八〉：「徼道嚴更護棘叢，果然牢獄不通風，安知獄卒尊如此，始信吾生固有窮。」〔註443〕

《文選·西都賦》云：「**輦路**經營，脩除飛閣。」〔註444〕

輦路又稱輦道，如李善注：「輦路，輦道也。《上林賦》『輦道纚屬。』如淳曰：『輦道，閣道也。』」〔註445〕李周翰注：「輦路，樓陛也。」〔註446〕如依《史記·孝武本紀》云：「乃立神明臺、井幹樓，度五十餘丈，輦道相屬焉。」〔註447〕又《漢書·司馬相如傳》：「輦道纚屬。〔註448〕」顏師古注：『輦道，謂閣道可乘輦而行者也。』」〔註449〕但今本《三輔黃圖·漢宮》云：「帝於未央宮營造日廣，以城中為小，乃於宮西跨城作飛閣，通建章宮，構輦道以上下。」〔註450〕依如淳及顏師古之見解則輦道為供乘輦使用的閣道，《三輔黃圖》則以輦道為供乘輦上下飛閣之斜坡道，又依顏延之（384～456）在宋元嘉十一年侍宴於舊樂遊苑〈三月三日曲水詩序〉：「南除輦道，北清禁林。」〔註451〕則輦道之意只是供乘輿往來交通道路。

（二）磴道、墱道、閣道與甬道

〔註440〕《增補六臣注文選卷一·西都賦》頁 28。
〔註441〕同註 432。
〔註442〕同註 432。
〔註443〕《牧齋初學集上卷十二·雨霖詩集·獄中雜詩第十八》清·錢謙益著，清·錢曾箋注，錢仲聯標校，文海出版社，臺北，1983 年 4 月，頁 398。
〔註444〕《增補六臣注文選卷一·西都賦》頁 28。
〔註445〕同註 436。
〔註446〕同註 436。
〔註447〕《史記一卷十二·孝武本紀》頁 218。
〔註448〕《漢書補注二·司馬相如傳》頁 1189。
〔註449〕同註 440。
〔註450〕《三輔黃圖校注卷之二·漢宮》頁 144。
〔註451〕《增補六臣注文選卷四十六·序下》頁 863。

如《文選·西都賦》云：「凌礴道而超西墉，掍建章而連外屬。」〔註452〕，「降周流以彷徨，步甬道以縈紆」〔註453〕及《文選·西京賦》云：閣道穹窿，屬長樂與明光，徑北通乎桂宮。」〔註454〕「珍臺蹇產以極壯，礴道邐倚以正東。」〔註455〕李善注「《漢武故事》：『上起明光宮、桂宮、長樂宮，皆輦道相屬，懸棟飛閣北度，從宮中西上城至神明臺。」〔註456〕《淮南子》「脩爲牆垣，甬道相連』〔註457〕高誘注：『甬道，飛閣複道也』〔註458〕」薛綜注：「礴，閣道也。邐倚，一高一下，一屈一直也，乃從建章館逾西城東入於正宮中。」〔註459〕張銑注：「礴，閣道也；超出墉城混通也，閣道出城通達建章宮與外相屬。但如依《說文·阜部》所云：「礴，仰也。」段玉裁注：「仰者舉也，登陟之道曰礴，亦作磴」，另依《營造法式·總釋上·平座》：「閣道，飛陛也，礴道，閣道也。今俗謂之平座」〔註460〕

由以上各家之見解礴道即磴道，統稱「閣道」。懸棟飛閣就是描寫閣道升起之勢，故另名礴道。閣道施於殿閣牆外者稱爲「平座」，閣道有陛級且隨陡峭地勢飈升如飛上天者即爲「飛陛」，如《文選·魯靈光殿賦》：「飛陛揭孽，緣雲上征，中坐垂景，頫視流星。」〔註461〕

閣道中若干以版築土路，即稱爲「磴道」。甬道見於《史記·秦始皇本紀》：「自極廟道通酈山，作甘泉前殿，築甬道。」〔註462〕《正義》引應劭曰：「築垣牆如街巷，馳道外築牆，天子於中行，外人不見。」〔註463〕甬道於馳道外築牆且爲飛閣複道，應是兩旁有牆的閣道。

閣道是建於平地或山崗的有頂蓋的木棧橋，隨地形起伏，長曲穹窿，連通各宮室之間，供帝王輦車通行，例如從長樂宮北行至明光宮再連接北面閣

〔註452〕《增補六臣注文選》卷一〈西都賦〉頁28。
〔註453〕《增補六臣注文選》卷一〈西都賦〉頁29。
〔註454〕《增補六臣注文選卷二·西京賦》頁46。
〔註455〕《增補六臣注文選卷二·西都賦》頁48。
〔註456〕同註447。
〔註457〕《淮南鴻烈解卷八·本經篇》頁15。
〔註458〕同註449。
〔註459〕同註444。
〔註460〕《李明仲營造法式第一冊卷一·總釋上·平座》宋·李誡撰，聯經出版公司，臺北，1974年9月，頁9。
〔註461〕《增補六臣注文選卷十一·魯靈光殿賦》頁218。
〔註462〕《史記一卷六·秦始皇本紀》頁121。
〔註463〕同註457。

道迤邐通達桂宮，其結構用架空木構架，旁有欄杆及立柱；閣道如其上下兩層皆可通行，則稱「複道」，如《史記・秦始皇本紀》「殿屋複道，周閣相屬。」（如圖 1-1，圖 1-2），若閣道可供馬車或騎馬奔馳者也可稱「**馳道**」，即魯靈光殿之「連閣承宮，馳道周環」，小可建成公路型式如秦之馳道。另外閣道中尚有磴道及棧道之名稱。磴道則爲石砌橋構式的閣道，如劉宋顏延之〈七繹〉：「依隱嵫陰，結架情深，巖居橋構，磴道相臨。」〔註464〕棧道有露天式棧道及閣道式棧道。閣道式**棧道**爲在陡峭險峻山崖依山架起懸空木橋式通道，上面架有木構屋頂。

　　露天式棧道其作法依筆者實地觀察，應是沿山崖水平方向手鑿五、六寸方洞，洞深約尺餘，洞距約五、六尺，將長約六、七尺方角木插入洞中，再打入楔木塞緊，角木上鋪滿長條木，鋪成寬約五、六尺棧道面。再如《戰國策・齊策六》：「爲棧道木閣而迎王與后城陽山中。」〔註465〕及《史記・高祖本紀》：「去則燒絕棧道，以備諸侯盜兵襲之。」〔註466〕，司馬貞《索隱》：「棧道，閣道也；崔浩云：『險絕之處，旁鑿山巖，而施版梁爲閣』」〔註467〕漢高祖燒絕之應是露天式棧道，〈齊策〉及崔浩所云者爲閣道式棧道。古代越過艱險秦嶺地區的川陝道路如褒斜道、金牛道等皆用之，如白居易〈長恨歌〉：「雲棧縈紆登劍閣」〔註468〕即是。

　　《魯靈光殿賦》：「於是連閣承宮，馳道周環，陽榭外望，高樓飛觀，長塗升降，軒檻曼延。」〔註469〕張載注曰：「長塗升降，閣道上下也。」〔註470〕張載以馳道爲閣道之一種，但依今本《三輔黃圖》載：

> 馳道，按《秦本紀》：『始皇二十七年（前220），治馳道。』注曰：
> 『馳道，天子道也。』蔡邕曰：『馳道，天子所行道也，若今中道然。』
> 《漢書・賈山傳》『秦爲馳道天下，東窮燕齊，南極吳楚，江湖之上、
> 濱海之觀畢至，道廣五十步，三丈而樹，厚築其外，隱以金椎，樹

〔註464〕《全上古、三代、秦漢、三國、六朝文三・全宋文卷三十七・七繹》清・嚴可均校輯，宏業書局，臺北，1979 年，頁 2639。
〔註465〕《戰國策上冊卷十三・齊策六・貂勃常惡田單》西漢・劉向輯，東漢・高誘注，臺灣中華書局，臺北，1966 年 3 月，頁 5。
〔註466〕《史記一卷八・高祖本紀》頁 170。
〔註467〕同註 462。
〔註468〕《白香山詩集卷十二・長恨歌》臺灣中華書局，臺北，1966 年 3 月，頁 7～9。
〔註469〕《增補六臣注文選卷十一・魯靈光殿賦》頁 218。
〔註470〕同註 465。

以青松。』漢令：諸侯有制，得行馳道中者，行旁道，無得行中央

三丈也，不如令，沒其車馬。〔註471〕

則秦漢馳道不同性質，秦馳道爲控制秦帝國疆域之國道。漢馳道則可供
天子與諸侯車馬行道，只不過中央道三丈爲天子專用。馳道可建成閣道型式
即魯靈光殿之「連閣承宮，馳道周環」，亦可建成公路型式如秦之馳道。

〔註471〕《三輔黃圖校注卷之一・秦宮・馳道》頁66。